クロード・レヴィ=ストロース

大山猫の物語

渡辺公三 監訳
福田素子・泉克典 訳

みすず書房

HISTOIRE DE LYNX

by

Claude Lévi-Strauss

First published by PLON, Paris 1991

大山猫の物語　目次

大山猫の物語

だが、そは過ぎ去りし昔にて、いまや年ふり
ひそやかに隠棲す、して、その身を、汝
双子のカストルと、またカストルの双子に捧げたり。
カトゥルス、第四歌
「小舟に捧ぐ」二五―二七行

序言

本書の冒頭におかれたチェスボードのイメージは、説明手段であると同時に弁解でもある。弁解というのも、最初の何章かでは、議論が始まる前にいくばくかのページを、最初の一〇手ないし一五手くらいのあいだ、時としてすでに定石となっている展開を繰り返すことになる、チェスで序盤戦と呼ばれるものに当てざるを得ず、おそらく読者を索莫とさせずにはいないだろうから。同様に、アメリカ・インディアンの神話学に関するわたしの他の著作に多少なりとも親しんでおられる読者は、本書の冒頭の何章かが足踏み状態でちっともはかどらないと判断されるかもしれない。それは、わたしもまた、新たなゲームに取りかかるための手段となる神話の諸要素である駒を展開させる必要があるからなのである。

だれを相手に行なわれるゲームなのだろうか。明確にすべきはそこである。というのは、ゲームの性格自体すでにあいまいなのかもしれないからだ。それはチェスに似ているのか、あるいはむしろ、〔ひとりトランプ遊びの〕ペーシェンスと比較せねばならないのだろうか、ペーシェンスの遊び手は、当初偶然に配列される要素——つまりカード——の有限な集合を、何がしかの制約を受け、いくつかの規則にしたがって秩序立てることになっている。とはいえカードゲームは受動的なもので、当初の偶然的なカード配列は、カードを初めに切った遊び手の主導性《イニシアティヴ》から生じてきている。

神話分析者の前に立ちはだかるのは、それとはまったく別の状況である。分析者は、減少させるべき無秩序を自分で作ったわけではない。この無秩序は、分析者の介入から生まれたのではなく、それ以前から存在するばかりか、分析者の目に無秩序と見えるものが本当はそうでないことすらある。つまりそれはむしろ異なる秩序であり、分析者が用いようとしている手段とは明らかにちがう何らかの制約や諸規則に従っている。分析者にとって、神話が対戦相手なのだ。ふたつの戦略——神話のそれと自分のそれ——のうちどちらが勝ちを占めるかを知ることが問われるのである。

神話を相手とするゲームなのであり、時空のはるかかなたからやってくる神話が、すでに失効したゲームしか仕掛けてこないと考えるべきではなかろう。神話というものは一回限りのゲームから成っているのではない。それらは語られ、読まれるたびごとに、倦まずたゆまず新たなゲームを開始する。だが、チェスの場合と同じく、ゲームが進むにつれて、最初は不可解だった対戦相手の戦略があらわになってくる。終盤に近くなると、相手はもう限られた手しか選ぶ余地がなくなり、勝ちそうになっている側は、いまや見え透いてきた相手の戦略を予測し、それが自分の戦略に沿う形になるように仕向けることすらできる。

世界を説明する手段として、合理的思考や科学的方法や技術がすでに決定的に神話に取って代わっているというのに、神話が何万年、もしかすると何十万年も変わらず繰り返している戦略を解明し、分析し、その裏をかこうと憂き身をやつして何になる、と人は言うかもしれない。神話はずっと以前からゲームに負けていたのではないのか。だがそれは確かではない、というか、少なくとももう確かではなくなっている。なぜなら、神話的思考の諸形態と、現代科学の権威たちがこれ以外の形で分かってもらうことはできないだろうとわれわれ素人に提示する有名なパラドックスの数々とのあいだに、越えがたいへだたりがあるかどうか疑うことができるからである。すなわち、シュレディンガーの「猫」や、ウィグナーの「友人」、あるいは、ＥＰＲ〔アインシュタイン、ポドルスキー、ローゼンの頭文字〕（現在ではＧＨＺ〔グリーンバーガー、ホーン、ツァイリンガーの頭文字〕）パラドックスの理解のために作り上げられたさまざまなたとえ話などである。

そのような言い方をして、わたしにとって西欧の偉大さの現われである科学的思考を皮肉っているつもりはない。ただ、文字のない諸社会において、実証的な知識が想像力にはるかに及ばず、そのへだたりを埋める役目が神話に課せられているとするならば、われわれの社会は、たしかに正反対の理由からではあれ同じ結果へとたどりつくような、逆の状況にあるのではなかろうか、と思えるだけなのだ。いまの社会では、実証的な知識が想像力をはるかに超えているがゆえに、想像力は、存在があらわとなった世界を理解できずに神話へと向かうしかない。別の言い方をすれば、計算により想像を絶する現実へと到達する学者と、数学的証拠が感覚的直観のあらゆるデータを裏切るようなその現実をいくばくかでもとらえたいと願う公衆とのあいだにあって、神話的思考が再び仲介者、すなわち物理学者が物理学者ではない者と意思を疎通させる唯一の手段となるのである。

教えられているように、電子は一秒間に一〇億の七〇〇〇万倍という割合で振動すること、波動であると同時に粒子であり、ある場所と別の場所に同時に存在すること、化学結合は計測可能な時間のうちに行なわれるが、その時間たるや、一秒と比べると、一秒を三二〇〇万年に比べるほどの短さであること、また、宇宙的尺度のもういっぽうの極端においては、この宇宙は約一〇〇億光年として知られる直径であること、われわれの銀河系や周辺の銀河は毎秒六〇〇キロメートルというスピードでそのなかを移動しており、引きつけられていく先は、そういう効果を引き起こすのに十分なほどの質量をそなえているとされるグレート・アトラクタないしグレート・ウォールという途方もない名のついた物体もしくは物体の集合（だがその巨大さの尺度は、宇宙の生成の仕方について受け入れられているあらゆる考え方と矛盾する）なのであること、こうしたことは、自分の公式を一般的な言葉に変換する必要のない学者にとっては意味のある命題である。〔だが〕少しばかり知的誠実さをもつ門外漢なら、それらが自分にとって無意味な言葉であり、具体的なあるいは少なくとも見当のつくような何かに少しも結びつかない、と告白するだろう。

肉眼で見える世界と、一般大衆には手の届かない真理とのあいだにうがたれた大きな裂け目を埋めるために学者が創案したできごと、すなわちビッグ・バンや膨張する宇宙その他もまた、すべて神話の性格を帯びている。神話についてわたしがすでに示したように、こうしたものの構築にひとたびとりかかった思考は、すぐさまその正反対を生み出すという点でそうなのである。こうして、計算のしかた次第で、宇宙という概念は無限に膨張するものとなり、あるいは無に帰すまで収縮するものともなる。

何世紀ものあいだ、科学は、可逆的な時間、そして過去と未来とが権利上は等価である不変の宇宙、という観念に支配されていた。神話的な思考が避難できる場所はもう歴史しかなかった。ところでいまやわれわれは、最初は進化論、続いて新たな宇宙論によって、宇宙や生命も歴史のなかにあること、そして誕生の時をもち、変転に身をゆだねていることを知った。同時にきわめて大きな問題群が生じる。つまり、この動かしがたい知識からして、過去に何が起き未来に何が起こるか、さらに過去の物事が実際にはどう起きたかは理解不可能なのではないかという疑念が生じるのである。どれをとっても蓋然性のかなり低い多くの出来事の結果、たかだか七〇〇万年ほどのあいだに、生命のまったくない世界から、最初はＲＮＡの世界、続いてＤＮＡの世界への移行が行なわれたというのはあまりにも容認しがたく思われるので、高名な学者の一部すらもが神話をこしらえ上げざるを得なくなっている。生命の最初の胚種は、科学技術の面でわれわれよりすでにずっと優れた生物に操縦されて、三八億年前（それに旅行に要する何光年かが加わることだろうが……）にはるか遠方の惑星を出発した宇宙船に乗って地球に到達したのかもしれない……と彼らは言う。同じく、量子レベルで繰り広げられる諸現象は、それを普通の言葉で記述しようとする試みに見られるとおり、最高にとっぴな神話の作り事よりさらに常識はずれなのである。ある現代の物理学者が書いているように、量子力学の世界は、日常生活の世界と量的のみならず質的にも異なっている。「通常の言語には、それを言い表わす言葉がない［…］。量子の世界は、古典〔物理学〕の世界に負けず劣らず実在しており、古典〔物理学〕の世界で共通に体験される現実性は、存在のほんの一部分でしかない」（ローリック：1253, 1255）。

それゆえ、人間にとって超自然的世界があらためて存在することになった。その実在は、計算や物理学者の実験によっておそらく証明されるのだろう。だがそれらの実験は、数学的言語への移し変えによってしか意味をなさない。門外漢（つまりほとんどすべての人間）の目には、この超自然的世界は神話の世界と同じ特性を示すように見える。要するに、すべてが通常の世界と異なるしかたで、しかも、たいていは正反対のしかたで起こるわけである。一般人――われわれ全員――にとって、この世界は、学者がわれわれ用に（遺憾ながら時には学者自身用に）復活させることにした古い思考法を手がかりにしなければ、手が届かないままにとどまっている。科学との対話は、まったく意表をつくしかたで、神話的思考に新たな現代的意義を取り戻させたのである。

＊

『仮面の道』や『やきもち焼きの土器つくり』のような作品に興味をもたれたかに見える何人かの読者からは、内容が難しいという苦情を頂戴した。『神話論理』についてなら、そのとがめは甘んじて受けもしようが、それら二作（いま、公にするこの作品も同じ系列上にある）に対する非難には驚かされた。なぜなら、わたしはそれらを特に難しいジャンルとはみなされない、おとぎ話と探偵小説の中間に位置づけていたからである。

その点を考えめぐらしたわたしは、読者がとりわけ、テクストの随所にちりばめられ、読者にとって何の意味ももたず、フランス語の文章のなかに、突如ヘブライ語や中国語の言葉が出てきたのと同じ印象を与える諸部族の名前のせいで難渋したのではなかろうか、と自問した。とはいえ、同じ研究にいそしむ同業者のために必要であるいじょう、それらの名前は書き入れないわけにはいかない。アメリカ研究者でない読者の方々が、それらに同じほどの注意をそそぐには及ばない。記述内容が、ある人々から別の人々へ、ある言語集団から隣接した言語集団へと移り変わっているのに留意してくだされば十分だろう。名前それ自体が本質的な重要性をもつことはめったにない。それらは往々にして慣習や歴史的な偶然の結果なのである。

おそらくは諸部族自身がみずからをそういう名前で呼んだという場合もあるだろう。サンポイル（フランス語風の響きにもかかわらず）、カリスペル、リルウェット、などはそうだ。もっと発音が難しいいくつかの名前については、専門家すらもがうんざりして、ントラクヤパムクスとか、ウタムクタムクスのような名前を毎ページごとに繰り返す代わりに、そう自称している人々を、必要なら「上流の」「下流の」という言葉で区別しつつ「トンプソン川（一九世紀初頭に知られていた貿易商人の名にちなむ）のインディアン」または短く「トンプソン・インディアン」と呼ぶことにしている。また「人々」を表わす接尾辞（-ish とか -mish の形で英語風になっている）が含まれているが、それ以外の部分は意味が不明な名前もある。たとえば、フラットヘッド・インディアンがみずからを呼び、同じ言語集団に属するすべての人々の総称にまで拡大されたセイリッシ（つづりは英語風だが、こう発音する）という名がそれである。コーダレン族の本来の名であるスキッツウィッシもこの範疇に入る。同じ接尾辞は、ピュージェット湾地域の人々の大半がもつかあるいは隣人から受け取った名前にも見られる。「川の人々」を意味するスコミッシ（トゥワナ族の一派）や、「上流の人々」を意味するスキヨミッシなどがそうだ。

フランス語にせよ英語にせよ、あだ名やその翻訳が名前になっていることもある。それらには、平たい頭《テートプラート》を意味するフラットヘッド（彼らの解剖学的特徴が異常なのではなく、いくつかの近隣の人々のように頭蓋骨を円錐型に変形していなかったため）、ブラックフット（彼らのはいているモカシン靴の色から）、ペンド・オレイユ〔耳にぶら下げるの意〕、ネズパース〔鼻中隔に穴を開けたという意味のフランス語の英語読み〕などがある。英語圏の人々によってもフランス語でコーダレン〔錐の心臓〕と呼ばれるインディアンには、小さなとがった心臓が手強さのしるしだという信仰があると考えられているが、この手強さというのは、おそらくインディアン自身がみずから誇る勇気の証か、彼らが取引相手の白人商人に投げつけたといわれる非難を意味しているのだろう。この最後の例は、部族名にしばしば見られる逸話的な性格をよく表わしている。そこには読者の精神を惑わせるようなものは何もないのである。

＊

さほど大部ではない本書は、できあがるまでにかなり長い歴史がある。本書の基礎となるのは、それらの関係に気づかずに何年かの間隔をおいてわたし自身がもったふたつの疑問である。一九四四年から、わたしは南アメリカにおける双分組織《オルガニザシオン・デュアリスト》の性格について自問を続けている（後出三二〇頁以降）。その時代にわたしは『親族の基本構造』を書いていたが、援用した比較用のデータ（第6章）は、世界の他の地域における双分組織が同じ型の問題を引き起こすことを暗示していた。一九五六年と一九六〇年に発表した諸論文（邦訳『構造人類学』一四八頁以下、『構造人類学Ⅱ』第九章）や、一九五七年から五九年にかけて高等研究実習院で行なった講義（邦訳『パロール・ドネ』三三三―三四〇頁）は、それら考察の諸段階をしるしづけている。

のちに、『裸の人』を執筆しながら、わたしは、北アメリカ北西部においてセイリッシ語を話す人々の諸神話に特有と当初考えられたひとつの難題に突き当たった。その問題はきわめて特殊に見えたので、最初はそれを棚上げしておくしかなかった。しかしながら、たびたびそれに言及して(『裸の人』の索引にある「風」と「霧」の項目を見よ)いるのは、いつの日かそこに戻ることを心に誓っていたからである。一九六八年から六九年にかけては、自分のプログラムを中断して、コレージュ・ド・フランスでの講義のひとつを使って幕間劇(間奏とわたしは呼んだ)という形で(邦訳『パロール・ドネ』九九―一〇六頁)この問題の大筋をまとめた。その際、わたしはそれらふたつの問題――南アメリカの二元論《デュアリスム》の問題と北アメリカの限られた部分における風と霧に関する諸神話が提示する問題――がじつはひとつでしかなく、後者は、すでにわたしが前者について主張した解決法を、ある特殊な場合について説明し、検証する実験となっていることに気づきはじめていた。

その延長線上で、今日、アメリカ・インディアンの二元論の哲学的・倫理学的な源へとさかのぼっていくのは可能だとわたしは思う。この二元論の原動力は、白人との初めての出会いの際にあからさまに示された、他者へ開かれた心であるように見える。白人のほうではそれと正反対の感情につき動かされていたのではあるが。「新世界」の発見と呼ぶよりは、侵略、そしてそこに住む人々や価値観の破壊と呼ぶのがふさわしそうな出来事を記念する式典が行なわれようとしているいま、そのことを認めるのは敬虔さと心からの後悔の表われとなるにちがいない。

何年にもわたるばらばらの考察を総合することになった本書の執筆は、かなりの骨折り仕事だった。手書き原稿をタイプに打つ前とその作業中、錯綜した手書きの羊皮紙《パリンプセスト》とも言うべくつぎからつぎへとさまざまな版が交じり合い、自分でも読み返せなくなっていた原稿を受け取り、多くの誤りや首尾一貫しない点に気づいて知らせてくれたエヴァ・ケンピンスキーには、特に心からの感謝を捧げたい。

第一部　霧の方へ

第1章　時ならぬ妊娠

駒のゆきからチェスボードの形に図式化された地図上で、最初のポーンを進めるのに、下段の中央あたりのマスが選ばれるだろう。これは原理的には恣意的な選択だが、部分的には正当化できる。事実、問題のマスを占めており、その言語が隣人のサハプティン族の言語と類似しているネズパース・インディアンは、本書の全体を通じて論じられることになる神話の、互いにきわめて異なるふたつのヴァージョンを語り伝えている。短縮され、ミニマルとすら呼べそうなヴァージョンと、重なり合ってはいるが明らかに別々の起源神話としての機能を果たしているふたつの物語に分かれてしまうほど広範な展開を見せるもうひとつのヴァージョンである。同じ住民のもとに見いだされる、収縮したものと膨張したものというふたつの状態によって、その神話のすべてのヴァージョンに共通する基本的なモチーフ——恒常的なモチーフと呼びうるもの——を直ちに理解し、その神話が繰り広げられる意味場《シャン・セマンティック》の範囲と諸特性を推し量ることが可能になる。

まずは、短いヴァージョンから見ていこう。

大昔、動物たちの村に野生ネコ（オオヤマネコの別名）が住んでいた。年老い、疥癬をわずらって、杖で絶えず体を掻いていた。時おり、同じ小屋に暮らしている若い娘が、その杖を取りあげては自分の体を掻いた。野生ネコは娘にそうさせまいとしたが無駄だった。ある日、娘は妊娠に気づき、やがて男の子を産んだ。同じ村に住むコヨーテがそれに腹を立てた。コヨーテは、老いた野生ネコとその妻と子供を見捨てて一斉によそへ引っ越すように村の住民全員を説得した。野生ネコは頭をおおい隠し、小屋から出なかったので、やがて食糧が底をついた。とうとう野生ネコは娘が可哀そうになった。近くに穴を掘って焼けた石で熱くした水を満たすよう娘に命じた。野生ネコはその湯につかった後、小川の冷たい水に飛びこんだ。すると体をおおっていたかさぶたがすべてはがれ落ち、野生ネコは美しい若者となって、狩に出かけた。その日から住まいはありあまるほどの食糧で満ちあふれた。

一ヶ月ほどして、村の住民のひとりのカササギは、不幸な三人がどうなったか知りたくなった。もと村のあった場所に戻ってみると、一切れの脂身を食べている子供の姿が目に入った。飢えていたカササギが脂身を子供から奪うと、子供は泣きだしたが、母親はカササギに食事するよう誘った。母親は持ち帰るための食糧も与え、秘密を守るならば、家族をつれてまた来てもよいとカササギに提案した。じつのところ、野生ネコがかぶりものを脱いで以来、濃い霧が新しい村を包み、狩ができないので、村は飢えに支配されていたのである。そのため、カササギ一家がご馳走を食べているのに人々は驚き、カササギは告白を余儀なくされた。コヨーテの指図で、人々は見捨てた村に戻ってきた。野生ネコはかつての仲間たちを情け深く受け入れ、これからはもう霧は出ないだろうと宣言して、村の首長になった。(1)

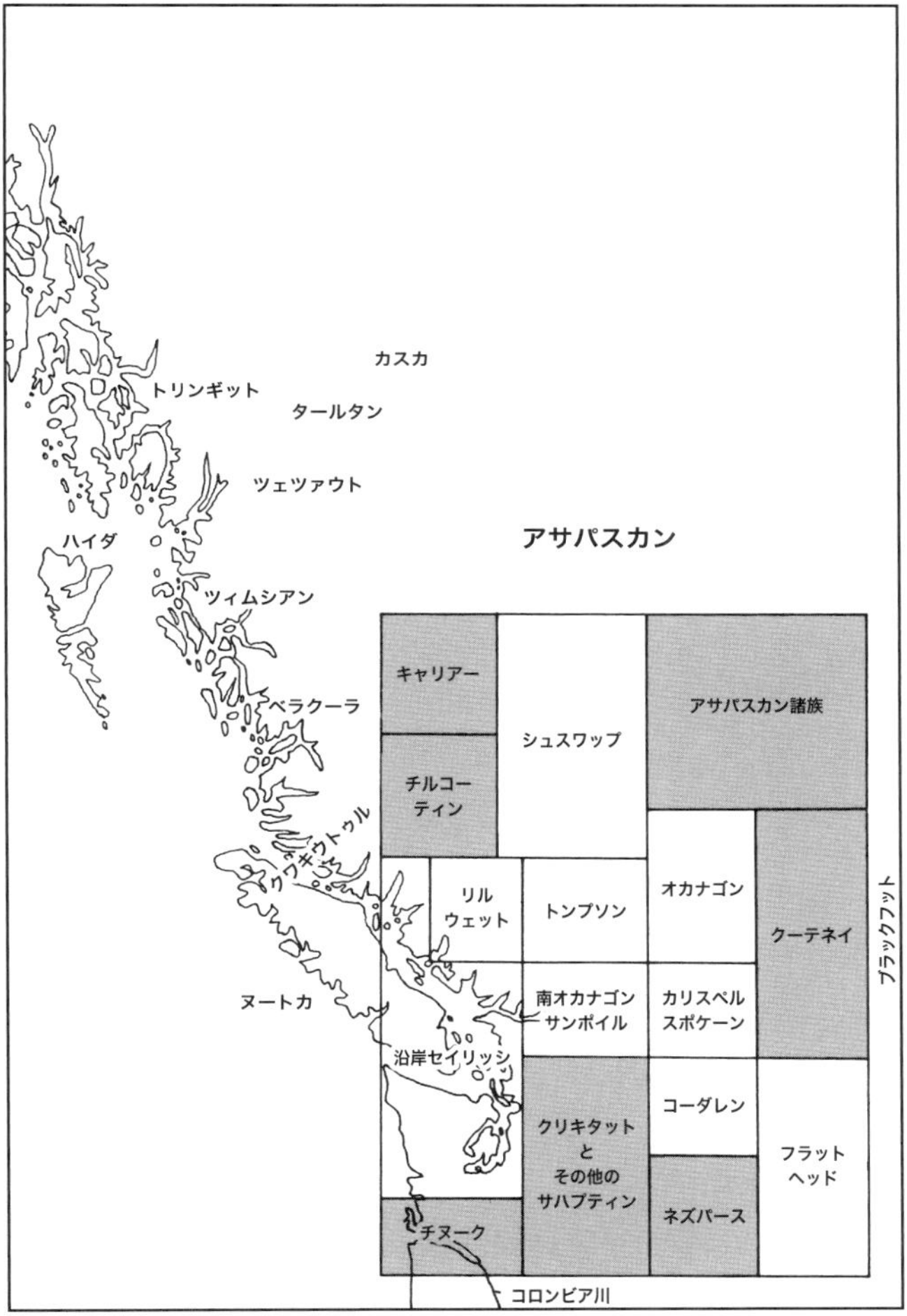

図 1　「チェスボード」．セイリッシ語族に属さない人々の占めるマスは灰色で示されている

このヴァージョンにおいて暗示されているオオヤマネコとコヨーテの対立は、もうひとつのヴァージョンでは前面に押し出されている。違いはそこだけではない。いま要約したヴァージョンの女主人公は行儀が悪い。いっぽう長いほうのヴァージョンの女主人公は、慎ましく育ちのいい娘で、ずっとするような病気の老人と同じ小屋に住んでいるのではなく、未婚の娘たちのための小屋に寝泊りしている。ある夜、娘が小用を足しに出て行くと、それに気づいたオオヤマネコは同じ場所に放尿する。娘は原因もわからずに突如妊娠する。生まれた息子は泣き止まず、それは父を求めているのだと人々は考える。コヨーテが、村中の男に順番に赤ん坊を腕に抱くようにと命じる。彼は、赤ん坊の口にこっそりと骨髄のかけらを押しこんで泣きやませ、こうしてその子の父親であると認めさせようとたくらむが、うまくゆかない。他の男たちもつぎつぎと失敗する。心にやましいところのあるオオヤマネコは、用心深く離れたところにいる。だが試してみるよう迫られて抱き上げると、赤ん坊はすぐにおとなしくなる。

オオヤマネコを憎むコヨーテは、別の試験を要求する。自分が仕切り役を務めて狩猟競争をしようというのだ。コヨーテはその地位を利用していかさまをし、前もって獲物を殺して木のうろのなかに隠しておく。だが夜が明けて、オオヤマネコが自分のひげを抜いて地面に突き刺すと、濃い霧があたりを包んで視界をさえぎり、コヨーテは獲物の隠し場所をさがしだせなくなる。オオヤマネコが真っ先に獲物を殺してもち帰ると、ようやく空は晴れわたる。

ところで、〔オオヤマネコの妻となった〕女はモズモドキという鳥だった。恨み骨髄に徹したコヨーテは、モズモドキの家族にオオヤマネコに対する反感をかきたてる。鳥たちはオオヤマネコに襲いかかり、めちゃめちゃに引き裂いてしまう。この避けがたい運命を予感していたオオヤマネコは、自分の死骸をほんのひとかけらでもいいから拾っておくようにと、妻に忠告していた。彼女は鳥の姿に戻り、木の枝にとまって、コヨーテと他の住民たちが犯罪現場から逃げ出すのを待つ。そして骨の小さな切れ端を見つけて丁寧に包み、自分と息子が雨露をしのぐ小屋を建てる。

毎日毎日、女には、骨のかけらを包んでおいたシカの皮からかすかな物音がするのが聞こえる。やがてとうとうそこから痛めつけられ傷だらけのオオヤマネコが姿を現わす。何度かの蒸気浴のおかげで回復する。コヨーテはそのことを確かめにやってくる。無人となった村でオオヤマネコに出会ったコヨーテは、自分の無実を主張して罪をクマになすりつけ、復讐するように勧めて、援助を申し出る。オオヤマネコはそれを受け入れる。コヨーテはクマのところへ行き、偽りの忠告を与えて、クマの五人の息子が待ち伏せに会うようにする。オオヤマネコは自分のひげを抜いてこしらえたわずか一本の矢で、五つの体を貫きとおし、息子たちを殺す。

兄弟のコヨーテに裏切られたのを知ったクマは、コヨーテを追いかけ、傷つける。コヨーテは、潰瘍だらけのイヌを連れ、ノミやシラミにたかられたぞっとするような老人に姿を変える。イヌも人もあまりにも忌まわしいため、だれもがあえて近づこうとしない。クマがやってくるが、それがコヨーテとは気づかない。コヨーテは、クマに勧めて、ぐらぐらする橋に足を踏み入れさせる。橋は崩れ、クマは下を流れる川で溺れる。コヨーテとその相棒のキツネは、クマを土の竈《かまど》で料理する。夫と息子たちを失ったクマの妻は、それ以後隠れて暮らすようになる(2)。

新世界に特有なモズモドキ属は、北半球には一二種を数えるが、あるものは定住し、あるものは渡りをする。食虫性の小鳥であり、動作はのろく、あまり警戒心が強くない。羽の色は多様だが、どれにしても地味な色合いである。もうひとつのヴァージョンに出てくるカササギのほうは活動的な鳥で、さまざまな場合に見てきたように、慎しみがない点で際立っている。

どちらのヴァージョンにおいても、オオヤマネコは霧の主《ぬし》として現われてくる。思いのままに霧を呼び起こしたり、吹き払ったりするのである。そして、オオヤマネコの傷を癒し、若さと美しさを与えてくれるのは、害の代わりに益をもたらし、冷たいのではなく温かい別種の霧、すなわち蒸気浴である。第二のヴァージョンでは、これら対をなすふたつの項にさらに、焼いた石で熱する地面にうがたれた土の竈（このヴァージョンで語られる蒸し風呂の代替品である、〔第一ヴァージョンの〕温水風呂と似ている）がつけ加えられる。したがって、霧、蒸し風呂、土の竈は三角形を形づくっており、そこでは自然の領域における霧が、文化の領域における蒸し風呂と土の竈に対応している。

第二のヴァージョンが土の竈というモチーフを偶然にもちこんでいるわけではないことは、テクスト自体に明示されている。すなわち、クマを殺すずっと前に、コヨーテとキツネはクマをそのように料理しようともくろんでいる。さらに、一九世紀のまだ初頭にネズパース族のもとを最初に訪れた白人、ルイスとクラークは、焼けた石を敷いた上でクマを料理するのがそこの人々の決まりだと語っている。クマの肉とマツの小枝を交互に重ね、全体を水で湿らせたマツの枝で覆い、その上に厚さ一〇センチほどの土の層をかぶせる。料理には三時間くらいかかり、肉は、あぶったりゆでたりする場合よりややわらかく仕上がるが、松脂の味がするのだという(3)。

ネズパースのある神話では、アライグマがクマの肉を料理するのに土の竈を掘ったと語られている(4)。

同じくサハプティン語を用いるクリキタット族のもとでも同じ料理技術が確認される。隣接するカウリッツ族から借用してきたある神話で、「焼け石上での料理」という名前の老人が、三匹の雌グマそれぞれに、「これからもこのとおり。おまえは火で熱した石の上で料理されるだろう」[5]と言いながら、つぎつぎと熾《おき》のなかに投げこむのである。

「大多数の白人にとって不快に感じられる特殊な味」[6]を肉に与えたマツの枝が必ず用いられたという事実は、ひとつの問題を提起するが、ここでは一時的に棚上げにしておく（後出一五九頁以下参照）。

ふたつのヴァージョンのあいだの他のくいちがいを指摘するという仕事がまだ残っている。なぜ、いっぽうのヴァージョンではオオヤマネコと女主人公が同じ小屋に住んでいて、もういっぽうのヴァージョンでは慣習によりきわめて厳格に隔てられたそれぞれの小屋に住んでいるのだろうか。後者の女主人公はつつましく賢くて、前者ではその反対（オオヤマネコのいさめに耳を傾けず、その杖を自分の体を掻くために横取りしている）なのはどうしてだろうか。第二のヴァージョンを語ってくれた女性は、この神話からつぎのような教訓を引き出すことで、間接的にそれらの問いに答えている。「人より優れていて妻にもらい受けるのが難しいと思われている女、自分が他の女より価値があると思っている女は、結局は貧しく醜い男を夫にもつことになる」[7]。事実、このヴァージョンでは、オオヤマネコは生き返り、回復するが、当初そうだったとおりに、つまり貧しく醜くなってしまうのだ。さらに彼は、筋立てが三分の二まで進んだところで姿を消してしまう。代わって関心を集めるのはオオヤマネコの敵のコヨーテで、彼は成功につぐ成功を収め、ついには独力でクマに勝利する。一般的にはクマは集団で行なう狩りの対象であるにもかかわらずである。ちなみにクマの肉をみながいっしょに食べる理由はそこにある。(8) したがって、主人公の役割を果たしているのはコヨーテであり、オオヤマネコとの不釣合いな結婚が最終的には女主人公の利益につながるという第一のヴァージョンとは異なっている。利益というのは、身体的にはオオヤマネコが美しい若者に変わり、経済的には彼が優れた狩人になり、社会的には彼がおしまいに村の長になるからである。

この第一のヴァージョンで用いられている諸手段は、どちらかというと文化の側に位置する。つまり、受精手段としての杖とか、霧を呼ぶ手段としてのかぶりもの〔頭巾〕ないし衣服のすそとかは人の手による製作物であって、第二のヴァージョンにおける受精手段としての尿、霧を呼ぶ手段としてのひげがどちらも身体的な生成物であるのとは、対比をなしている。そして第二のヴァージョンでは、霧、蒸し風呂、竈という三角形の体系が成立しているが、それと同じく、尿、地面に突き立てられたひげ、矢として射られたひげという別の三角形の体系が作り上げられている。ここに見られる垂直軸と水平軸の対立はつぎのような事実によって補強される。すなわち、ひげは、二番目の使用法では五匹の仔グマを続けざまに貫き通し、最高の狩りを実現する水平の手段となるが、垂直に地面に突き立てられた方は、狩を不可能にする明白な力をもつとされる霧を呼び起こすのである。

かぶりものと霧との関係はとりわけ注意を引くだろう。これは、さまざまな部族に共通な神話的モチーフが循環している(よどんでいると言うべきかもしれない)この北西部地域の、反対側の端にも現われてくる。アラスカのトリンギット族やブリティッシュ・コロンビアのツィムシアン族は、造化の神には兄弟がひとりいるとしているが、その人物が帽子を脱ぎ、それを裏返しにしてカヌーのなかに置くと、霧が呼び起こされるのだ。(9) 彼らの隣人のクワキウトゥル族は、双子が霧を自分たちの帽子のなかに集め、それを胸に押しつけることによって、体に取りこむことができると考えている。[10] ところで、おそらく他所でもそうだろうが、アメリカ・インディアンの思考では、かぶりものは、高と低、天と地、外界と身体、それぞれのあいだの調停者という機能をもっている。それらの極同士の仲介者としての役割を果たすのだが、それらを結合するか引き離すかは場合による。霧の役割もそれと同じで、高と低、天と地を代わる代わる分離したり接合したりすると、以前わたしは書いたことがある。すなわち霧は「両極を結び合わせて区別できなくするか、あいだに介入して両極の接近を阻止する調停項[11]」なのである、と。「火のキー」で表現された別の諸神話が家の炉に与える役割に等しいものが、要するに、「水のキー」で言い表わされている。「その存在により、料理の火は全面的な分離を回避し、太陽と大地を結合させて、人間を、もし太陽が本当に消えてしまったら訪れるだろう腐敗した世界から守ってくれる。だがその存在は介在的でもあり、したがって、焼けただれた世界が生み出されるような全面的な結合の危険を遠ざけることになる[12]」。

本書で特別な関心の的となる北アメリカのこの地域においては、四層からなる世界という概念が支配的である。霧は、われわれの世界のすぐ上に位置する層を占めている。[13] トンプソン・インディアンはつねに、原初の地上世界は暑く、風が吹き荒れて、非常に乾燥した気候だったと語る。[14] ツェツァウト族によれば、その世界は平らで暑く、水もなければ、雨、雪、風、あるいは霧も存在しなかった。そこではだれもが飢えに苦しめられていた。この状況は、動物たちが天空のドームを引き裂いて、雨と雪を解放するまで続いた。[15] 神話時代には、とコーダレン族は言う。気候は今と同じではなかった。風が強く、暑く、乾燥していて、雨も雪も降らなかったのである。[16] クーテネイ族の言い伝えでも雪はなかったとされる[17]。

風の有無について不一致があるとはいえ、それらの物語は、霧が知られていなかった時代に言及している。それは、他の諸神話では優れた狩人として「霧男」の名で人格化されているような霧である[18]。それらの信仰はすべて、霧にプラスの意味合いを与えているように見える。霧が天と地の境をあいまいにしたおかげであれこれの主人公が追跡を免れられるという、多くの神話をそれと対比することもできる（それらは『裸の人』のなかで、M_{557a}、$M_{598a\text{-}g}$、$M_{644a,b}$、M_{667a}、M_{668b}、M_{677}、M_{349}などとして整理されている）。ケルト伝説では、同じあいまいさが霧に付与されている。他界への接近をあるときは許し、あるときは拒むのである[19]。

*

本書がいままでとりあげてきたオオヤマネコの物語のふたつのヴァージョンは、サハプティン語圏内の東側に住むネズパース族に由来している。ではその反対側〔西側〕ではどうなっているだろうか。そこではクリキタット族が、海岸地方やブリティッシュ・コロンビアの海岸から内陸にかけて北へと広がる広範なセイリッシ語族を代表するカウリッツ族と隣接している。両部族はオオヤマネコの物語をネズパース族とほとんど同じ言葉で語るが、ネズパースの諸異文とは、主にふたつの点でかけ離れている。第一に、醜く、ノミ・シラミやかさぶただらけのオオヤマネコ（ここでは野生ネコと呼ばれている）は、村長の娘が儀礼の歌の音頭を取っているときに、その口に上からつばを吐きこんで妊娠させる。つぎに、そして特筆すべきことに、蒸気浴という手段で体を癒し、若さと美しさすら得るのは他と共通していても、オオヤマネコが霧の主であることはまったく示されていない。迫害者たちの村で猛威をふるう飢饉には何ら理由づけがないのである。[20]

ネズパースの北方の隣人で、カウリッツ族と同じセイリッシ語であるコーダレン族は、こう語る。オオヤマネコは心に念じることで村長の娘を妊娠させる、あるいは（別のヴァージョンでは）父親の同意を得ずに妻にする。したがって、身体的な受精手段（かさぶた、尿、唾）は消えている。蒸し風呂もまた姿を消すが、それは、コーダレンの諸ヴァージョンでは、敵対的な村人たちに踏みにじられて毛皮だけになり、埋められてしまったオオヤマネコが、自分で体をマッサージして美しくなるからである。この時点で物語には、今後見ていくように他のセイリッシのヴァージョンで大々的に取り扱われている新たなモチーフが現われてくる。つまり、女が不手際にも、オオヤマネコがみずからに施している治療の邪魔をしたせいで、オオヤマネコの顔にしわが残って以後ずっと醜いままとなってしまうのである。

霧のモチーフも欠けており、村に蔓延した飢饉についても神話は語らない。ただし、言語的な境界を越えるさいにしばしば確かめられる効果によって、このモチーフは単に欠けているのではなく、逆転しているのである。村長の娘は、後悔している父を迎え入れ、食糧を与えるのに同意するが、その代償として、あるヴァージョンでは「青い鳥の青いマント《オワゾーブルー》」、別のヴァージョンでは同じ鳥の「青く美しい首飾り」を下さいと父親に要求する。[21] カナダで青いツグミと呼ばれる問題の鳥は、ルリツグミ（*Sialia*）属に含まれるツグミの一種で、沿岸セイリッシの人々によれば、雨が降るときに鳴くという。[22]しかし、たぶんそれは晴天に戻るのを告げるためなのではないだろうか。なぜなら、そのマントないし首飾りは、雲ひとつない空のように青くて美しく、沿岸セイリッシのいくつかの神話に語られているマント（「真昼の太陽をまばゆく壮麗にきらめ」かせるマント）[23]と、さほどかけ離れていないからだ。この比較が適正であれば、コーダレン神話の青いマントとネズパース神話の霧とは、対称の関係にあることになり、さらに、吹き払われた霧あるいは澄みわたった空という補助的な手段により、いたるところで神話は晴天の復帰という大団円を迎えることになる（後出二二四―二二八頁）。

このふたつの表現形式の差異は、コーダレン族のもとでは光と闇の起源や雲と霧の起源に関する信仰の痕跡がまったく見いだされなかった、と語るテイトの証言とよく一致する。[24]しかしながらテイトによれば、それらの人々は、世界はかつて闇のなかに投げこまれており、人間たちが手探りで動き回っていたと考えているという。そしてテイトがつぎに太陽と月の起源に話を転じているところからして、現地人の思考のなかでは、いっぽうでは闇（夜間）と霧（昼間）、他方では月と太陽が関連づけられている、と結論できるかもしれない。この仮説は、このあとに続く神話的変換から確認されよう。

コーダレン族の北西に住むサンポイル族においては、霧が欠けたまま蒸し風呂が再度現われる。彼らは、老いて醜く、化膿した傷だらけのオオヤマネコが、離れて独り暮らしていたと語る。このオオヤマネコはある日、求婚者すべてをはねつけている村長の娘が、半ば土に埋もれた〔竪穴式の〕小さな小屋に横たわって眠っているところにふいに姿を現わした。そこで彼女の口に唾を吐き入れると、ご存知のとおりの結果となった。村の住人に打たれ、傷つけられたオオヤマネコは、蒸し風呂にこもったが、妻が早まってそこに入ってしまった。「オオヤマネコの体はなめらかにつやつやし、優雅で美しかった。傷はすっかり消えていた。だが顔は、目のまわりにしわが寄ったままだった」。

オオヤマネコはすべての動物を閉じこめ、罪を犯した人々の村には大飢饉が襲った。村人のひとりであるカラスが、オオヤマネコの野営地に偵察にやってくると、オオヤマネコの子供が輪切りにした脂身をおもちゃにしていた。カラスはそれを奪い取ろうとして、子供の母親からこっぴどく殴られ、そのショックで大腸の一部が体外に出てしまった。女はそれをつかみ、脂身を詰めこんでフライにした。カラスが意識を取り戻すと、女はその腸詰を与えた。家に帰ったカラスは、子供たちがそれを食べだしたとき、危うく死にそうになった。[25]

コーダレン族の東に住み、同じくセイリッシ語を話すフラットヘッド族は、霧のモチーフを知らず、また蒸し風呂のモチーフは、女が夫を「温かくしておくために」その遺骸をくるむブランケットというきわめて弱まった形でしか現われてこない。同じヴァージョンによれば、オオヤマネコが女主人公を妊娠させるのは、たまたま彼女の上によだれを一筋垂らしてしまったからである。[26]

蒸し風呂のモチーフの存在あるいは不在については、いくつか注目すべきことがある。セイリッシ語圏の中央で互いに隣接しあういくつかの部族は、蒸し風呂を神格化していた。「蒸し風呂」を意味するクウィルステンは、サンポイル族とオカナゴン族の造化の神の名前である。インディアンの先祖たちのもとを去るさい、造化の神はこう言い残した。「わたしには体もなく、頭もなく、見る力もないだろう。望む者はわたしを作り上げることができる。その者は、美しさやその他の恵みを得るために、わたしに祈りを捧げねばならない。[…] わたしは人間に助けをもたらす蒸し風呂である」。[27]トンプソン族が祈りを捧げていた蒸し風呂様は、彼らの部族神のひとりである「風」でもあった。[28]シュスワップ族は蒸し風呂の精をスワルスと名づけていたが、この語はおそらく「むきだしの顔」あるいは

「おおわれていない顔」を意味する言葉から来ている。[29] リルウェット族のもとでは、山の精のクアイルスがまた蒸し風呂の神でもあった。[30]

逆に、海岸やピュージェット湾地域に住むセイリッシ語の人々にとっては、蒸気浴が大きな地位を占めていたようには見えない。[31] トゥワナ族は、蒸気浴に何ら重要性を認めておらず、彼らの目からするとそれは、「世俗的で非宗教的な治療法であって、シャーマン的な含意はない」[32]のだった。プヤラップ＝ニスカリ族は、蒸気浴を義務であるとも、社会的な慣習のひとつであるとすらも考えず、単なる個人的な趣味の問題としていた。[33] もっと北に行って、リルウェット族は、内陸方面の隣人であるトンプソン族やシュスワップ族ほどには蒸し風呂を使っていない。[34] ヴァンクーヴァー島の西岸に住むワカシ語のヌートカ族には、蒸し風呂は知られてさえいなかったかもしれない。[35] こうしてセイリッシ語圏を東から西へとたどっていくと、蒸し風呂の使用がだんだん少なくなっていき、圏外へ出るとおそらく消滅してしまうのがわかる。

しかしながら、海岸地域の中央に位置するスノホミッシ族のもつこの神話の一ヴァージョンは、いくつかのやり方できわめて理想化されている。神話のあらゆる角が丸くなっているのだ。老いて醜く、傷だらけのオオヤマネコ（ここでは野生ネコと呼ばれている）が唾によって村長の娘を妊娠させたのは、意図的ではなく不注意からなのである。さらに、父親はだれかを知るための試験にあたり、オオヤマネコは、赤ん坊を腕に抱くさいに病気をうつさないように、羽毛のブランケットを要求するという心づかいを見せる。村人たちが夫婦を置き去りにするときには、ハシボソガラスがこっそりと、火をまたおこすのに使う燃えさしを残してくれる。老いたオオヤマネコは妻を自分の存在から解放して

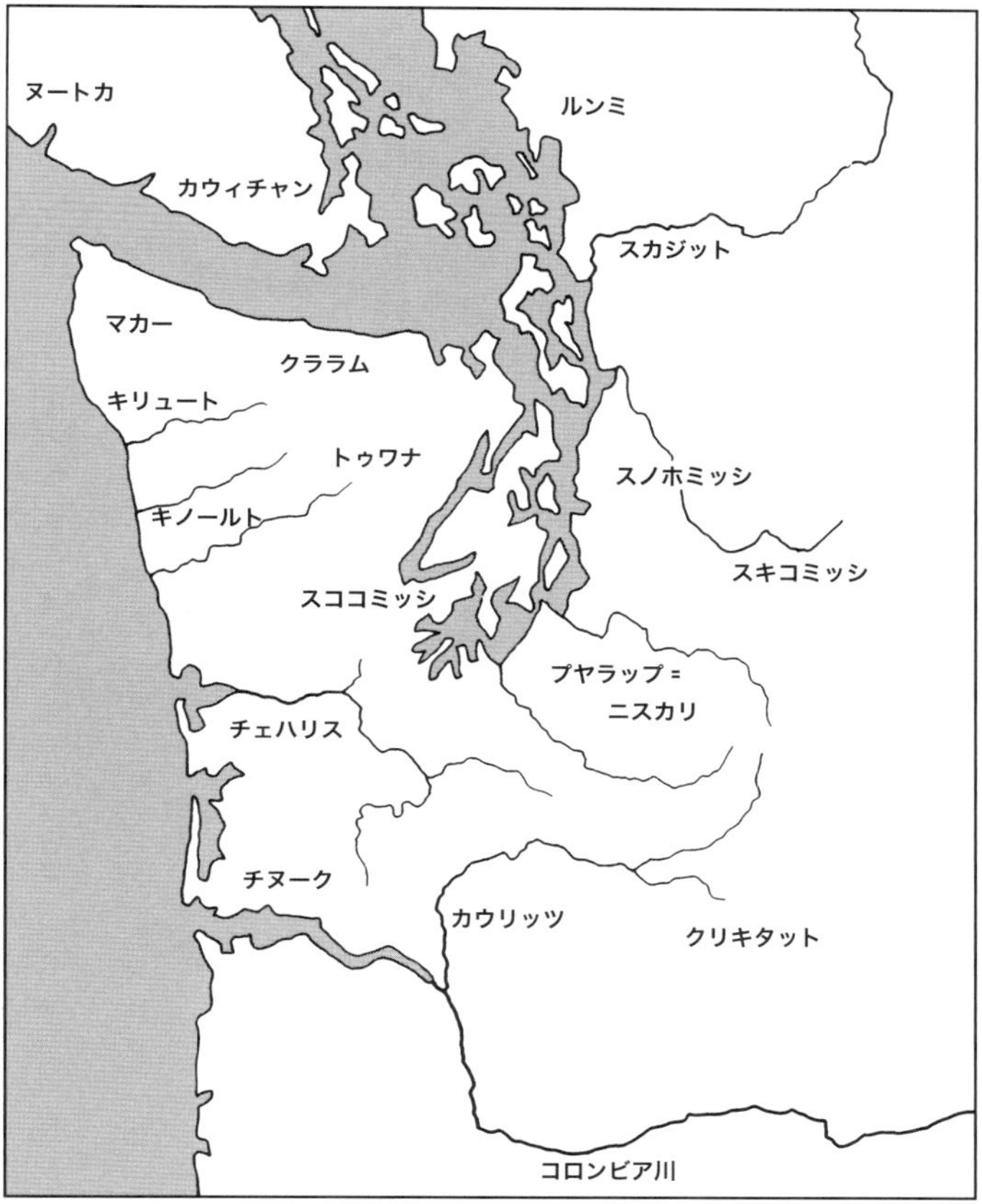

図2　ピュージェット湾とコロンビア川下流地域の人々

図3　カナダオオヤマネコ（*Lynx canadensis*）

やりたいと思い、離れていくが、女は（そうするなと命じられていたにもかかわらず）彼を憐れんで探しに行き、数日後、蒸し風呂のなかで若く美しくなっている彼を見つけ出す。彼女が急ぎすぎたために、オオヤマネコの額には傷がひとつ残る。

迫害者たちの村に飢饉を引き起こす（ネズパース族によれば霧を使い、サンポイル族によれば動物たちを閉じこめることで）代わりに、オオヤマネコは創造的な仕事を行なう。かつての村に残されたごみを、あらゆる年齢と身分の人間に変え、それらの人々が小屋を立て、カヌーをくりぬき、かごを編み、ブランケットを織る。これが文明の諸技術の起こりである。その後、迫害者たちの村は崩壊し、彼らはもとの村に戻らざるを得なくなる。

最後にスノホミッシのヴァージョンは、蒸し風呂の起源神話の形をとる。「野生ネコは、蒸し風呂が自分の部族にとってもっとも有用なもののひとつとなるだろうと宣言した。蒸気浴が野生ネコに何をもたらしたかは、だれの目にも明らかだった。将来においてもそのとおりになるだろう。蒸気浴は人々を清め、人々の力を取り戻させるだろう」。老人を敬わなければならない、というのが結論である[36]。

したがって全体として考えると、この神話場《シャン・ミティック》はふたつの揺れの舞台となっているように見える。ひとつは蒸し風呂にかかわる揺れで、それは万神殿《パンテオン》に地位を占める超自然的な媒介者であったり、あるヴァージョンが伝説的な起源を物語っているような衛生上の実践であったりする。そしてもうひとつの揺れは、オオヤマネコの役割にかかわっていて、その共示的意味は否定的なもの（狩を不可能にする霧によってか、結局は同じことだがすべての動物を閉じこめることによって、飢饉を引き起こす場合）から、肯定的なもの（新たな人類と文明の諸技術の創造者としての）までの変異がある。後者の状態でのオオヤマネコの役割は、沿岸セイリッシ諸族にとって文化英雄中の文化英雄である月の役割とほとんど一致する。この比較の利点はのちほど明らかになるだろう（後出一九三頁以下）。さらにほぼすべてのヴァージョンにおいて、オオヤマネコはあいまいな性格を示す。つまり、当初は年老いて醜く病気なのに対し、最後には若く美しくなる*のだが、その顔には、インディアンたちがオオヤマネコという動物そのものについて抱いていた美学的判断（クーテネイ族はオオヤマネコを「寸詰まりの顔」と呼んでいる）[37] に対応するかに見える醜さの残滓が刻印されたままなのだ。同じあいまいさのもうひとつの側面として、南部カリフォルニアから北部のアサパスカン諸族に至るまで見られる証言がある。そこでは、一般にまずいとされるオオヤマネコの肉と、あらゆるもののうちで最高に貴重とされる毛皮が対比させられるのである。[38]

＊「潰瘍や開いた傷口は、脂と前もって焼いて灰にしたオオヤマネコの毛とを混ぜ合わせて作る硬膏や軟膏で手当てされる。わたしはオオヤマネコの毛に、他のすべてにまさるような特別な効能があるのかは知らない。だが彼ら［インディアンたち］はそう確信していて、オオヤマネコもしくは野生ネコの皮はめざましい薬効があると考えている」（Swan, *The Northwest Coast*: p. 178）。こういう信仰は、この神話の、いや少なくとも主要登場人物の名前［オオヤマネコ］の原因となったのだろうか、それともそこから出てきた結果なのだろうか。断言はためらわれる（プリニウスは『博物誌』28巻のviiで、オオヤマネコの爪の灰に鎮痛効果があるとしている）。

スワンのあいまいな表現「オオヤマネコもしくは野生ネコの皮」については、北アメリカにオオヤマネコ属が二種類存在することを念頭に置くのが望ましい。すなわち、*Lynx canadensis*（英語ではリンクスまたはワイルドキャット）と、*Lynx rufus*（どちらかといえばボブキャット）のふたつである。「どちらかといえば」と書いたのは、インフォーマントがそれらの通称をかなり漠然と使っているように見えるからである。*Lynx rufus* の生息地が明らかに南寄り（カナダの最南部からメキシコまで）なのを考慮すれば、問題の諸神話の主人公は概して *Lynx canadensis* である可能性が高そうに思われる。

第2章　コヨーテ父子

オオヤマネコの役柄を中心とする神話が拡大して、コヨーテという別の役柄が活躍の場を与えられ、両者のいざこざが物語られる可能性はすでに見た。トンプソン族においては役柄の二元性はさらに際立っており、時には神話は、それぞれ「オオヤマネコの」、「コヨーテの息子の」と呼ばれるふたつの物語に切り離されてしまうことがあるくらいである。まずは、神話全体を検証することから始めるが、ここではひとつの話として結びつけたふたつの物語のどちらかに、あとでそれらを割り当てる便宜を考えて、神話の各挿話に番号をふることにする。

1　ある村で、若く美しい娘が求婚者をすべてはねつけていた。しつこく付きまとわれるのにうんざりした娘は、オオツノヒツジ（*Ovis canadensis*）である祖母のもとに避難しようと、ある日妹と連れ立って村を出た。

2　何日か歩いたのち、姉妹はコヨーテの住む小屋の近くを通った。コヨーテはふたりが暖を求めて自分の家に来るようにと、ひどい寒さを引き起こす。コヨーテが夕食に出したのは、脂身というふれこみだったがじつは乾かした自分の精液だった。警戒した姉は、それを火のなかに投げこみ、炎を上げてめらめらと燃える代わりにぱちぱちとはぜてくすぶるのを確かめると、食べるのを拒む。いっぽう、妹は誘いに乗って、妊娠してしまう……。姉妹はまた歩きだすが、コヨーテはふたりの先回りをして、続けざまに四度も同じ策略を用いる。そのうちついに、妹は産気づく。コヨーテは、赤ん坊が女の子だったら殺し、男の子だったら育てると宣言する。姉娘は、コヨーテの妻となった妹をあとに残して、独りで旅を続ける。

3　娘が近くまで来ているのを魔法の力で知った祖母は、野ウサギに何がしかの食糧をもたせて迎えにやる。野ウサギが小道を横切って倒れている木のうしろに隠れていると、歩いてきた娘はその木につまずいた。下にうずくまっていた野ウサギは、娘の赤い外陰部を見てからかう。娘は野ウサギを打ち、手にしていた棒で野ウサギの鼻に穴をあける。それ以来、野ウサギの鼻面はいまのような形になった。

4　娘が見えるところまでくると、祖母はすぐさま村に住むさまざまな動物たち（オオヤマネコを含む）の競走を組織し、勝利者が娘を妻にすることになる。ハチドリが勝ちそうになったとき、祖母が追い抜き、娘を引っぱって行って、自分の小屋に閉じこめる。

5　ここでは（すでに要約した諸ヴァージョンとは異なり）若く美しいオオヤマネコが、娘の寝台の真上の屋根に穴をあけ、そのへそに唾を吐きかけて、娘を妊娠させる。娘は美しい男の子を産むが、父親がだれか知る人はいなかった。村中の男がそれぞれの弓と矢を赤ん坊に差し出すことが決められる。赤ん坊は、コヨーテがわざわざそのために作ったすばらしい弓矢にさえも、何の関心も示さない。

オオヤマネコは離れたところにいたが、まわりの人の手で前に押し出される。彼の弓矢は粗末なものだったが、赤ん坊はそれを受け取り、こうしてオオヤマネコを父親と認める。

6　失敗に怒り狂ったコヨーテと他の村人はオオヤマネコに飛びかかり、ボコボコにして踏みにじる。オオヤマネコは、女と赤ん坊と共に置き去りにされる。女はオオヤマネコの手当てをし、傷を治すが、顔だけは別で、醜く、縮んでひきつったままである。*

村を去る前、幾人かの住人は憐れんで、干した魚を少しその場に残しておいてくれていた。のちに父親同様優れた狩人になったオオヤマネコの息子は、その人々に感謝して、脂身を提供することになる。

7　いっぽう、コヨーテの妻になった妹娘は、集合的に「ツァムーゼイ」（意味不明）** と呼ばれる四人の息子を産んでいた。父親から魔力を受け継いでいた末っ子だけが、独自の名前をもっていた。それは「強い足」という意味の名なのかもしれない。というのは、この息子は足で切り株を蹴ってあちこちに炎を燃え上がらせ、仲間に暖をとらせることができたからである。

8　四人兄弟の長兄はある日、「人喰い鬼」という名の恐るべき魔法使いの娘と結婚したいと思っ

---

*　「握りこぶしのようにちぢこまっている」とジュール・ルナールはネコの顔について述べている。この言葉を引用してくれたのはジャン・デュトゥールで、そのときわれわれはネコの話をしていた。

**　コヨーテをレイヨウと対立させている別の神話群（後出二一七頁）においては、コヨーテの息子たちはそれぞれ別個の名前をもっており、レイヨウの息子たちはそうではない。この点については『裸の人』邦訳四九一—四九二頁を参照のこと。

た。川の向こう岸に住んでいた人喰い鬼は、川を渡らせてやるという口実で、自分のカヌーに飛び乗るよう若者に誘った。カヌーはひっくり返り、長兄は溺れた。続くふたりの兄弟にも同じ運命が待ち受けていた。自分の番になったとき、末っ子は、今度は父親の助けを得て、アヴァンチュールに挑みたいと思った。父と息子は、カヌーを転覆させることなく、カヌーの中央に飛び降りるのに成功した。

9　人喰い鬼がふたりを殺そうと猛火を起こしたので、コヨーテ父子は氷で身を包んで防御した。そこで人喰い鬼は結婚に同意したものの、友人で助手でもあるクウァルムと共に、婿に対して陰謀を企てた。

10　尾の短いハツカネズミの忠告のおかげで、若者は、まず、小道の中央に身を置くように注意して、クウァルムの起こした火事を避ける。つぎに、木を縦に割っているときにその木に両側からはさみこまれるのを逃れ、さらに、半ば人間、半ば魚の姿をした水生の怪物からも逃れる（第四番目の試練は、語り手が忘れてしまったので欠落している）。

11　翌日、人喰い鬼とコヨーテは互いに挑みあった。どちらも火や水や風をものともしなかった。だがついにはコヨーテが、恐るべき寒さを呼び起こし、人喰い鬼、その娘、クウァルム、そしてその村の住民全部を凍らせてしまうことにより、勝利を収める。復讐をなしとげたコヨーテと息子は自分の家に帰った。(39)

＊

筋書きが二度にわたり混ざり合っているとはいえ（姉妹はコヨーテの誘惑にさらされ、またコヨー

図4　コヨーテ（*Canis latrans*）

テはオオツノヒツジの村において はオオヤマネコの敵たちの指導者 である)、2および7から11まで のシークエンスと、3から6まで のシークエンスが別々の物語を形 づくっていて、シークエンス1が 共通の導入部の役割を果たしてい るのは明白である。ふたつの物語 のうち、コヨーテの冒険を扱う方 がより豊かな進展を見せている。 叙述スタイルの違いも、このアン バランスを強めている。本来のオ オヤマネコの物語は、展開が自由 で、形式上の束縛を免れているた めに、短い小説の趣がある。わた しは別のところで、オオヤマネコ の物語にはロマネスクなジャンル との共通性があることを指摘し、いくつかのヴァージョンを照合して、いかにして神話が伝説へ、そして擬似歴史的な物語へ、さらに小説へと変容していくかを示した(40)。

反対に、コヨーテの物語は、神話物語、より広くは口承文学に特徴的な叙述方式をとっている。そこには音楽学者が拍の均斉《カリュール》と呼ぶもの、すなわち何らかの周期性という意識によって聞き手に感じ取られる拍子、が見られるのである。拍の均斉は、ここでは判で押《ステレオタイプ》したような定型表現を通じて現われてくる。つぎからつぎへと四つ組が登場するのはこのためである。コヨーテが女主人公たちを魔法にかけるための類似した四つのたくらみ、四人の息子、人喰い鬼の娘と結婚するための四度の試み、人喰い鬼が婿を殺すために用いる四つの手段、敵対者同士が挑み、ついにはコヨーテが息子と共に勝利者となる四つの試練、などなどである。同じ神話の断片的なあるヴァージョンによれば、妹が妊娠したのではと疑った姉娘が、妹を四度空中に飛び上がらせ、四度目に妹娘が出産することになっている(41)。

同じくほとんどのヴァージョンにおいて、コヨーテは、「女の子なら殺す。男の子なら守り育てよう」という判で押《ステレオタイプ》したような定型表現を口にしている。しかし、のちほど読者は、時おりコヨーテがその表現を逆転させているのに気づかれるだろう。この定型表現は、その地理的な分布という点でも、南北両アメリカ神話におけるその意味という点でも、複雑な問題を提起している。それについてはもっと先で語ろう（後出八三頁以下）。

オオヤマネコに関しては、いま要約したばかりのヴァージョンは、わたしが「ミニマルな」と呼んだオオヤマネコの物語の諸ヴァージョンに比べてすらも簡素に見える。いくつかの挿話、とりわけ蒸し風呂や霧にかかわるものは消えうせている。いわばオオヤマネコ家の方で起きるとされ、ここでは欠落している出来事の数々は、次章で研究にかかるこれよりずっと拡大された諸ヴァージョンのなかで再建されることになるだろう。いまとりあげたヴァージョンでコヨーテ（とその息子）が強調されているのは、そこではオオヤマネコではなく、寒さの主として現われてくるコヨーテの気象学的な意味合いが重視されているからなのである。すなわちコヨーテは、人喰い鬼のもたらす猛火に耐えて生き抜くために氷で身を包み、自分しか耐えられないすさまじい寒さによって人喰い鬼に勝利する。コヨーテの息子にも同じ能力がある。足で切り株を蹴って火を吹き出させるのは、料理目的ではなく、神話が明確に述べているように、仲間の体を暖めるためなのだから。[42]したがって、そこでは火の起源というよりは、むしろ人喰い鬼の殺戮の火に対立する、心地よい暖かさの産出が問題となっている。どちらも地上の存在であるこれら二種の火は、天上の火に見られるふたつの相と対称の関係にある。なぜなら、この地域の他の諸神話によれば、かつては（過剰もしくは欠如により）極端で破壊的だった太陽が説得に応じ、それ以後は、人間を殺すのではなく暖めてくれるような穏やかな熱を放出するようになったとされているからである。[43]

このつながりを直接実証するヴァージョンがふたつある。トンプソン族の北の隣人であるシュスワップ族は、厳密な意味で《ストリクト・センス》のオオヤマネコの物語で満足していて、コヨーテは筋書きのなかに入ってこない。女主人公はシカ娘（*Cervus canadensis*）だ。両親が求婚者すべてをはねつけたか、彼女自身が結婚に逆らったかどちらにせよ（ヴァージョンにより異なる）、彼女は家を出て祖母のところへ行く。祖母は、結婚をかけた競走を組織するように見せかけるが、実際には霧、あるいは昼日なかに呼び起こした夜を利用して、孫娘を連れ去ってしまう。あるヴァージョンでは、太陽が娘をかどわかしたと皆が思ったことになっている。[44] この細部は、オオヤマネコの物語に切り詰められた、女主人公が同じくシカ科に属するトンプソン族の別ヴァージョンにも現われてくる。[45] このヴァージョンの出所となっているのは、シュスワップ族にもっとも近い川上のトンプソン族であり、おそらくは、同じヴァージョンが、別々の調査者によって文字化されたものだろう（シカのオオツノヒツジへの置き換えについては、後出一〇三頁を参照のこと）。

のちに見ていくように（本書13章）、太陽はしばしば人間の妻と引き換えに、以後は恵み深い熱を発散すると約束する。オオヤマネコの物語のなかにさえ、すでにこのモチーフの兆しは現われている。

＊

『裸の人』の読者なら、その豊かさをわたしが強調しておいた[46]「鳥の巣あさりの」と呼ばれる神話のトンプソン・ヴァージョンでも、コヨーテと息子が主人公となっていることをおそらく思い起こされるだろう。しかし、そこでのコヨーテと息子が争い合っているのに対し、こちらの神話では両者が連帯している。息子の妻たちを横取りしたいと願うどころか、コヨーテは息子が妻を得るのに力を貸しているのである。

ところで、アメリカ大陸のこの地域、特にトンプソン族のもとにおいて、鳥の巣あさりの神話は長く複雑なひとつの挿話で終わっている。その挿話が説明しているのは、滝や瀑布の下流に住む人々が、サケに恵まれずにオオツノヒツジを食糧とせざるを得ない上流に住む人々とは異なり、なぜサケを主食としているかである。コヨーテの息子は、父親に復讐しようと、父親を川に転落させる。流れに運ばれていったコヨーテは、河口のところに閉じこめられていたサケを見つけ、解放してやる。それ以来サケは大小の川の流れをさかのぼるようになる。サケたちの初めての旅を導いていくコヨーテは、若い娘たちが水浴をしているのを見つける。コヨーテは彼女らに呼びかけ、サケの背肉を差し出す。そして、自分の長いペニスを利用して、食べ物を受け取った娘たちと川を隔てて交わるが、さらに離れた場所で、べつの娘たちがオオツノヒツジの肉の方を好むと言うと、コヨーテはサケが越えられないような滝でもって川を分断し、オオツノヒツジの数を増やす[47]。

したがって、この神話はサケの流通と女性のそれとを関連づけている。異族との結婚《ユニオン・エグソガム》（外婚）を喜んで受け入れる人々のみがサケを手に入れるのである。それと対称をなすコヨーテと息子の冒険についての神話は、暗黙のうちにとはいえ、この命題を逆転させている。なぜならこちらの神話では、結婚に逆らう娘（彼女は、コヨーテの干からびた精液を食べるのを拒むという形で、こういう態度を表明しつづける。この精液は、好色な長いペニスの、乾燥したものという領域での対応物である）が祖母のもとに避難するからである。この祖母はまさしく雌のオオツノヒツジであり、孫娘を結婚させるという口実のもとに、ある策略を用いる。それは異なる種の動物たちによる競走であり、彼女は参加しないふりをするものの、じつは孫娘に異族との結婚を免れさせるべく自分が勝利するのを確信している。「なぜなら、起伏の多い土地での競走なら、オオツノヒツジはいかなる動物をも打ち負かせるからだ[48]」。大小の川を断ち切ってサケの遡上を妨げる滝にも、こういう起伏はつきものである。

　この解釈の裏づけとして引き合いに出せるのは、南はコロンビア川下流域から北はフレイザー川の上流域まで、東西で言えばロッキー山麓地帯から太平洋沿岸にいたるあらゆる地域に広がるひとつの神話である。「サケ物語」と呼ばれるこの神話について、わたしは他所で論じ、それが、さまざまな土地における動物種のかたよった分布について語る、生態学的とでも呼ぶべき広範な神話集合に属していることを示した。とはいえ、それらの神話は前に見てきた諸神話の逆を行っている。なぜ同じ場所でサケとオオツノヒツジが見られないかが説明される代わりに、サケ物語では、一年のある時期にサケとオオカミ（オオツノヒツジと同じく山岳地帯の獣）が共存するような条件はどのようなものかが思い描かれるのだ。これを念頭に置くなら、サケの物語とオオヤマネコのそれとのあいだには、驚くべき類似性が見て取れる。いっぽうではあからさまに、そして他方では秘密裏に、主人公が他の動物と競走して配偶者を手に入れるのである。どちらの場合も、憤慨した競走相手が勝利者に暴行を加えて復讐する。勝利者は傷から癒えるかあるいは傷のために死ぬのだが、いずれにせよ息子は必ず生まれる（この息子はサケ物語では、オオカミに奪い去られていた母親を解放することになる[49]）。

もっと複雑なヴァージョンに取り組むと、別の諸側面が明らかになってくるだろう。さしあたりは、いままで検討してきた諸ヴァージョンのなかに、表面的には細部にかかわるように見えても、じつは神話的思考の手口《モドゥス・オペランディ》をよく説明してくれる、ひとつの組み合わせが存在するのを指摘するだけにとどめておこう。

祖母の村へ向かう道すがら、女主人公は小道を横切って倒れている木につまずく（前出三二頁）。すでに触れた断片的なあるヴァリアントでは、これは他の出来事に置き換えられている。村に到着した女主人公は、祖母がせっせと割っている丸太の端に気づかれずに座るが、その重みで丸太がぐらついて、そこにいるのがわかってしまう。物語のもっとあとで、コヨーテの息子たちはカヌーに飛びのりたいと思う。彼らは小舟の端に飛びおり（そうすべきだったように中央にではなく）、ぐらついた小舟の転覆により溺れる。最後に、末息子は、可燃物がないため火が立ち止まった（あるいはクーテネイ族のヴァージョンによれば、(50)火がとどまることなく乗り越えていった）木のない道にとどまっていることによって、森の火事から身を守る。

結論から始めると、出発点は、木々の不在（不燃性の道）と木々の存在（その他すべての場合）とのあいだの主要な対立である。存在する木は、凹面であるか（ぐらついて転覆するカヌー）*、凸面であるかどちらかである。凸面である木はふたつの形のもとに具象化されるが、そのあいだには相関と対立の関係が存在する。すなわち、ひとつは娘が端に座ってぐらつかせる丸太であり、もうひとつは、小道を横切るように倒れていて、娘が不器用にまたぎ、つまずいてしまう（ここではぐらつくのは娘）木である。

つぎの二点を証明できるなら（だがそれはここではまだ仮説に過ぎない）、この体系の締めくくりへとさらに近づくかもしれない。1　不燃性の道は、土のかまどと対立するが、それは、いっぽうではものを焼く土が、他方では焼かない土が問題になっているからだ。2　道を横切るように倒れている木は、不安定なカヌーと対立するが、それは、凸型の幹は旅人の歩みの障害物となり、凹型の幹は

＊　木をくりぬいたカヌーが用いられる区域と、樹皮で作ったカヌーの区域とのあいだの境界線は、いま取り扱っている諸神話が見られる地域を斜めに横切っている。トンプソン・インディアンたちはそのどちらをも知っており、利用していた。いずれにせよ、樹皮のカヌーであってすら、実際には組み立てなおされた木であるにもかかわらず、くりぬかれた木のイメージを呼び起こす。

旅人の足元から逃れるからだ。存在するかしないか、凸か凹か、置かれ方は縦か横か、などなど、神話が一定の方法にのっとって利用するひとつの組み合わせのなかには、木に関するそれらすべての局面が含まれている。

I　ツノガイ *Dentalium* 属の貝殻（ほぼ形は同じだが，太平洋沿岸のインディアンが採取したのとは別の種に属している）

II　1903年に収集されたトンプソンの族長の衣装やツノガイの首飾りをまとった人形．ヴィクトリア市，ロイヤル・ブリティッシュ・コロンビア博物館．カタログナンバー1267（首飾り）．同博物館のご好意により掲載〔次頁〕

第3章　ツノガイを盗む女たち

「オオヤマネコの物語」がどのようにして、オオヤマネコの敵たるコヨーテが主要人物を務めるもっと複雑な物語のなかに、主要な輪郭だけに切りつめられて挿入されるようになるかを見た。今度はそのふたつとは二通りの形で異なっている第三番目の状態に取り組むことにしよう。そこではまず、第二番目の状態ではプロットから抜け落ちている「オオヤマネコ家の方へ」のすべてが再び組み入れられて、主役同士のバランスが回復されている。つぎに、そして特筆すべきは、第一の状態が第二のなかにはめこまれているとすれば、今度は第二の状態が、新たな挿話で豊かになっている第三のなかにはめこまれている。この配置は、何重もの入れ子構造になっているロシアの人形を思い浮かべるとわかりやすい。

便宜上、この新たなグループを「ツノガイを盗む女たち」というコード名で示すことにしておこう。今度もまた、そのもっとも典型的な形はトンプソン・インディアンのもとに見いだされる。

大昔、ひとりの男とその姉妹ふたりが、人里はなれた山々の奥に、家族もなしに暮らしていた。男は優れた狩人で、脂身の肉や毛皮をふんだんにもち帰ってきた。毎日近くの小川で水浴びをし、モミの木の枝で体をマッサージするのだった。枝から落ちる針のような葉がツノガイ（*Dentalium*）属の貝に変わると、男はそれらを姉妹たちにもって帰ったが、姉妹たちは、男が水浴する場所に近づくのを禁じられていた。好奇心にかられた妹は姉を誘ってそこに行き、川底の貝をいく握りも拾い集めた。怒った男はふたりから離れることを決意した。彼はぽっかり開いた穴を隠していた竈の板石をもち上げ、地下世界へと降りていった（別のヴァージョンではこの場面を天上世界と設定しており、主人公が降りていく先は人間の世界なのである）。猟犬の行動を不審に思った姉妹は、激しい風の吹きこんでくる穴の上に身を乗りだした。すると男が下界の人々とボール遊びをしているのが目に入った。姉は妹に非難の言葉を浴びせ、ふたりが熱い涙を流して泣くと、その涙が穴から落ちて男を濡らした。男はそれにびっくりした。なぜなら、神話時代には雨がまだ存在しなかったからだ（前出二一頁）。男が姉妹を慰めるために再び上ってきて、ふたりは男のあとについていきたいと願った。男は承諾したが、降りていく最中に目を閉じていることが三度続けてできなかった姉妹は、上の世界に戻ってしまった。がっかりした男は、おばにあたる雌ジカ（エルク elk という英語は、北アメリカではワピチというシカ（*Cervus canadensis*）を指す）のもとへ行くようにとふたりに勧め、途中で立ち止まらないようにと忠告した。

そこからは、些細な点は別として、前章でおもにとりあげたトンプソン神話が繰り返される。コヨーテのもとでの四度の足止め、妹の妊娠（コヨーテは言う。「もし女の子だったら、その子を育てよう。だが男の子なら木の上に投げ捨てておこう」）、野ウサギの挿話、おばの家への到着、コヨーテ、オオヤマネコ、野ウサギ、そしてある種のシカ（オジロシカ属（*Odocoileus*）、種名は特定されていない）を除くすべての四足動物と鳥が参加する結婚競走など。おばの雌ジカは参加者すべてを抜き去り、姪を連れ帰って、自分の寝床の上に吊るした籠のなかに閉じこめる。

その続きも、妻の手でいたわられて回復したオオヤマネコが自分の小家族のために狩りはするものの、すべての動物をとある丘の上に閉じこめてしまうところを別にして変わりはない。「ピューマ、オオカミなどもっとも優れた狩人たちは［…］もはや獲物を見つけられなかった。飢餓が猛威をふるった」。サンポイル族のもとですでに見てきた結びの一シークエンス（前出二四―二五頁）がこのヴァージョンでは復活し、カラスの訪問と、悔い改めてオオヤマネコに獲物をふんだんに分け与えられる村人たちの帰還が語られる。「彼は肉や脂身の一番大きな部分を、かつて自分によくしてくれた者たちに与えた。しかし、カラスやコヨーテ、その他すべての者たちにはほとんど何も与えなかった」[51]。

トンプソン族のもとにはこれのヴァリアントがいくつか見られるが、それらについては目立った点だけをとりあげることにしよう。そのひとつでは、主人公が下の世界にやってくるよう姉妹を促す。「雨も雪も降らないきれいな国だよ。暑すぎることも寒すぎることもない」。だが、女たちは降りていくのを怖がり、かわいそうに思った主人公は彼女たちのところへ戻る[52]。

きわめて異なるひとつのヴァージョン（だが、本書二七一―二七二頁を参照のこと）によれば、ツィスキキクという名の主人公（おそらくはコガラ *Parus* sp.）には妹がひとりいて、彼女は狩に行く兄の後を追い、彼が禁止したにもかかわらず、殺したばかりの獲物を食べようと飛びつくのだった。このふるまいに腹を立てた兄が妹に傷を負わせ、妹は逃げだして、おそらくはムナグロ（*Pluvialis* sp.）と思われるカクワという鳥に変身した。兄は嘆き、それ以来ツィスキキク鳥のさえずりはこう言っているように聞こえる。「ああ、わが妹よ」(53)。

さらに異なる三番目のヴァージョンでは、兄弟ふたりが登場する。ひとりがある日、蟻たちが朝から晩までボール遊びに興じている地下の楽しい世界へと姿を消した。取り残されたひとりは竈の穴を通って、兄弟のところに行くことができた。ふたりはいっしょに蟻の世界で幸せな生活を送った(54)。

*

トンプソン族の東に隣接するオカナゴン族は、この物語を隣人と同じやり方で始めているが、以後の話の展開は異なる。

姉妹ふたりが主人公の行動をのぞき見て、(ここでは自分たちの人形を飾るため)貝を盗んだのち、腹を立てた主人公は両親を説得して、罪ある娘たちを置き去りにするようにさせる(このヴァージョンでは完全な形の家族が登場する)。唯一娘たちのもとに残った犬が、とある岩のそばの土を引っかく。娘たちがその岩をもち上げると、下の世界にいる両親の姿が見えたので、ふたりは泣いて懇願する。哀れに思った母親は、娘たちを連れてくるよう息子に求める。主人公は姉妹をひとりずつ両脇に抱えて下界に降りていこうとするが、ふたりは言いつけどおり目を閉じていることができず、彼の試みは三度失敗する。そこで彼は姉妹に祖母のところで暮らすように勧め、道すがら差し出されるかもしれない悪臭ある食べ物は受けとるなと忠告する。姉妹は旅に出、とある川に着いて、渡し守に声をかける。渡し守はカヌーが壊れているふりをし、下流に浅瀬があると教える。* 姉妹は渡し守の野営地にたどりつき、そこで脂身の料理を供されるが、それを味わったのは妹だけだった。すぐさま男は叫ぶ。「もし男の子だったら、生かしておこう。だが女の子だったら、溺れさせてしまおう」。その言葉を聞いた姉は、妹が妊娠したのを知る。姉は四、五回飛び跳ね、妹に、自分の足跡と同じ場所に着地するよう気をつけながら同じことをしなさいと命じる。妹はしくじって、男の子を産み落とす。そして、子供と共に誘惑者のもとにとどまる。

姉は旅を続け、とある小屋で夜を過ごすが、そこで、彼女を迎えにオオヤマネコの遣わした野ウサギが残していった脂身を見つける。だが姉娘は自分自身の食糧だけを食べる。倒れた木の下に隠れた野ウサギは、幹をまたぐ娘の性器を見て、外陰部が白いのをからかう（前出三二頁のように、赤いのをではない）。姉娘は土掘棒で野ウサギの鼻面を打つ。

娘は材木を割っている祖母のもとにたどりつき、気づかれないまま丸太の上に座る。斧を打ちおろすときの響きがちがっているので、老女は彼女の存在に気づく。祖母は孫娘を隠し、家に閉じこめるが、秘密はすぐに漏れる。村の若者すべてが彼女を妻にしたがる。祖母が不在のある日、悪賢いオオヤマネコが家の屋根によじ登り、梁に沿って小便をかける。そのしずくが眠っていた娘の口のなかに一滴落ちる。娘はまもなく男の子を産む。村人たちは、他のヴァージョンに見られるより広い心で、この出来事を祝うために集まる。赤ん坊は人々の手から手へと受け渡される。そのときミミズクが赤

＊　この渡し守の名前は大型のカモメか、たぶん小型のカモメを意味している。その特徴は、クーテネイやコーダレンのヴァージョンで同じ役割を演じているカワガラスの方に近いかもしれない。カワガラスは「浅い」水のなかを歩くことができるからである。

ん坊を盗み、連れ去って育てるが、だれもそれに逆らわない。ミミズクは、だれもが恐れる強力な人物だったからである。

子供は成長し、優れた狩人になった。その若者にある日だれかが話しかけ、家族のもとに帰ってくるよう説得するのに成功した。ミミズクは若者を探しはじめたが、川をまたいで倒れている木の上を歩いて向こう岸にたどり着いていた逃亡者たちが、木をかじってほしいと木に巣くう虫たちに頼んだ。木は粉々に割れ、ミミズクが水に落ちると、そこにカニたちが飛びかかって押さえつけた。ミミズクは溺れて死んだ。

すっかりうれしくなった逃亡者たちは、湖の近くにやってくる。たいそう暑い日だった。若者は——彼がオオヤマネコの息子であり、ここで語られているオオヤマネコの物語は、コヨーテの息子の物語と対をなしていることを忘れないようにしよう——水浴びをしたいと思い、母親の警告にもかかわらず、沖をめざして岸辺から遠ざかる。連れが呼び戻そうとしたが、若者は耳を貸さずに水に潜り、再び現われたときにはアビ（*Gavia sp.*）という鳥に変身していた。(55)

オカナゴン族の東に住むクーテネイ族は、言語学的に孤立した集団であるが、* そこにはかなり異なるヴァージョンが見られる。それを要約してみよう。

ダマジカは、姉妹である雌ジカと仔ジカに、** 自分がもち帰った獲物の軟骨部分を水に投げこむように命じていた。それらの軟骨はツノガイに姿を変えるのだった。ある日姉妹ふたりはツノガイを盗んだ。ダマジカと他の村民は腹を立て、罪を犯した姉妹にはついてくるのを禁じたうえで、下の世界に移住しようと決心した。そこで姉妹は冒険に旅立ち、竹馬に乗って川を越え、カワガラスの接待を受けた。カワガラスは、食べ物として火にかけた血を与え、妹の仔ジカを妊娠させた。

自分の足跡を踏み外さないように歩きなさいと姉に命じられた仔ジカは、しくじった末に息子を産む。雌ジカは妹をカワガラスのもとへ送り返し、仔ジカは復讐のためカワガラスの頭を水のなかに突っこんだ。

雌ジカは独り旅を続ける。途中で出会った野ウサギは、自分のことを夫と呼ぶのに同意しないと、祖母のカエルのところに案内してやらないという。カエルは孫娘を隠すが、オオヤマネコがこっそりと彼女を妊娠させる（別のヴァージョンではそのやり方が語られる。オオヤマネコは、娘が小便をしに来る場所の地面に、自分の毛を四本突き立てる）。雌ジカは男の子を産む。人々は親子三人を置き去りにする。オオヤマネコは多くの獲物をもち帰るが、いっぽう、新しい場所に移った村人たちは飢餓に襲われたため、元の村に舞い戻ってくる。村人たちの手から手へと受け渡されている子供を、ヒキガエルとミミズクがさらう。雌ジカがそのあとを追い、息子を取り戻していっしょにとある木のなかに隠れ、誘拐者たちにイヌをけしかけるが、そのイヌはハイイログマだった。のちに、雌ジカとオオヤマネコは別の息子を授かる（あるヴァージョンでは双子が生まれたともいう）。ふたりの息子は

＊『仮面の道』のスキラ版における説明しがたい制作上のミス（部族の分布地図、I、邦訳六七頁）により、交差線で示した右の部分に「クーテネイ」の代わりに「サハプティン」というキャプションがついてしまっている。気づかれずに見過ごされたこのミスは、地図がそのまま使われたため、その後の版においても繰り返されている（Plon, 1979, p. 44 および Presse Pocket, 1988, p. 38）。

＊＊　これらの語は適切ではない。オジロジカ（*Odocoileus*）属のどの種かが正確にはわからないので、便宜上使用している。この属には二種が含まれ、どちらもアカジカよりは小さい。

やがて太陽と月になる。あるヴァージョンではカラスとコヨーテが太陽と月に化身しようと試みるが――冷たすぎるか熱すぎるか、また遅すぎるか速すぎるかで――成功しない(56)。

クーテネイ族の南の隣人たるコーダレン族へと話を進めると、一時的に離れていたセイリッシ語圏に戻っていくことになる。このインディアンたちは、オオヤマネコの物語とツノガイを盗む女たちの物語を、ふたつの別々の物語としている。彼らの語る最初の神話はすでに要約してあるので（前出二三頁）とりあげないが、ただそこでは霧とその結果としての飢餓というモチーフが、晴天の起源とそれへの回帰というモチーフに取って代わられていることは思い出してもらいたい。ツノガイを盗む女たちのコーダレン・ヴァージョンについて言えば、一部はクーテネイ族のヴァージョンに似ており（貝を作る方法）、他の一部はオカナゴン族のそれに似ている（主人公の鳥への変身）。

それはつぎのとおりだ。

ワシの村の長《おさ》は、村中の家族に食べた獲物の骨を差し出すことを課していた。そして自分の娘ふたり（同じくワシ）に、川を覆っている氷に穴をあけ、そこから骨を投げこむように、ただしじろじろ見てはならない、と命じていた。「ム、ム、ム」という音に好奇心をそそられた片方の娘は、命令に背いてのぞきこみ、川底で骨がツノガイに変わっているのを見た。彼女はもうひとりにそのことを知らせた。姉妹ふたりは森のなかにこっそりと小屋を建て、そのなかに貝を積み上げた。姉妹は毎日毎日それらを細紐でつづり合わせたが、植物繊維でできたその紐は、姉妹のひとりが父である村長の名のもとに行動しているふりをして、各家から大量に差し出させたのである。疑念をいだいた父親は、姉妹の様子をひそかに窺った。そしてふたりの策略を発見し、全住民を呼び集めた。「骨をもってくるように求めたのは、わしの利益ではなく、あなたがたの利益のためだった。ところがわし自身の子供たちがそれを盗んだ」。村長の命令のもとに、人々は罪ある姉妹を置き去りにした。夕方になり、姉妹が隠れ家から戻ってくると、そこにはだれひとりいなかった。住居はすべて打ち壊され、村は見捨てられていた。そこで冒険の旅に出たふたりは、二股に分かれた川のほとりにやってきて、渡し守（おそらくはクーテネイ・ヴァージョンのようにカワガラス）に声をかけた。渡し守はカヌーがないふりをし、浅瀬を指さして教えた。

渡し守の家で姉妹は火にかけた血のスープを供される。姉は食べるふりをして、あごにくくりつけたツノガイの貝殻を小さなじょうご代わりにそこから流し捨ててしまう。それほど用心深くない妹は、食事が終わると姉についていくのが苦しくなる。ふたりは言い争い、引き返す。ひとりの渡し守がカヌーに乗るようにと姉妹を招くが、カヌーを岸につけてくれようとしない。姉は濡れるのを拒否し、渡し守を突き飛ばすと、渡し守は水に落ちて溺れる。姉はそれから妹と離れ、そこまでふたりで運んできた貝を全部携えて出発する。

彼女はバンと出会い、ツノガイをひとつ贈り物にする（この鳥のくちばしの形はそこから来ている）。バンはいっしょに旅をしている集団に、よそ者の女が近くにいると教える。集団の長は、望む者にその娘を与えると言う。バンは術策をめぐらして、孫にあたる赤頭キツツキが、その臆病さにもかかわらず婿に選ばれるようにする。娘は男の子を産み、だれもがその子をちやほやする。「人喰い四人姉妹」がそれを利用して子供をさらう。

若い母親は、ツノガイを山ほど携えて、息子を探しに旅に出る。マキバドリが情報をもたらし、そ

図5　ミミカイツブリ（*Podiceps auritus*）

の代償に青い鳥《オワゾーブルー》の首飾りを受け取る。さらわれた子供は成長し、優れた狩人になっていた。若者が蒸気浴をしているところに母親が不意に現われ、自分がだれかを話して聞かせ、誘拐者たちのもとを去るように説得する。「人喰い姉妹」は獲物を取り囲み、煙を身にまといつけて自分の姿を見えなくするのがつねだった。主人公は身代わりの人形を残して彼女らを欺き、母親といっしょに逃げ出す。

　ふたりは、母親の解いた帯を橋にして川を渡る。同じことをするよう誘われた「人喰い姉妹」は、母親がこの細い橋をすばやく手元にたぐり寄せたために、溺れてしまう。四人姉妹はアジサシに姿を変えられた。「もう人喰いではない」と母親は声高に叫ぶ。「水辺で暮らす鳥になれ。人間が近づいてきても、空に舞い上がることはないだろう」。のどがかわいた母親は、息子に水を汲みに行かせるが、息子はぐずぐずとなかなか戻らず、水浴を楽しんでいた。待ちきれなくなった母親は息子と別れようと決意する。「おまえはカイツブリ（英語では「恐るべき潜り手《ヘルダイヴァー》」）、北アメリカではあらゆる種類のカイツブリ、特にミミカイツブリ（*Podiceps auritus*）とオビハシカイツブリ（*Podilymbus podiceps*）が一般にこう呼ばれるが、後者はブリティッシュ・コロンビアの内部ではさほど見られないので、おそらくもうひとつの方だろう。どちらも湖や沼で夏を過ごし、冬は海岸で暮らす）になるがいい。わたしはコマツグミ（*Turdus migratorius*）になろう。わたしたちがいっしょに暮らすには、おまえはあまりにも水を好みすぎる。風が吹きつけてくるとおまえは飛び立って、ヤクサ、ヤクサと鳴くだろう（カイツブリの鳴き声は風の前兆）。わたしの方は亡霊になる。家々の近くの木に止まり、だれかが死ぬときに声を上げよう。おまえは水が大好きだから水のなかで暮らすがいい。わたしは藪のなかに住もう[57]」。

*

以上が雑然たる大量の神話の山であり、そのかたまりにうんざりするかもしれない。だが他にどんなやり方があろう。それらの神話が本書の要なのである。もうそろそろ全体像をつかみ、われわれがそれらに注目したのが正しかったことを示してくれてもよいころだと読者は思われるだろうし、それにも理由がなくはない。

それらのおかげで見えてきたのは、切り詰められた形のオオヤマネコの物語がどのようにして、のちにひとりはコヨーテの妻、もうひとりはオオヤマネコの妻になるはずのふたりの姉妹が冒頭に登場する、もっと広範なプロット中にだんだんと位置を占めるようになるのかということである。物語はそこで終わることもあり、あるいはコヨーテの息子ないしオオヤマネコの息子（時には二分して双子となる）、またはその両者の冒険譚という形で続いていく。

しかしながらこの神話集合が均一に見えるのは、高所から俯瞰する場合だけである。近づいて細部を眺めると、最初の分割線が見分けられる。神話のあるグループにおいては、姉妹ふたり（より正確には姉の方、なぜなら妹はついてくるだけだから）は、警戒心が強く結婚に反抗的な娘だ。ところが別のグループでは、姉妹（より正確には妹の方、なぜなら姉はついてくるだけだから）は慎みを欠いている。つまり、ふたりは、兄弟があらゆる人間、とりわけ女性の視線を遠ざけて、終了のあかつきには自分のひとつあるいは複数の守護精霊を得ることになるような加入儀礼的試練に身をさらしているところをこっそりのぞき見るのだ。セイリッシ語とセイリッシ文化をもつ人々についての民族誌によれば、水浴とその後のモミの枝でのマッサージの挿話は、まさにそのように理解されるからである。この意味で、この姉妹ふたりの行ないは、インセストすれすれであるといえる。* その結果ツノガイが失われる。ここで念頭に置くべきは、内陸部のセイリッシ諸族が、長さ約三センチから六センチでミニチュアの象の牙に似たこの一枚貝の、実際の由来を知らなかったことである。彼らはチルコーティン族のもとでそれらを手に入れたが、チルコーティン族の方ではそれらを沿岸の諸部族から入手していた。[58] ツノガイが実際に採取されていたのはピュージェット湾以北でしかない。だがその需要は、カリフォルニアに至るまでの南部方面できわめて高く、そこでツノガイは、重要な相違はあるものの同じ捉え方をされている。つまり、内陸部のセイリッシ諸族がツノガイを貴重な宝飾品とみなしたのに対し、カリフォルニアの諸部族ではとりわけ貨幣として珍重され貯蔵され、威信の競い合いや、経済的ないし社会的な交換の際にもっとも重要な役割を果たしたのである。** とはいえ、何千キロも南に離れたカリフォルニアのユーロク族についての以下の証言ほど、トンプソン神話への優れた注釈となるものはおそらく想像もできまい。「彼（ユーロク・インディアン）は川辺に行き、水底をじっと見つめる。しまいにはおそらく、魚と同じようにえらぶたをパクパクと動かしている、サケと同じくらい大きな貝が見えてくるだろう。かつて若者たちは、この訓練を一〇日続けて行ない、同時に断食し、きわめて苦しい肉体的試練を身に課し、だれであれ他人、特に女性とのやりとりで注意をそらすことなく自分の精神を集中させるように勧められていた。このようにすれば成人したあかつきに豊かになれるのである。［…］ユーロク族は、ツノガイを豊かに所有することと性的結合とのあいだに、本質

＊　これは、セイリッシ文化圏の周辺での観察を一般化することができれば、より明らかになるだろう。どちらも言語がアサパスカン系である北のキャリアー族や南のフパ族のもとでは、ツノガイは男性が身につけ、女性はアワビの真珠層を身に飾る。これは、耳飾りについてだけとはいえ、セイリッシ諸族のあいだでも確認される対比だ（鼻飾りについてはこの対比が逆になる）。したがって、どんな場合でも、服飾品に用いられる貝の性的な二極性がきわめて明確になっているように見える（*cf.* Morice: p. 725–726; Goddard: p. 19–20; Hill-Tout 6: p. 86–87）。

＊＊　ツノガイに対するこの情熱は新世界のひとつの地域に特有なものではない。ブルガリアの黒海沿岸に位置する町ヴァルナの、［紀元前］五〇〇〇年紀にさかのぼる古代の大墓地では、それぞれ一四〇〇、二二〇〇、二一〇〇、四五〇〇個のツノガイからなる宝飾品が発見された。(59)

的な対立関係が存在すると心の底から確信していた[60]」。

ツノガイを盗む女たちという神話のトンプソン、コーダレン、クーテネイの諸ヴァージョンにおいては、人々がこの貴重な貝をなぜ失ったか、あるいは少なくともなぜその生産が止まってしまったかが、男女の性的接近（距離を置いた接近ではあるが、それが兄弟と姉妹のあいだで、しかも最高度の冒瀆になるような状況のもとに起こるという事実のせいで、重大さは増している）によっても説明されているのである。

とはいえ物事は一筋縄ではいかない。なぜなら、トンプソン族の東、つまりより内陸に住むコーダレン族とクーテネイ族は、ひとつの禁止を別の禁止で置き換えているからである。各家族は食べ残しの一部（獲物のあばらの軟骨部分、より漠然とした表現では骨）を捨てることができず、それらを首長に差し出さなくてはならない。しかしながらそれらの神話では、狩が、他のヴァージョンに語られている通過儀礼的実践とは異なり、儀礼的行為とはされていない。こうして、さまざまなヴァージョン同士の比較対照から、三重の対立が引き出されてくるように思える。

（ふたりの姉妹）

警戒心の強い姉　　慎みのない妹

モミの針葉　　獲物のあばらもしくは骨

最後の対立は、現在の資料状況では解決しかねる問題を引き起こす。獲物の骨というのは、肉（人間が食べるには少量すぎるが、それを食料とする小さな口の神話的な生物は存在する。『やきもち焼きの土器つくり』邦訳一四七頁参照）を含んだ「骨」であるツノガイ——他方、狩りの獲物は骨を含んだ肉である——を逆転させているのだろうか。諸神話のなかにこの仮説を裏づけるものは何もなく、さらにこの仮説では軟骨の説明がつかないままになってしまうかもしれない。それとも、歴史の方面から見てゆくべきだろうか。獲物のあばらないし骨の出てくる定型は、クーテネイ族に由来する可能性がある。そのことを認めたくなるかもしれないのは、クーテネイ族の隣に位置するコーダレン族が、セイリッシ諸族のなかでは唯一それを採用しているせいだ。だがそうだからといって、問題は解決しそうもない。クーテネイ族自身がひとつの謎だからである。彼らは、西のセイリッシ、東のアルゴンキンというふたつの大きな語族に挟まれて孤立した言語グループを形づくっている。おそらく少し前まで彼らは、ロッキー山脈の東側のブラックフット族（言語的にはアルゴンキン語族で、文化の面では平原地方《プレーヌ》に属する人々）の近くに暮らしていたのだろう。ブラックフット族とはまだ一九世紀になっても、あるときは敵対関係、またあるときは婚姻・通商関係が維持されていた。そのようなわけで、獲物のあばらもしくは骨の出てくる定型には、大西洋沿岸のアルゴンキン諸族中に確認される、ワムプムというビーズ作りに利用される貝は肉食で、人喰いですらあるかもしれないという信仰の、遠いこだまめいたものが感じ取れそうなのではないだろうか。カリフォルニアの北部において、隣人のウィヨット族同様アルゴンキン語族に属しているらしい言葉を使うユーロク族のもとに、こちらではツノガイに関してだが、同じ信仰が見られることから、この仮説はますます魅力的に思われる。(61)これには、主人公の誘拐者、もしくは誘拐者たちを人喰いだとしているのが、獲物の骨の出てくるヴァージョンだけであるという点もつけ加えることができるだろう。

この問題に加えて、本神話のいくつかのヴァージョン中にしめしあわせてなだれこむかのような水鳥たちに関する、別の問題が提示される。小型カモメ、大型カモメ、もしくはカワガラスという名をもつ人物が、オカナゴン、コーダレン、クーテネイの諸ヴァージョンでは、コヨーテに取って代わっている。オカナゴン族とコーダレン族のもとでは、オオヤマネコの息子はアビかカイツブリに変身させられており、コーダレン族によれば、オオヤマネコの息子を誘拐した女たちはアジサシとなるのである。したがって、「水鳥の出てくる」ヴァージョンのグループは、「モミの針葉」グループと「獲物の骨」グループのどちらにもぴたりと一致することなく、双方にまたがっている。

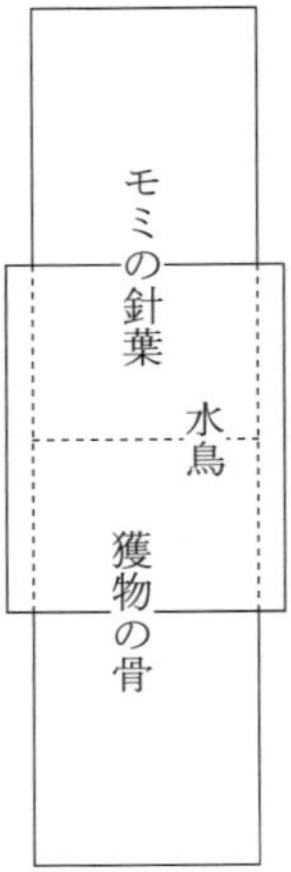

この図式の一番上の部分、すなわちトンプソン族においては、神話はコヨーテの息子（優れた魔術師）の冒険へとつながっていき、オオヤマネコの息子については優れた狩人になることをほのめかすだけである。もっとも下の部分、つまりクーテネイ族では、オオヤマネコの息子、というかむしろ双

子の息子たちは太陽と月になる。だが、オカナゴン族（モミの針葉＋水鳥）においても、コーダレン族（獲物の骨＋水鳥）においても、さらにクーテネイ族においても、オオヤマネコの息子のアビかカイツブリへの変身、あるいは息子たちの天体への変身は、ミミズク（オカナゴン族）、ヒキガエルとミミズク（クーテネイ族）、または四人の姉妹の人喰い鬼（コーダレン族）による子供の誘拐のあとに、その結果として起こるのであり、そこからは、諸神話を切り分けていく新たな分割線が一本現われてくる。誘拐された子供というモチーフについてはもっと後で扱うことにして（後出7章、8章）、いまはとりあえず棚上げしておこう。

III　ツノガイをふんだんに使った服飾品を身につけたニスカリ族（ピュージェット湾地域）の女性．1868年，子守を頼まれた白人の子供といっしょに写真に写っている．トマス・バーク博物館，シアトル．カタログナンバーL4233．同博物館のご好意により掲載〔前頁〕

IV　交易用の布で作られたハイダ族の袖なしシャツ．主としてツノガイを用いてクマの模様が刺繍されている．1979年入手．ロイヤル・ブリティッシュ・コロンビア博物館，ヴィクトリア．カタログナンバー16537．同博物館のご好意により掲載

第4章　時をさかのぼる神話

「オオヤマネコの物語」と「ツノガイを盗む女たち」というふたつの見出しのもとにわたしが取り集めた神話――後者は前者を内蔵する――の一族は、両半球にまたがって広がり、かつそれらの驚くほど互いに似かよった形態が北アメリカにもブラジルにもペルーにも存在することが昔から知られているひとつの神話集合の、北アメリカの北西部における例示となっている。いくつかのヴァージョンは一六世紀や一七世紀に集められたもので、一九世紀、さらに二〇世紀になって採集されたヴァージョンさえもある。それらのへだたりにもかかわらず、同じ神話であることを見分けるのはたやすく、時空のへだたりの影響がどれほど少ないかを確かめられるのは驚きである。

そのことを示すため、ヨーロッパに初めて知られたブラジルのインディアン神話でもある、ひとつのヴァージョンの力を借りよう。それは、テヴェにより、一五五〇年から一五五五年ごろにリオデジャネイロ地域のトゥピナンバ族のもとで採集され、一五七五年に公刊されている。アルフレッド・メトローのおかげで、未編集の手書き原稿から抽出されたいくつかのヴァリアントも含めた、この神話の注釈つき再編集版が存在する。[62] まさしくアメリカ・インディアンの創世記にあたるこの物語のなかでは、本書でいままで検討されてきたモチーフの数々が、一挿話というか、より正確には物語の中央部におかれた一シークエンスをしか形成していない。しかしながら、テヴェが、語られたうちのいくつかの出来事しかとりあげず、他のものは省いたことを認めているとしても、そのシークエンスはそれに先立つ、あるいはそれに続く諸シークエンスと連結しており、結果的に物語はひとつのまとまりをなしているのがわかるだろう。

したがってわたしは、テヴェが「さまざまな神話や、同じひとつの神話のさまざまなヴァージョンまでもひとつにつなぎ合わせた」[63] とは考えない。あらゆる神話には、聞き手の注意を喚起し、記憶に刻印を押すようなひとつの構造がある。そしてそれは、神話というものが口頭伝承によって受け継がれうる理由でもある。現地の聞き手にとって価値があり、それを繰り返すことを可能にさせる何かは、おそらく程度はわずかにせよ、一六世紀のフランス人フランシスコ会修道士というような門外漢の聞き手にとっても、同じく価値がある。つまりテヴェは、何であれ無差別に耳を傾け、記録しようとしたわけではない。むしろ一九世紀や二〇世紀に採集された諸神話のなかに、いまだにあちこちで確認できる、より一貫性の高い神話体系(たとえばいまの時代にニムェンダジュがアパポクヴァ族のもとで、またカドガンがグアラニ族のもとで集めたもの。これら二部族は昔のトゥピナンバ族と近縁関係にある)の残骸がしばしば見いだされるのである。

さて、テヴェはこう語っている。太初の世界には、「古《いにしえ》」を意味するモナンという神が人々のあいだに暮らし、恵みをふんだんに与えていた。だが人々が恩知らずなふるまいをしたので、神は天からの火で彼らを滅ぼした。神はまた土地の起伏を形づくったが、それは、当時は土地が均一で平らで、海も雨も存在しなかったからである。たったひとりの男が救われ、モナンはその男を天へと運んだ。そして生き残った男の嘆願に負け、大洪水になるような雨を降らせて地上の大火を水没させた。これが海と水系の始まりである。モナンは男のために女をつくり、ふたりが子を産めるようにした。こうして第二番目の種族が生まれたが、なかでも特筆すべきは造化の神のマイレ＝モナンすなわち「古の変形者」だった。彼はすべての技芸の主であり、白人——文化面でインディアンに優る——はその「真の子供」なのである。すべての生きとし生けるものに現在の外観と特徴的な性質を付与したのはこのマイレ＝モナンだった。*

自分たちが変形されるのに反抗したマイレ＝モナンの同時代人たちは、彼を薪の上に乗せて焼き殺した。彼は天に昇り、嵐となるが、地上に子孫を残さなかったわけではない。そのひとりソメ（＝スメ）には、タメンドナレとアリクーテというふたりの息子がいた。ひとりは穏やかな性格で、もうひとりは荒々しい気性を見せていた。両人の争いが結果として大地の起源となる大洪水を引き起こした。ふたりの兄弟とその妻たちは、とある山の頂上に避難し、他の人間すべてとあらゆる動物が死に絶え

＊　テヴェのあまり明確でないテクストからは、神話時代には人間と動物がたったひとつの科を形づくっており、「変形者」の役割は、この雑然とした集合のなかに属のちがいを導入することだったのがうかがえる。わたしが他所で示したとおり、この「変形者」についての南アメリカの武勲詩（彼が遍歴中に出会うすべての生物は彼の死を願うが、それはそれらの生物が、彼の手でシカやサル、バク、さらに樹木や植物のあれこれに変形されてしまうのを拒むからである）は、すべての細部をそのままに、北アメリカの北西部、とりわけチヌーク族やセイリッシ族のもとでも見いだされる。(64)

た。兄弟の片方とその妻の血を引いているのがトゥピナンバ族で、もう片方の夫婦の子孫がトゥピナンバ族の宿敵たちである。兄弟のどちらも、モナンが用心深くナマケモノ（ミツユビナマケモノ（*Bradypus tridactylus*）、ブラジルでは、両肩のあいだにある黄色の斑点のせいで「肩衣《スカプラリオ》のナマケモノ」と呼ばれる）(65)の両肩のあいだに置いておいた火のおかげで、自分の竈に再び火をともすことができた。これらすべては一見、前の各章でとりあげてきた北アメリカの諸神話とは無関係に思える。つながりはじきに見つかることだろう。そこへと立ち戻らせてくれるのは以下の物語である。

村に、身分は召使もしくは奴隷ですらあったが、「偉大なモナンと親しい者」マイレ＝ポチーなる人物が住んでいた。醜く不恰好であるにもかかわらず、魔法の力をもっていた。ある日彼が魚を一尾もち帰ると、主人の娘が味見をしたがり、じきに身重になったのを感じ、すぐに美しい男の子を産んだ。その子がだれを父親と認めてその弓矢を受け取るかを知るため、村中の男が呼び集められたが、それはマイレ＝ポチーだった。「人々は彼をののしり」、妻子もろとも彼を置き去りにした。だが、「このマイレがいた場所は何もかもが豊かなのに、他の人々のところは不毛の地で、果物もまったく取れないので、哀れな村人たちはひどい飢えのために死んでいった」。

気の毒に思ったマイレは、妻に命じて彼らに食糧を与えさせ、また自分のところに訪ねてくるように招待した。招いてくれた主人の菜園の豊かさに、村人たちは欲心を起こし、それらを強奪した。マイレは彼らをただちにさまざまな動物に変えた。この出来事をきっかけに、マイレは妻の身内を決定的に嫌うようになり、妻本人さえもその例外とはならなかった。「彼は、おぞましく醜い外面を脱ぎ捨て、すべての人間のうちでもっとも美しい姿となり、心安らかに暮らすために天へと去っていった」。

同じくマイレという名前をもつマイレ＝ポチーの息子は、父親同様優れた魔術師で、天にいる父親のもとに行きたいと願った。彼は一時のあいだ、海と大地をへだてている岩に姿を変えたが、それは、だれかがあとを追ってくるのを妨げるためだった。* つぎに彼は再び人間の形をとり、インディアンたちのあいだにとどまる。彼がつくりだしたさまざまな不思議のなかでも特筆すべきは炎の頭飾りで、あせりすぎた仲間がかぶってみようとそれをひったくると、その軽率な男は炎に包まれ、水に飛びこんで、足とくちばしの赤い小さな水辺の鳥であるクイナに変身した。このマイレはついに父親のもとに去り（ここでテヴェは父親のことをカルーブスーズと呼んでいる。「太陽」を意味するリングア・ジェラル〔トゥピ語に基づく混成語〕のコアラシ、グアラニ語のクアラシ、クアラヒ、「世界の創造者」を意味するテンベ＝テネテハラ語のコアル＝アポ＝ハルと比較できる）、地上にはマイレ＝アタと名づけた息子を残したが、この息子は地元の女と結婚した。この女には放浪癖があり、身重であるにもかかわらず、国のあちこちを見たいと考えた。胎内の子供が母親と話をし、道を教えたが、子供がほしがるある種の「小さな野菜」を摘んでやらなかったので、子供は黙りこんでしまった。女が道に迷い、オポッサムのところにたどりつくと、オポッサムは女を誘い入れ、女が眠っているのをいいことに、もうひとりの息子をはらませる。この二番目の息子は「腹のなかで最初の息子の同伴者となった」。

＊　同じく一六世紀にワロチリ地方で採集されたペルーのヴァージョンにおいては、これは女性――その位置は、トゥピナンバのヴァージョンにおけるマイレの母親のそれに対応する――であり、その女は夫にうんざりして（マイレ＝ポチーが妻本人にうんざりしたように）、娘と共に海の底で岩に変身する。[66] 水のなかでの岩の「半導体」としての役割については、『裸の人』（邦訳五三七、五五〇―五五四頁）を参照のこと。

両半球を通じて似通った物語は数多いが、本書ではさほど直接的に関わってこない、この神話の結末を要約しよう。オポッサムのもとを去った女は残忍なインディアンたちのところに迷いこみ、インディアンたちは女を殺して食べる前に、腹から引きずり出した子供たちをごみ捨て場に投げ捨てる。ひとりの女が子供たちを見つけて育てる。ふたりは殺人者たちを溺れさせて母親の仇を討ち、殺人者たちは現在の野獣となる。その後ふたりは、自分たち双方の父親だと考えたマイレ＝アタを探しに出かける。マイレ＝アタはふたりを息子と認めるために、いくつもの試練を課すが、その途中でオポッサムの息子の非力さと、マイレ＝アタの息子が非力どころか、兄弟が死ぬたびに生き返らせることさえできることがあきらかになる。[67] 今日パラグァイやブラジルの南部および北東部で採集された諸ヴァージョンからは、この神話が途方もない安定性をもつことが証明されている。トゥピ語を話す諸集団はこれを何世紀にもわたって手つかずのまま保存しているし、集団同士をへだてる距離による影響もない。[68] それは、トゥピ族とは言語も文化も異なる人々のあいだにさえ入りこんでいる。炎の頭飾りの挿話がそっくりそのままジェ族のもとで見られるのはそうしたわけなのである（『生のものと火にかけたもの』邦訳四〇八―四〇九頁、ジェ族については、後出第5章と三一九―三二四頁）。

＊

昔から気づかれていたことだが、マイレ＝ポチーの物語は、ブラジル南部から何千キロも離れた北アメリカで、三、四世紀も後に採集された諸神話をきわめて正確に先取りしているのである。オオヤマネコの物語を語るセイリッシの諸ヴァージョンは、その印象的な例となっている。そこにはすべてが見られるのだ。プロットの冒頭ないし途中において「醜く、不恰好」（テヴェによる）だった主人公は、中間部ないし最終部で美しい若者に変身する。父親を確認するための試験には同じ方式が用いられる。つまり、男たちはそれぞれ自分の弓と矢を子供に差し出すのである。敗北した競争者たちは、主人公とその妻子を置き去りにする。それは裏目に出て、まもなく彼らは飢饉に襲われるが、いっぽう置き去りにされた者たちは豊かな生活を送る。主人公は憐れんで、彼らを迎え入れ、食糧を与えるものの、恨みを忘れることはない。すなわち、迫害者たち（もしくはその一部）を動物に変え、あるいは、北アメリカのいくつかのヴァージョンでは、コヨーテとカラスを腐肉あさりの境遇に追いやるのである。(69)

悪臭を放つ獣であるオポッサム（北アメリカの諸ヴァージョンにおけるコヨーテの代わりになっている）が道に迷った女を誘惑するというトゥピナンバ神話の挿話にしても、同じほど十分な論拠となりうる。コヨーテは自分の乾かした精液を食物と偽って女に差し出す。それと同じ策略が、チャコ由来の南アメリカのあるヴァージョンでも用いられており、そこでは鳥であるトリックスターが、女の通る道に自分の精液を置いておくが、その精液がひどく干からびていたので、女はそれを塩とまちがえ、かき集めてなめるのである。このヴァージョンには、弓と矢を差し出すことによる父親確認の試験もまた含まれている。(70)

北アメリカの諸ヴァージョンにおいては、オオヤマネコの双子の息子たちは太陽と月になる。ひとり息子であれば水鳥に変身する。トゥピナンバのヴァージョンでは、オオヤマネコの息子と合同であるマイレ＝ポチーの息子は太陽となり、その仲間のひとりは水鳥に変えられる。* さらに、南アメリカのヴァージョンすべてにおいて、双子はこれらふたつの天体と密接な関連がある。ボリビアのグアラユ族[71]は、この点についての考えを、ロッキー山脈北部の住人であるクーテネイ族とほとんど同じ言葉で説明している（前出五〇—五二頁）。それらのヴァージョンは、トゥピナンバのそれと同じく、太陽と月の起源にかかわるというよりは、両者の行動基準、すなわち北アメリカのヴァージョンのように両者の規則正しい交代の確立や、トゥピナンバ神話のように、マイレ＝ポチーの息子のあせりすぎた仲間同様にインディアンたちが焼かれてしまわないよう、太陽を適切な距離に遠ざけることについて語るのである。マイレ＝ポチーは、パラグァイのムブヤ＝グアラニ族のもとではそのままの名前（ムバエ＝ポチー）でつねに存在する。そこの人々は彼に、神々に逆らった夫婦を罰するという役割を与えている。どのようにしてだろうか。夫婦に双子を産ませることによってなのだ……。

北アメリカの諸ヴァージョンと、南アメリカで一六世紀以降採集されてきた諸ヴァージョンのあいだには、たしかにひとつの差異がある。前者では、ひとりはコヨーテ、もうひとりはオオヤマネコによって妊娠させられたふたりの姉妹が登場する。それぞれが男の子をひとり産むので、したがってその子供たちは平行イトコにあたる。後者では、トゥピナンバ神話に見られるように、すでに夫の子をはらんでいる女がオポッサムにより妊娠させられて、ふたりの子供は双子として生まれるのである。

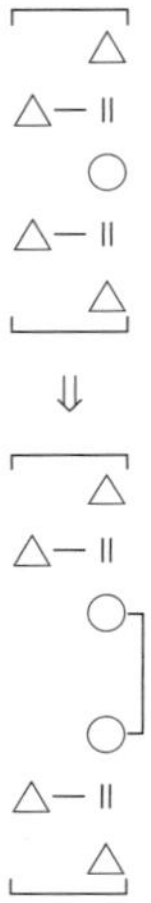

しかしながら、それらの子供たちは、異なる父親により誕生するのであるから、本来の意味での双子ではない。とはいえ、北アメリカ神話では、ふたりの父親のあいだに、双子であることにいささかかかわる関係を想定していることに注意しよう。おそらく当初は似ていた——解剖学的見地から見ての双子だった——彼らは、互いに分化する道を選んだ。つまりオオヤマネコはコヨーテの鼻面と足を引き伸ばし、コヨーテはオオヤマネコの鼻面と尾を縮めたのである。(73) 北アメリカではかなりあちこちでこのモチーフに出会うが、その分布地域は、少なくともブリティッシュ・コロンビア北部のシュスワップ族からアリゾナやニューメキシコのプエブロ族にまで広がっている(後出三一二頁)。北アメリカではオオヤマネコとコヨーテ、南アメリカではマイレとオポッサムが、相補的でありながら対立する役割を果たしているのは明らかだ。いっぽうは、現実の肯定的な面と否定的な面を切り離し、それらを別々のカテゴリーに入れる。他方はその反対方向に動き、善と悪とを結び合わせる。造化の神は、生物にせよ無生物にせよ創造物を、神話時代にそうだったものから、以後そうなるだろうものに変えた。トリックスターはそれらの創造物を、神話時代にまだそうであったような風に模造することに固執するが、そのような形ではとどまることはできない。トリックスターが、特権や例外や異常性が規

＊　今日でもパラグァイのムブヤ＝グアラニ族は、この神話のひとつのヴァージョンを保持している。そこでは、マイレの仲間と同じ運命に見舞われた魔物が灰燼に帰し、その腸のかけらだけが火の女主人であるタタウパというヤマウズラに似た鳥となる(南アメリカのヒメシギダチョウ(*Crypturus tataupa*)——旧世界のヤマウズラとは異なる鳥——は、鮮やかな赤いくちばしと明るい赤色の足をもつ。(72) モントヤのグアラニ＝スペイン語辞典(一六四〇年)には、タタウパは「スペイン語の」fogon すなわち炉、竈、とある。

範となりうるかのようにふるまうのに対して、造化の神は、特異性に終止符を打ち、種やカテゴリーの各々に普遍的に適用できる規範を明らかにするという役割を果たす。諸神話がトリックスターに与えている形而上学的な重要性はそのように説明される。なぜなら、よりよいものからよりよくないものを引き出すにせよ、そこに最悪のものを引き入れるにせよ、それはつねにトリックスターの役割であるからだ（『生のものと火にかけたもの』邦訳二五〇頁、四〇九頁注、『蜜から灰へ』邦訳八六―八七頁、『裸の人』邦訳四七三頁参照のこと*）。

マイレ＝ポチーの物語に大いに興味をもったアルフレッド・メトローは、南アメリカでのその分布地図を作り、この物語がペルー起源ではないかと考えている。エーレンライヒも同じ考えだった[74]。事実、一六世紀にワマチュコ地方やワロチリ地方でスペイン人宣教師が採集したきわめて似通ったヴァージョンがいくつも知られている[75]（わたしがすでに引用したこの後者のヴァージョン〔ワロチリ地方のもの〕は、オオヤマネコの物語にもっとも近い）。ペルーの影響がボリビアやチャコを越えて、ブラジル南部の海岸に住むトゥピ族にまで及んでいた可能性があることを示すような、他の兆候も存在する。しかし、たとえこの遠く離れた起源を認めるとしても、トゥピナンバ族が自分たちの創世記において、マイレ＝ポチーの物語に、他の物語とのもっともよい有機的統合や連動が可能になるような、ぴったりの場所を確保したということには気づかねばなるまい。この創世記には現在まで伝わっていない挿話が数多い。〔とはいえ〕全般的な構成をつかむと同時に、全体が堅固に組み立てられていた（現在知られているものもその点は変わっていない）と確信しうるに十分な数の挿話が残存している[76]。このようにして、エーレンライヒとそれに続いてメトローがひとつにまとめることを提案したふたつの洪水は、はっきり異なる性質をもつ。いっぽうの場合、天の水は再生をうながし（破壊的な天の火に終止符を打つ）、他方の場合、地の水は破壊的なのである（前出六七―六八頁）。そして、神話に語られる最初の破壊的な火が天に由来するとすれば、第二の火（造化の神がその上で命を落とした薪）は地に由来する。したがって、物語の展開していく順序のなかに、つぎの事象を組みこむことができる。

1　破壊的な天の火（最初の人類に終止符を打つ）
2　再生をうながす天の水（海と川の流れの起源）
3　破壊的な地の火（薪）
4　破壊的な地の水（大地から噴出する）
5　竈の再点火（飼いならされた地の火）
6　適切な距離にある太陽（飼いならされた天の火）

神話において、火／水、天の／地の、破壊／再生、極端な／中庸の、といったいくつかの次元にお

＊　トリックスターの過ちとアダムの堕罪とを比較すべきなのかもしれない。どちらも全知の可能性を創出し、原初の無垢の状態に終止符を打っている。だがいっぽうの場合、堕ちたのは神々の末裔であり、他方では人間の祖である。さらに、アダムは後にも先にもたった一度堕ちるのであって、彼の堕罪は破局という性質をもつ。反対にトリックスターは段階的に堕ちていき、つぎからつぎへと失敗を重ねる（これは、不器用な主人、英語では bungling host と呼ばれる神話群に語られており、インディアンがこの神話群に与え、しばしば注釈者たちの興味をそそった、高度に神聖な価値はそこから来ている）。トリックスターは、他の超自然的存在と同じ奇跡を自分は達成できないことにだんだんと気づいてゆく。その理由は、彼が自分の運命を人間のそれに結びつけているからなのだ。そこからは、比較を拡大したくなるかもしれない。

ける対立の体系が規則正しく利用され、さらに最終的にはそれらすべての項のあいだに、しかるべき均衡が打ち立てられているのがわかる。

エーレンライヒとそれに続くメトローが[77]、物語につぎつぎと登場しては置き換えられていく神々は結局のところたったひとりの神でしかなく、それらの神々は、メトローの言うようにそれぞれ互いの代役であって、二組の双子（スメとマイレ゠アタのそれぞれから出生、前出六七頁、六九—七〇頁）もまた一組に還元すべきである、とみなしたのはおそらく正しいのだろう。たぶんそうであっても、それらが回折現象を起こしているという事実は争えない。なぜなら、それらの神格のおのおのが特殊な役割を果たしているからである。最初の組の双子は、つねに争いあう対立者であり、二組目の双子は、同等でない能力にもかかわらずあらゆる企てにおいて連合する友人同士である。神話の場においてつぎつぎと登場する造化の神たちについて言えば、彼らはすべて、項を分割していくような行為をなし、その結果、項の外延と内包が縮小していくか、あるいはその性質が変わっていく。最初の人類（動物の類と人間の類とがまだ混じり合っていた時代にこの語がほんとうに適切なら）を作り出したモナンは、天の神々と地上の生物という第一義的な区分を確立する。その後を継いだマイレ゠モナンは後者のあいだに暮らすが、彼らの忘恩により、インディアンと白人という新たな分割が引き起こされる。マイレ゠モナンの息子のスメとその子供たちである最初の双子は、インディアンを同胞（トゥピナンバ族）と異邦人（トゥピナンバ族の不倶戴天の敵であるティミミノ族）に再分割する。現在のグアラニ族によれば双子の出生を司るとされる（前出七二頁）マイレ゠ポチーは、同胞のあいだに、豊かさのなかで暮らす善人と飢饉で罰せられる悪人という、また新たな区別を導入する。第五番目の造化の

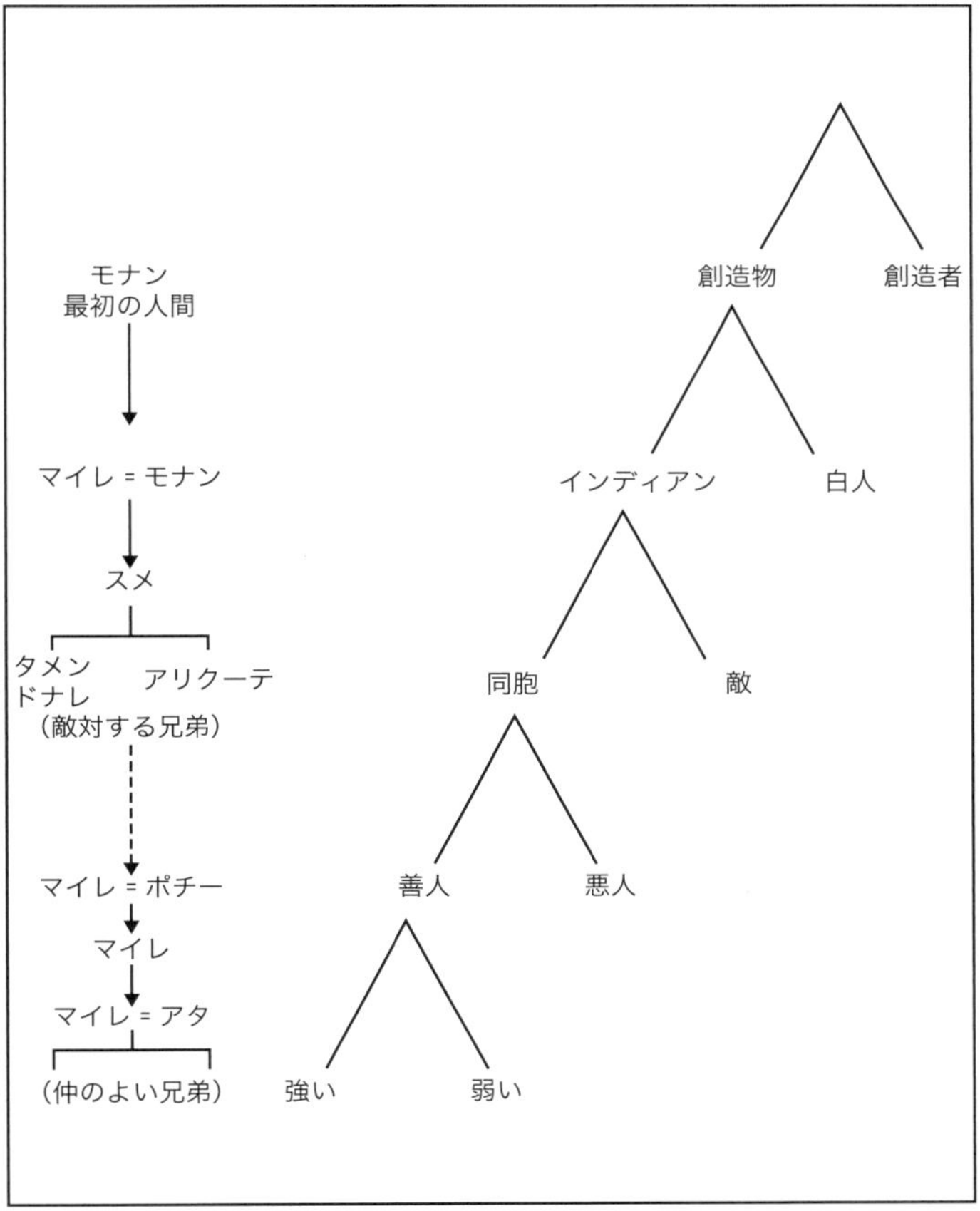

図6　トゥピナンバ神話の二分割《ビパルティション》

神であるマイレは、大地からほどよい距離に居を定めることで天と地のあいだの調停を確かなものとする。第六番目で最後の造化の神となるその息子のマイレ＝アタは、双子のうちで賢く強い方を生み、いっぽうオポッサムの息子たるもう片方は嫡子ではないという欠陥を担っている。さらに、マイレ＝アタは結婚相手に地元の女を選ぶが、その女は「遠くの地方へ」出かけたいという気まぐれにとりつかれる。したがって彼女自身あいまいな性質の持ち主であり、これは彼女の子供たちの対比をやがて作り出すような性質の前兆となっている。

物語の連鎖の全過程を通じて、体系の不変の要素となる二分法《ディコトミー》の原則が明示されているのは以上のとおりであり、損なわれた形で伝わってきているとはいえ、今日知られている神話からは相変わらずこの原則がはっきりと見て取れる。

第5章　運命を告げる宣告

この二分法的な階梯の、ある段で小休止をすることにしよう。造化の神の創造物が白人とインディアンとに分かれる箇所である。ブラジルではジェ語を用いるインディアンが、トゥピ族が海岸地方を占拠した際に内陸に押しこまれた可能性のあるアルカイックな住民層をおそらくは代表している。ところで、ジェ族のもとには、これまたふたつの種族への分割を説明しようとする神話が見られる。ヨハンネス・ヴィルベルトによる『ジェ・インディアンの民族文学』[78]には、この神話のいくつかのヴァージョンが集められていて便利である。

ひとりの女（その社会的な地位はヴァージョンによってまちまちだが、この点についてはのちに触れよう）が子供をはらんだが、その子供はまだ胎内にいるうちから母親と対話し、あるいは思いのままに母の腹から抜け出たり、また戻ったりさえしていた。胎外に出ているあいだか誕生して後かはヴァージョンによって異なるが、アウケと名づけられた子供は魔法の力をもつことを示す。つまりさまざまな年齢の人間や、多くの場合恐るべき獣に姿を変えることができたのである。怖気づいた村人たち——祖父ないし母方のおじをはじめとして——は、子供を薪の上で焼き殺した。遺灰を受け取りに行った母親は、息子がちゃんと生きていて、白人のすべての財宝の所有者になっているのを見いだす。息子は村人たちに、財宝を分け合おうと申し出る。ヴァージョンによっては村人たちが拒否し、そこから白人の優越性が生まれてくるが、村人がアウケと手を組み、少しずつ文明化していくというものもある。ふたつのヴァージョンによれば、アウケはブラジル皇帝ペドロ二世（一八三一—一八八九年）と同一視されている。したがって、現地の語り手は、二〇世紀になっても一九世紀のかたちのまま神話を繰り返していたことになる。

アウケの神話は、すでに充実した研究の対象となっている。そのひとつにおいて、R・ダ・マッタは、ふたつのヴァージョンを比較し、その相違をそれらが由来する、クラオ族とカネラ族という二集団の社会組織によって解釈した。別の研究では、M・カルネイロ・ダ・クーニャが、カネラ族の一九六三年の蜂起を誘発したメシア運動の源となったこの神話の、姿を変えて新たな生命を得たと考えられる諸ヴァージョンに関する見事な分析を行なっている。読者にはそれらの参照をお勧めしたい(79)が、ここでは、別の角度からこの神話に迫ってみよう。トゥピ神話とジェ神話のあいだには類似が感じられる。その類似とは正確にはどこからきているのだろうか。テヴェが書き留めたとおりのヴァージョンと、アウケの神話の知られている諸ヴァージョンとを、挿話ごとにつき合わせてみれば、答えは一目瞭然である。ジェ族はトゥピ族と同じ物語を語っているのだが、語り方が逆なのである。

どちらにおいても問題の多い妊娠をする女が登場する。それはトゥピナンバ・ヴァージョンではオポッサムによる暴行であるが、ジェ（クラオ）・ヴァージョンでは地上に暮らす最初の人間夫婦がへビに性交法を教わっており、あるいは別のジェ・ヴァージョンでは、女が村の売春婦であるために父親がわからない。加えて、すべてのヴァージョンで、胎内の子供がトゥピナンバ族のマイレ＝アタの息子のように母親と会話したり（前出六九頁）、さらには意のままに母体を出入りしたりするような妊娠の不可思議な面が強調されている。

（移動してまわる能力のおかげで）誕生前からであれ、誕生直後であれ、子供は村人、とりわけ母方の家族を怖気づかせるが、それは、何種類かの動物に姿を変えるからである。みなは子供を薪の上で焼く。トゥピナンバ神話のプロットをさかのぼっていくと、それに対応する挿話に出会うだろう。そこでは造化の神のマイレ＝モナンが同じく薪の上で焼かれているが、それはさまざまな動物に変身したためではなく、親族ではなく仲間であるインディアンたちをそのように変身させたからだった。彼らを罰するためにマイレ＝モナンは文化的な財産のすべてを奪い去り、それを白人に割り当てる。いっぽうアウケは、みずから白人になった。なかんずく富の所有者であり施し手であるような白人になったのである。すなわち、これらふたつのシークエンスは、物語の順序についてと、結末の内容において、二重に逆転している。

トゥピ	**ジェ**
造化の神が白人の財宝をインディアンには拒否する。	アウケは白人の財宝をインディアンに差し出す。
なぜなら、仲間たちが彼を薪の上で焼いたから。	……彼の親族たちが彼を薪の上で焼く。
	親族たちは彼がさまざまな動物に変身するのを

仲間たちは、造化の神が自分たちをさまざまな動物に変えるのを恐れた。

……………

造化の神の最後の子孫は胎内にいるうちから母親と会話する。

恐れた……

アウケは胎内にいるうちから母親と会話する。

同じプロットを逆転させたこれらふたつのヴァージョンのあいだに、優先順位をつけることは可能だろうか。どちらかが先で、もういっぽうが派生したものなのだろうか。トゥピナンバの造化の神とは異なり、ジェの主人公は白人やインディアンを創造しておらず、互いの区別を作り出したわけでもない。われわれがその由来を知らない魔法の力により、生き返ったかあるいは燃える薪のなかから無傷で出てきたように見えるアウケは、白人の財宝の主として再登場する。いくつかのヴァージョンによれば、彼はインディアンたちにそれを利用するよう説得するのに成功し、したがって、民族学の専門用語を使うなら彼らに文化変容させることができたという。この意味では、一九世紀にさかのぼるかたちのもとで二〇世紀に採集されたアウケの神話は、一六世紀にトゥピナンバ族のあいだで採集された神話より、ラディカルな度合いが少ないように見える。その理由は推察できよう。すなわち、ジェ族は一八世紀になってからしか白人と持続的な関係をもたなかったのであり、これは海岸のトゥピ族より二〇〇年も後で、その時代にはポルトガルの植民者たちが、充分な時間をかけて定着し、白人がまだ少数で受け入れてもらう必要のあった一六世紀よりもずっと強力で荒っぽい圧力をインディアンにかけられるようになっていた。白人の存在とその技術的な優越性を伝える神話は、ジェ族がそこから着想を得ねばならない状況に陥ったときには、すでに広く語られていたのである。とはいえ、文化や言語の敷居を越えるさいにしばしば起こるように、神話は大きく変化する。つまり、結末が冒頭になり、冒頭が結末になり、メッセージの内容が逆転する。この現象は長いこと比較研究者に認められてこなかったが、わたしは『神話論理』全体を通じて、もしくは他のいくつかの機会をとらえて、そういう例の数々を示してきた(80)。

＊

そのようなわけで、変容のこの最終段階において、オオヤマネコの物語あるいはツノガイを盗む女たちの物語のいくつかのヴァージョンですでに出会った宣告が再登場するのを目にするのは、さらに興味深い。姉妹のひとりを妊娠させたコヨーテはこう叫ぶ。「もし男の子なら育てよう。だが女の子なら殺してしまおう」。ちなみに例外として、子供の性別が反対になっているヴァージョンがひとつある(81)。ところで、アウケの神話のあるヴァージョン（カネラ）のなかでこの宣告が現われるのは、この例外的な形においてなのである。出産の際に母親（村の売春婦、カネラ族のもとではこういう身分が存在した）が叫ぶ。「おまえが男の子なら殺してしまおう。女の子なら育てよう(82)」。子供は男の子だったが、その子は母親から生かしておいてもらう約束を取りつける。こうしてつぎのふたつの問題が提起される。何世紀もの間隔をおいて採集された同じひとつのモチーフが、新世界のきわめてかけ離れた諸地方で反復されているという事実を、説明することは可能だろうか。そして、そのモチーフの内容がブリティッシュ・コロンビアで得られる六つのヴァージョンのうちたったひとつで逆転しており、東部ブラジルではそれがまさにその逆転型のもとに再出現していることを、どのように理解すべきなのか。

まずは後者の点から始めよう。

トンプソン族には、問題の宣告が現われるふたつのヴァージョンが、ひとつは正常な形で（男の子は育てる、女の子は殺す）、もうひとつは逆転した形（女の子は育てる、男の子は殺す）で伝わっている。それらは他にどういう点で異なっているだろうか。どちらの場合も宣告はコヨーテによって行なわれるが、コヨーテの息子が前面に出てくるのはいっぽうだけだ。(83) 息子の出てこないヴァージョンの語り手が、プロットの続きにこの男性登場人物の出番がないのを意識して、生まれてすぐに葬り去ってしまった方が好都合だと判断した、という可能性はあるかもしれない。だが残念ながら、もういっぽうのヴァージョンではこの宣告が動機を欠くままで、いまの解釈を裏づける要素を見いだすことができない。さらに、ツノガイを盗む女たちのグループに属する初めの〔正常形の〕トンプソン・ヴァージョンを、隣接して住むオカナゴン族のそれと比較すると、後者において舞台の前面に登場するのはオオヤマネコの息子であって、コヨーテの息子ではない。(84) トンプソン族の二ヴァージョンの相違に関して示された解釈はしたがって、仮説から期待されるように、それらふたつのうちのひとつとオカナゴン族のヴァージョンとの相違を説明できないのである。

アウケの神話についてはいっそう取りつくしまもない。問題の宣告はそこでは、母親を売春婦とするふたつのヴァージョン（他のヴァージョンの母親は既婚女性として現われるか、身分が明確に示されていない）のいっぽうにしか現われてこないのだ。したがって、ともかくもヴァージョン同士のあいだの主要な相違が現われている母親の社会的地位からは〔この宣言に関する解釈を〕何も引き出すことができない。

調査の範囲を広げてみよう。運命を告げる、とわたしが呼ぼうとするこの宣告は、これまで考察してきた諸神話に固有のものではない。北アメリカの同じ地域に由来する諸神話のなかにもそれは見いだされ、そこではこの宣告は明確な動機を与えられ、べつの用途に用いられているのである。ある場合には、後日自分を憎む特別な理由をもつような男の子を妻が産むのではないかと恐れる父親がこの言葉を発する。あるいは、母系集団において母方のおじが、甥が競争者となって自分の妻を手に入れたり自分の権威を奪ったりしたがるのではないかと恐れて、この宣告を口にする。北アメリカ西部にあっては、このモチーフは、エスキモー族から、トリンギット族、ツィムシアン族、クーテネイ族、サハプティン族、チヌーク族を経てショショーニ族に至るまで、途切れることのない広がりを見せている(85)。東部でも、イロクォイ族やアルゴンキン族のもとではこの宣告を見ることができる。

チヌークのあるヴァージョンは、ツノガイを盗む女たちに直接的につながっている。ある首長が生まれた男の子をすべて殺し、女の子しか残さないことにしていた。妻のひとりが男の子を産み、女の子の衣装を着せることで命を救うのに成功する。彼女はその子を自分の母親に預け、母親は孫と遠くで暮らすために旅立った。その子が湖で水浴するたびに（それはその子の習慣だった）、水のなかにはツノガイがあふれた。祖母はツノガイをひそかに貯め、それらを糸でつづり合わせようと、家から家へとめぐり歩いて、腱でできた糸をねだる（前出五二頁と比較のこと）。この物乞いに村人たちは腹を立てた。若い主人公は村人たちを集め、貴重な貝を分け与える。カミナリ鳥が若者に魔法の力を授け、一頭のクジラさえも与える。若者は父に代わって偉大な首長となった。

この神話で主人公が、かつてチヌーク族の隣人だったアサパスカンの一部族の祖先とされていることは、ツノガイの産地が北方であり、内陸部のセイリッシ諸族にツノガイを供給していたのがアサパスカンの人々、この場合はチルコーティン族（前出五六頁）であったという点からますます興味をそそる。このチヌーク神話はしたがって、ツノガイを盗む女たちの神話がはるか南にこだましたものであるのかもしれない。別のところでわたしは、チヌーク族の伝承における折衷主義《サンクレティスム》に注意を促したことがある。コロンビア川下流の大市場を支配していた彼らは、遠方からの諸部族を迎え入れ、コスモポリタン的な雰囲気のなかに暮らしていて、彼らの神話にはそういう雰囲気が色濃く漂っているのである。(86)

これらの指摘すべての後では、どんなに無意味なものであれあらゆる細部が何らかの機能を果たしているはずだ、という構造分析の基本的な規則を、今度ばかりは適用除外にしたい気分に駆られるかもしれない。トリックスターの口から出るこの運命を告げる宣告が、恐るべき登場人物たち――人喰い鬼や残忍な首長――がそれを宣言したり実行すらしたりするような悲劇的深刻性を帯びた諸神話を、ユーモラスな相のもとで想起させてくれる暗示に過ぎないという可能性はあるだろうか。人は嘲りの意図をこめてそれをコヨーテに帰したのではないか。

この仮説を完全には排除しないものの、わたしの気持ちは、この宣告が問題の諸神話において明確な意味をもつと考える方に傾いている。それを示すのに、同じ変換状態にあると見られるものを紹介することからまずは始めよう。ロッキー山脈の山麓地帯に住むクーテネイ族に由来するある神話は、その地理的へだたりにもかかわらず、南アメリカのアウケの神話と驚くべき類似を見せている。

クーテネイ族の文化英雄であるヤウケカムは、アウケのように白人の財宝の主ではない。それでも似たような役割を果たしているのは、彼が、現地人文化の主要な要素、すなわち矢柄、矢羽根、燧石《ひうち》の尖頭器、腱でつくる紐などを発明し、分け与える者だからである。それらの物すべては当時生きて動いていた。ヤウケカムはそれらを技術的な道具とし、かつてそれらの化身であった生き物たちを今日の動物に変えた。アウケと同じく、ヤウケカムの誕生は、近親者（特に邪悪な意図をみなぎらせている父方のおじ）を動揺させるような超自然的な性格を示している。どちらの神話においても、祖母が子供を受け入れて保護する。成人して力ある魔術師となったヤウケカムは周囲に恐怖の種をまき散らした。人々は彼を殺し、死体を水に投げこむ（つまり、アウケの親族がアウケを薪の上で焼き殺したのと同じ理由で）。そしてアウケ同様ヤウケカムも生き返るが、偉大な首長となるのは自分の同族のもとにおいてである（いっぽうアウケも偉大な首長となるが、白人と同一視されるのであって、自分の同族のもとにおいてではない）。

ところで、母親がまだ子供のヤウケカムを祖母のもとに送った際、祖母は眠っていた。目ざめた祖母は、さまざまな徴候から子供がひとり自分の家に入りこんだことを悟るが、それでもとまどいは消えない。「それはわたしの孫の男の子なのか、女の子なのか、どうにもわからない」疑いをとりのぞくために、祖母は小さな弓と小さな籠というふたつのおもちゃを並べ、それから再び寝床に入って眠りこむ。睡眠中に戻ってきた子供がおもちゃのひとつを選んだことで、祖母は適切な結論を引きだす。

これは奇妙な挿話（他の神話のように老女が子供の戻ってくるのを見張るという展開の方がむしろ予想されそうだ）であり、すでに注目してきたいくつかの運命を告げる宣告の系統に属する変形をそこに見て取らなければ、正当化が困難になってしまうかもしれない。まだ生まれていない者、あるいはすでに生まれているがまだ見られていない者は、性が未決定のままにとどまる潜在的な存在形態しかもたないのである。そういう者は二重性を含んでおり、現実の存在へと移行して初めてこのあいまいさを除去することができるだろう。言うなれば自分自身の双子であるその者は、個体性を獲得するために、生まれるかあるいは姿を現わすかしなくてはならないだろう。

あるセイリッシ神話は（これは海岸地方由来だが、運命を告げる宣告の含まれる他の神話同様に）、トリックスターのアオカケスがシャム双子を引き離したことを語り、こう結論づけている。「アオカケスが介入しなければ、双子はつねにくっついたまま生まれてきたことだろう」。逆に、カリフォルニアのある神話には、父の死後生まれてきた子供が、みずから要求して縦方向に半分に切り裂かれ、一対の双子に変身する場面が登場する。(88) 運命を告げる宣告と祖母の考案する試みとは、一体であるふたりの人間を引き離すのではなく、当初の状態では潜在的にふたりを含んでいるひとりの人間の性を弁別しているのである。

大西洋から太平洋に至る各地で確認され、アメリカの神話誌学者が「宿のある少年と捨て子 Lodge Boy and Thrown away」というコード名で呼んでいる広範な神話群があるが、そこでの主人公は、その誕生を取り巻く状況からして互いに相反する気質をもつことが予想されるような双子である。この神話はトゥピナンバのそれに近い。すなわち、どちらにおいても人喰い鬼が妊娠している女を殺し、体内から双子を引きずりだす（前出七〇頁）。北アメリカの一般的な形では、人喰い鬼は双子のひとりを小屋に残し、もうひとりを川に投げ捨てるのであり、捨てられた子は川で発見される。少年ふたりはいっしょに成長し、多くの冒険を経験するが、そういう冒険のあいだに――トゥピナンバ神話のマイレ＝アタの双子の息子たちの場合と同様に――互いの本質的な相違が現われつづけることになる。

潜在的に同一で、現実に存在しだすと互いの不均一があらわになる双子のイメージは、容易にもうひとつのイメージへとつながっていく。つまり、誕生（または確認）により決着がつき、異なる運命が待ち受けるふたりのどちらとなるかが明らかとなるまでは、ふたつの性が混在しているような子供のイメージである。ヤウケカムの神話がツノガイを盗む女たちの神話と不可分となっているクーテネイ族にあっては、文化英雄〔ヤウケカム〕とその友のコヨーテとが冒険を重ねるなかで、動物たちがつくりだしてほしがる太陽の役割に取り組もうとする。このふたりを皆が拒否するのは、赤い光を発散させるヤウケカムが十分に熱を出さず、またコヨーテはその逆だったせいである。ところで、ツノガイを盗む女たちのクーテネイ・ヴァージョンでは、皆が満足するように太陽と月の役割を果たすのに成功するのが、オオヤマネコの双子の息子たちだけだったことが想起される（前出五一―五二頁）。この面を通してわれわれは、神性をもつ双子がふたつの天体を具現するというトゥピの神話群へと連れ戻されていくのである。

＊

レオン・カドガンはパラグァイで現地語のテクストを採集し、スペイン語に翻訳して、ムブヤ＝グアラニ・インディアンの創世記を出版したが、そのなかには、四世紀前にテヴェがトゥピナンバ族のもとで採集した創世記のいくつかの要素が完璧に見てとれる。注釈のなかでカドガンは、きわめて的を射た指摘を行なっている。双子というものを厳密な意味、すなわち父親がひとりで母親がほとんど同時に産み落とす子供たちと定義するなら、トゥピ＝グアラニ系およびその他多くの南アメリカの人々が神話のなかで双子に与えている際立った位置を理解するには至らないというのだ。じっさい、ムブヤ族、そして総じてトゥピ族は双子の誕生を不吉ととらえ、生まれるが早いか殺していた。(89)

必ずしもそこまで行かなくとも、南アメリカに住むほとんどすべての人々は双子の誕生を恐れていた。例外は、古代ペルー人と、アンデスの高文明の領域内に位置するいくつかの集団（アイマラ族、モホ族）である。インカ族は双子に対し、聖なる恐れを感じていたが、それは畏敬の念にまで行きついていた。(90) 熱帯林の低文化と通常呼ばれているもののなかでは、双子のいっぽうを殺すにとどまる例がもっとも多く見られた。つまり、性が異なる場合は女児を、でなければふたりのうちの「年上」もしくは「年下」の子供を殺すのである。この意味からすると、運命を告げる宣告は、異なる性の双子にあてられた別々の運命が共時的になしとげることを、通時的に表現していると言えるのかもしれない。互いに逆転しているトゥピナンバ神話とジェ神話（前出八一―八二頁）の、前者が不均等な双子のモチーフを、後者が運命を告げる宣告を援用しているのは、そこから理解される。

双子のいっぽうの殺害を正当化するために提示される一般的な理由は、女は、夫に加えて別の男に妊娠させられたのでないかぎり、一度にひとりの子供しか生むことができない、というものだ。これはすでに見てきたように、いくつもの神話のなかで説明されている理論であるが、双方とも世界に秩序をもたらすのに重要な役割を果たす運命にある双子のいっぽうを殺すよう推奨している神話はひとつもない。

だが、カドガンが強調するように、それらの双子は真性の双子なのではない。ムブヤ＝グアラニ系の人々の創世記においては、未来の太陽たるひとり息子が、みずからの神的な力によって将来月となるべき弟をもつ。[91] トゥピナンバの創世記でははっきり異なる父親たちが双子を産ませることになっており、その双子は誕生をめぐる状況のせいでしか双子には見えないが、それは古《いにしえ》のトゥピ族が受胎の際の役割を父親のみに帰していたためなおさらなのである。そして、ようやく神話に真の双子が登場するに至ると、その双子は正反対の能力や性格を与えられて不ぞろいにさせられる傾向がきわめて強い。すなわちいっぽうは攻撃的で他方は温和、いっぽうは強く他方は弱い、またいっぽうが賢く器用なら、他方は愚かで不器用ないし軽はずみ……という具合だ。

実のところ、これらの神話の奥底にある着想とはいかなるものなのだろうか。本書七七頁にある図式がそれを明らかにする。それらの神話は、一連の二分割《ビパルティション》という形における世界と社会の段階的な組織化を表現するが、それぞれの段階における分割後の各部分間に真の同等性が現われていることは決してない。要するに、何らかの形でどちらかがつねにもういっぽうより優っているのだ。体系がよく機能するかどうかはこのダイナミックな不均衡にかかっており、それなしには体系はいつ何時不活発な状態に落ちこむ危険があるやもしれない。それらの神話が暗々裏に宣言しているのは、そのあいだで自然現象や社会生活が整然と展開するような両極、すなわち天と地、火と水、高と低、遠と近、インディアンと非インディアン、同胞と異邦人、などなどは、双子ではありえないということである。

精神はそれら両極を結合させようと努力するが、そのあいだに同等性を打ち立てるのには成功しない。なぜなら、宇宙の機構を作動させるのは、神話的思考の産物としてのそれらの何段階か連鎖した弁別的へだたりだからである。

この考え方は細部に至るまで有効である。一九一二年にブラジル南部で採集されたトゥピ族創世記の現代ヴァージョンでは、乳に飢えすぎた双子の片方が母親の乳房を変形したことが語られている。そのとき以来女の乳房は左右対称ではなくなった。(92) つまり乳房すらもが双子ではありえないのだ。北アメリカでは、すでに要約したオオヤマネコの物語のネズパース・ヴァージョン（前出一九—二〇頁）が、不釣合いな結婚の起源を説明しようとしている。すなわちそういう結婚においては、不ぞろいな配偶者同士が身体的にも社会的にも双子ではないのである。

神話が列挙する連続的な二分割のなかで、インディアンと白人とのそれは特別な注目に値する。というのは、創世記ではすべてが造化の神の作業から生じるにもかかわらず、最初に白人がブラジルに到着してからわずか半世紀で、土地の神話がすでに彼らを創世記中の適切な位置にはめこんでいるのは、驚くべきことだからである。

それだけではない。チャコに住むトバ＝ピラガ・インディアンのある神話（アシンと名づけられたその主人公は、ジェ族の主人公アウケと密接に対応している）について、メトローがこう述べているのは正しい。「この神話において、ピラガ族はインディアンの文化と白人の文化の間の相違を説明している。〔白人による〕征服ののち、似かよった神話が多くのインディアン部族のなかに出現した。そういう神話は多大な興味を呼び起こす。なぜなら、それら多くのヴァージョン同士の類似を、直接的な借用に帰すことができないからである」[93]。

アメリカ・インディアンに由来する諸神話が、わたしがこれまで抽出しようと努めてきた骨組みをもとにしているとすれば、メトローの提示した問題には一条の光が投げかけられる。わたしはこう述べてきた。神話は一連の二分割という手法を用いて、生き物や事物を秩序立てており、分割された各部分は、それぞれの段階において観念的には双子なのだが、つねに同等ではないものとして現われるのである、と。ところでインディアンにとっては、白人と自分たちとの不均衡ほど大きなものはありえないように思えた。だが彼らには二分法《ディコトミー》モデルというものがあり、それを援用すれば、この対立とその余波をまとめて、それらのためのいわば専用席が存在するようなひとつの思考体系に移し変えることができる。その結果、導入されるやいなや、この対立は機能しはじめた。

アメリカ・インディアンの神話において、双子は選り抜きの地位を占めている。しかしながらそれは外見だけでしかない。なぜなら、双子が重要性をもち、諸神話内で役割を与えられている理由は、まさしくそれが双子ではない、というか、双方の相容れない気質が、〔双子という〕想定された条件とくいちがっているという事実にあるからだ。この議論の出発点となった運命を告げる宣告とは、結局のところ、あらゆる統一性には二元性《デュアリテ》が含まれ、その二元性が現実のものとして現われるときには、何を望もうが何をしようが、その片割れ同士のあいだに真の同等性は存在しえないということを、暗黙のうちに肯定するところに行きつくのである。

第6章　シロイワヤギたちへの訪問

北アメリカの神話と南アメリカの神話の比較によって、両半球の諸神話において双子が占める位置を再び議論することができるようになった。この比較はまた、神話分析に決定的な重要性をもつさまざまな実験のひとつを試みるきっかけともなる。すでに南アメリカに存在することが証明された変換の集合から出発して、同じ変換の集合が同様に存在するのを確認できるような神話を、北アメリカにも見つけることができるだろうか。

ツノガイを盗む女たちの物語からは、ボロロ族に由来する南アメリカ神話とのきわだった類似が見て取れる。『生のものと火にかけたもの』でM_{20}として整理されたこの南アメリカ神話は、もういっぽうと同じく、服飾品の起源を扱っている。そこに登場するのは、兄弟たちが水の底で見つかる尖った石で貝殻に穴をあけて服飾品を作り出すところを、こっそりのぞき見る慎みのない女である。神話は、兄弟たちの行為が儀礼的な性格をもち、彼らが天上の住まいを思わせる羽毛の小屋で楽しい生活を送っていることを明示している。姉妹たちにのぞき見される北アメリカ神話の主人公も、儀礼的な行為に没頭していることを思い出そう。彼は穴をあける必要のない貝殻を水底で見つけるのだが、それはツノガイがもともと開いた管の形をしているからである。

どちらの場合においても、兄弟ないし兄弟たちは自分の家族から離れていく。つまり、ボロロ神話によれば、燃えさかる薪のなかに飛びこんで焼き尽くされるが早いか、兄弟たちは鳥に変身して空へ飛び立ち、北アメリカ神話では、降りていった地下の世界で主人公は楽しい生活を送り、彼の上に涙をふりそそぐ姉妹たち（分離の結果としての水が、分離の手段としての火に置き換えられている）は兄弟と再会することができなくなるのである。

『生のものと火にかけたもの』（邦訳一二五―一三五頁、『蜜から灰へ』邦訳一一―一九頁で要約された証明）においてわたしは、つぎのことを明らかにした。

1　骨組みの基本が兄弟たちと、姉妹たちおよびその夫たちとの分離にあるこの神話〔M_{20}〕は、

ボロロ族に隣接する人々のもとに現われる神話グループ（M_{15}、M_{16}、M_{18}として整理）を変換したものであるが、このグループは、肉、そしてもっと特定すれば、最良とみなされ、食糧中の主要位置を占める肉、すなわち野ブタの起源にかかわっている。

2　似かよった骨組みとはいえ、メッセージが、M_{15}やM_{16}からM_{20}へと移行する際に逆転している

（食物⇓服飾品）のは、前二者の神話が父系制をとる諸部族に由来するのに対し、最後の神話は出自が母系制に屈折したボロロ族に由来しているからである。

事実、いっぽうの場合に直系の親族となる人々が、他方の場合では姻族となる。つまり、母系制においては父親が息子の姻族であり、同様に父系制では母親がそうなる。神話分析から明らかになるのは、メッセージが変化しない場合、分離は、出自の様式に応じて親を同じくする兄弟姉妹のあいだに起こったり、配偶者のあいだに起こったりするということである。逆に骨組みが変化しない場合は、メッセージが逆転する。妻方居住を行なうカヤポ＝クベンクランケン族に由来するM_{18}の神話は、ここにあげた事例のなかで、この規則を確認させてくれる。すなわち、M_{15}、M_{16}のメッセージ（肉の起源）はそのままだが、代わりに骨組みの逆転が行なわれているのである（『生のものと火にかけたもの』邦訳一三一―一三三頁）。

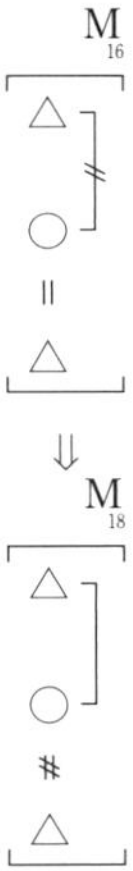

これらすべてを念頭に置くなら、以下のふたつだけの条件に依存する仮説を推し進めてもかまわないことになる。

もし、どちらも服飾品の起源にかかわる、ツノガイを盗む女たちの北アメリカ神話とボロロ神話M_{20}とが相同であるとすれば、そしてもし、このボロロ神話が肉の起源に関する近隣の人々の神話を変換したものだとすれば、その場合、北アメリカにおいて、ツノガイを盗む女たちの神話のすぐ近くに、肉の起源にかかわり、骨組みの逆転がありさえすればツノガイを盗む女たちの神話と相同になるような神話が存在しなくてはならない。

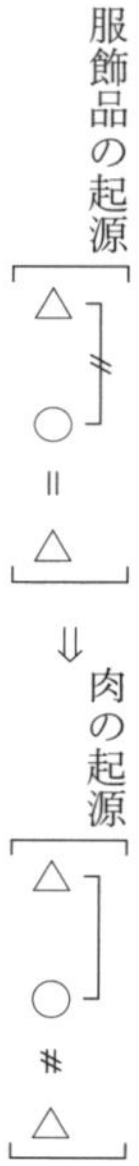

この仮説に必要とされるすべての性格を備えた神話が、オオヤマネコの物語とツノガイを盗む女たちの物語を提供してくれたのと同じ人々のもとに存在するのをこれから見ていこう。ただし、ここで完成させたばかりの仮説演繹的手続きなしには、その神話と先ほど述べた他の諸神話が同じひとつの変換の諸局面を構成することを認めるのは難しく、不可能でさえあるかもしれない。そのことを予測させてくれそうなのは、それらの神話で大型有蹄類に付与された、ひときわ重要な位置だけである可能性もなくはない。この大型有蹄類というのは、シカあるいはオオツノヒツジ（前出三一、三七―四〇頁）であり、いまやそれらにシロイワヤギ（*Oreamnos americanus*）をつけ加えねばならない。

南アメリカにおける野ブタと同じく、このヤギは食糧面で多大な価値をもち、数多くの信仰の対象となっている。つまりクーテネイ族の言葉を借りれば、たいそう悪賢く狩りは困難だが、選り抜きの食物であるというのである。[94] 高原のトンプソン族と沿岸セイリッシ諸族は、ヤギ狩りとクマ狩りの際に同じ儀礼をとりおこなっていた。[95] これからその神話を検討しようとしている沿岸セイリッシのひとつスクォーミッシ族は、ヤギ狩りが危険で、狩人とそのイヌには身体的かつ超自然的な天与の能力が要求されるとみなしていた。きわめて価値の高いその毛皮は結納品として用いられ、求婚者の男はそれを許婚である娘の両親に差し出したものだった。ヤギの毛で織られたマントは富の象徴であり、晴れがましい機会にしか着用されなかった[96]。それらすべての情報は、博物学者の証言と一致する。博物学者によれば、このヤギが生息しているのは、樹木の生育限界よりさらに上で、同程度の大きさの他のどんな動物も寄りつけない岩だらけの地域であるというのである[97]。

おそらく大多数あるいは一部のシュスワップ・インディアンは、他に食べ物のないときを除き、このヤギの肉を低く見ていたかもしれない[98]。しかしながら彼らの神話においても、近隣の神話に比べると、のちにふれるような（後出一〇五頁）いくつか風変わりな点が見られるとはいえ、この狩りは美化されている[99]。それらの相違点は、他の面ではきわめて同質的なヴァージョン集合のなかで、彼らの神話に特別な位置を与える根拠となる。いまや問題のヴァージョン集合を提示するべきときが来た。以下に例としてあげるのは、フレイザー川の下流域に住むウタムクト族のグループに由来するトンプソン・ヴァージョンである。

＊

かつてヤギは、インディアンと同じ性質をもつ生き物で、動物の外見も人間の外見も意のままに取ることができた。そのことをインディアンは知っており、ヤギ、あるいは同じく二重の性質をもつクロクマやハイイログマを殺すさいに特別の儀礼をとりおこないつづける理由は、それなのである。

図7　シロイワヤギ（*Oreamnos americanus*）

ひとりは若い母親でもうひとりは身ごもっているふたりの妻をもつ男が、ある日狩りに出かけた。男は追いかけていく途中でヤギを見失い、ふたりの若い女に出会って驚くが、女たちはヤギの姿を見たことを否定する（というのは女たちがヤギだったからだ）。女たちはついてくるよう男を誘い、（男の足の裏に唾を塗ることにより）男が切り立った絶壁に沿って駆け上がれるようにしてくれた。おかげで男は山の頂上の下にある洞窟に入ることができたが、そこには多くの人々が暮らしていた。男はふたりの若い女と結婚するものの、女たちは体を与えることを拒んだ。「わたしたちは、一年のある季節のとても短い期間しか性関係をもたないのです」。義理の両親が男を狩りに送り出したが、毎回、住人すべての食糧となる一頭のヤギしか殺してはいけないのだった。これが何ヶ月間か続いた。とうとう男は、自分が殺したヤギはじつは義理の兄弟だったのではないかと疑いだした。死んだのは兄弟の「ヤギの部分」だけで、「人間の部分」は、夕方家に帰ってきているのではないだろうか……。それを確かめるために、男が死んだヤギの鼻面を切ると、義理の兄弟のひとりは鼻から血を流しながらもどってきた。

八月の半ばから一一月末まで続くサケの一種（英名ドッグ・サーモン：シロザケ *Oncorhynchus keta*）[100]の遡上がその前触れとなる、発情の季節がやってきた。ヤギの発情が起こるのは一一月とはいえ、神話は、サケが旅路の終わりにやっと到着する山のなかで展開されている。着せられた分厚い毛皮で体が重くなった主人公は、交尾に参加しそこなう。すると妻たちが軽い毛皮をくれて、彼は雌ヤギすべてと交わることができる。

何ヶ月かが過ぎ、妻のひとりが子供を産むが、まだ小さい子供は、自分の人間の祖父母を訪ねて行きたいと求める。主人公は妻と息子、それにコムス（「二歳ヤギ」）という名の義理の兄弟と連れ立って旅に出る。脂身と肉がぎっしり詰まったミトンを携えての出発だった。

主人公は二年近くも不在だったので、死んだと思われていた。最初は人の目に見えなかった男は、身内の者たちの前に姿を現わす。魔法の力で量が増えた脂身と肉で、盛大な宴会が開かれる。ヤギ妻とその兄弟に対しては、彼らの普段の食物である白と黒の苔《こけ》のスープが供される。だが若いコムスはたらふく詰めこんで腹がふくれ、ボール遊びで物笑いの種になった。みなは彼をからかい、足で踏みつけ、彼の顔に放屁する。ようやく食べ物が消化すると、コムスはボールを奪い取り、山のなかに逃げ帰った。人々に狩り立てられた彼は、追跡者たちを死に至らしめる氷のような風を引き起こす。ヤギたちに叱りつけられて、コムスは犠牲者たちを生き返らせることに同意するが、仕返しとして彼ら

の顔に放屁する。最後に彼は姉妹とともにヤギたちのもとに戻り、主人公と息子は村にとどまる。(101)

構造という点でこの神話は、同じく肉の起源、というかもっと正確に言えば、最高の猟獣狩りの起源を扱う南アメリカの諸神話と驚くほどの類似を見せる。その獣がかつては人間、ないし人間に似かよった生き物だったというだけではなく、どちらの神話もその獣を義理の兄弟とみなしており、この親族関係は、別のトンプソン・ヴァージョンでも強調されている。主人公を仲間のもとに返す前にヤギたちは、彼がどんなに深い断崖でも飛び越えられる優れた狩人になるだろうと約束する。ただしそれはいくつかの決まりをこまごまと遵守するならば、なのである。「ヤギを殺したときにはその死体をうやうやしく扱うこと。彼らは人間なのだから。雌ヤギを射てはならない。雌ヤギはおまえの妻となり、おまえの子を産むだろうから。たぶんおまえの子孫かもしれない仔ヤギは殺してはならない。射るのはおまえの義理の兄弟たる雄ヤギだけにせよ。雄ヤギなら殺しても後悔するには当たらない。彼らは死ぬのではなく、家に帰っていくのだから。肉と皮（ヤギの部分）はおまえのものとなるが、本来の彼ら自身（人間の部分）は、ヤギの肉と皮にまた覆われて、以前と同じように生きつづけるだろう」(102)。

以上ふたつの〔トンプソン・〕ヴァージョンにおいて、骨組みがつぎのような形であるのは

△┐
　│
△┘ ○ ♯ △

最初のヴァージョンが締めくくられるやり方から明らかとなる。つまり、妻とその兄弟はヤギたちのもとに戻り、主人公と息子は人間のあいだにとどまるのである。二番目のヴァージョンの最後の挿話も、多少異なる形ではあれ同じ方向に向かう。仲間のもとにひとりで戻ってきた主人公は再び狩りに出かけ、雌ヤギと仔ヤギを殺そうとするが、じつはそれは彼のヤギ妻と子供だった。雌ヤギは主人公を叱りつけ、規則を尊重すべきことを思い出させる。そこで彼は雄ヤギを殺し、村に帰って、雌ヤギは逃げてしまったと言い立てるのである。[103]

第三番目のヴァージョンでは、ヤギがシカ科の動物に置き換えられており、あるオカナゴン・ヴァージョンにおいては、それらの科がはっきり区別されていない。[104] シカのたぐいのどれかがオオツノヒツジのたぐいのどれかの代わりを務めるような神話はすでに見てきた（前出三七―三八頁）。これらの置き換えは、神話時代のシカ科の動物はきわめて荒々しくすばやいため狩りが不可能であり、またシカ科のたぐいには、シカ科に属する属すべてに加えてオオツノヒツジ、シロイワヤギ、ウマ、バイソンその他が含まれていた、[105] というリルウェット族の信仰によって説明がつく。したがって、シカ科の動物が出てくるトンプソン・ヴァージョンで、それらの狩りがヤギ狩りと同じ決まりに従うことになっているのは少しも驚きではない。主人公はシカ科の妻と、ふたりのあいだにできた息子とを殺し、そののち生き返らせる。「あなたは殺すべきではない」と妻は主人公に思い起こさせる。「あなたの義理の兄弟を除いては[106]」。トンプソン族のすぐ隣に住むリルウェット族のあるヴァージョンでは、主人公がヤギである妻たちの生んだふたりの息子とともに同胞のもとに戻りたいと望んだとき、妻たちがなぜ彼についていくことができないのかが明白にされている。「あなたを引き止めはしない」と彼女らは言う。「息子たちは連れて行ってもいいわ、でも、わたしたちはここに残らなくては。あなたについていけないのは、あなたと同じではないからよ。あの子たちにはあなたの血が流れている。だからいっしょに行けるけれど、わたしたちはだめなの」[107]。ゆえに、これらすべての神話においては、分離が姻族すなわち配偶者ないし義理の兄弟にかかわっていることが明らかとなる。

先に要約した第一のトンプソン・ヴァージョンの末尾に見られるコムスの挿話について、最後に一言。ふくらんだ腹のこの人物は、沿岸セイリッシ神話において濃い霧を発生させる[108]、胃の膨張に苦しむ別の人物を思い起こさせる。コムスの方は、人を死に至らしめるような冷たい風を引き起こし、また自分が標的にされたのちに、〔お返しに〕腸内のガスを放つ。気象学的な領域では風は霧と対立し、その霧と屁は生理学的な領域で対になる。というのは、霧もまた悪臭を放つからである（後出一三〇頁）。スキコミッシ族という同じく沿岸セイリッシ諸族に含まれる別の人々は、シロイワヤギ神話の起源論的ヴァージョンをもち、そこでは、シロイワヤギ狩りにおいてなぜ彼らだけがある型のわなを用いるかが説明されている。この神話によれば、クェークェー鳥（山のなかに生息しており、種類は特定できない）の娘が、競走の勝者に妻として与えられることになる。ヤギの一〇人兄弟の末弟が、ふくらんだ腹にもかかわらず勝利を収め、手に入れた娘を長兄に譲る。スキコミッシ族の隣人であるスカジット族もクェークェー鳥を知っており、この鳥に息子がひとりあるとしているが、その息子はイヌのなりをして、首長の娘を誘惑する。妻や息子とともに置き去りにされた彼は、別の人類を作りだし、ホッケーのようなゲームを発明し、森を獣で、海をキュウリウオで満たしたが、いっぽうで彼を迫害した人々は飢えに苦しんだ[109]。したがって、沿岸セイリッシ諸族に由来するこれらの神話の第一と第三はオオヤマネコの物語へ、そして第二はツノガイを盗む女たちへと（結婚を賭けた競走のモチーフにより）帰着し、それらの神話とシロイワヤギ神話とは、わたしが仮定したとおり北アメリカにおいて同一の変換に属することが、こうして検証されるのである。

＊

ヤギ狩りに関するシュスワップ族の神話には、他の諸ヴァージョンと比べると風変わりな点があるということはすでに指摘した（前出九九頁）。あるヴァージョンでは、若い主人公が老人に置き換えられ、老人は若いヤギではなく年寄りヤギしか射てはならないという教えを受ける[110]。また別のヴァージョンでは性が逆転する。インディアンのもとを訪れて人間の女と結婚し、自分の住処で暮らすべく連れ帰るのは雄ヤギなのである。夫婦のあいだには息子がひとりでき、女は息子を連れて親族のもとに帰る。圧縮した形で持ち帰ったヤギの肉と皮は、村に到着するや、魔法の力でもとの大きさを取り戻す。やがて、本気でヤギに変身した女とその子は、永久に立ち去ってしまう[111]。おそらくこれらの変化は、少なくとも部分的にはシュスワップ族の地理的な位置に起因しているだろう。彼らは海岸山脈とコロンビア山脈にはさまれた高原地帯に住んでおり、そこではヤギは皆無ではないにせよめったに見られないのである（図8）。ヴァンクーヴァー島のクワキウトゥル族やアラスカの海岸の縁に住むトリンギット族も、同様の困難を抱えている。つまり、ヤギを狩るのにトリンギット族は、彼らが危険を恐れてやまない山々のなかに、隣人のツィムシアン族のように踏み入っていかなくてはならないのだ[112]。ところで、それらの人々の諸神話には、（内陸部の諸ヴァージョンと比べると）シュスワップ族

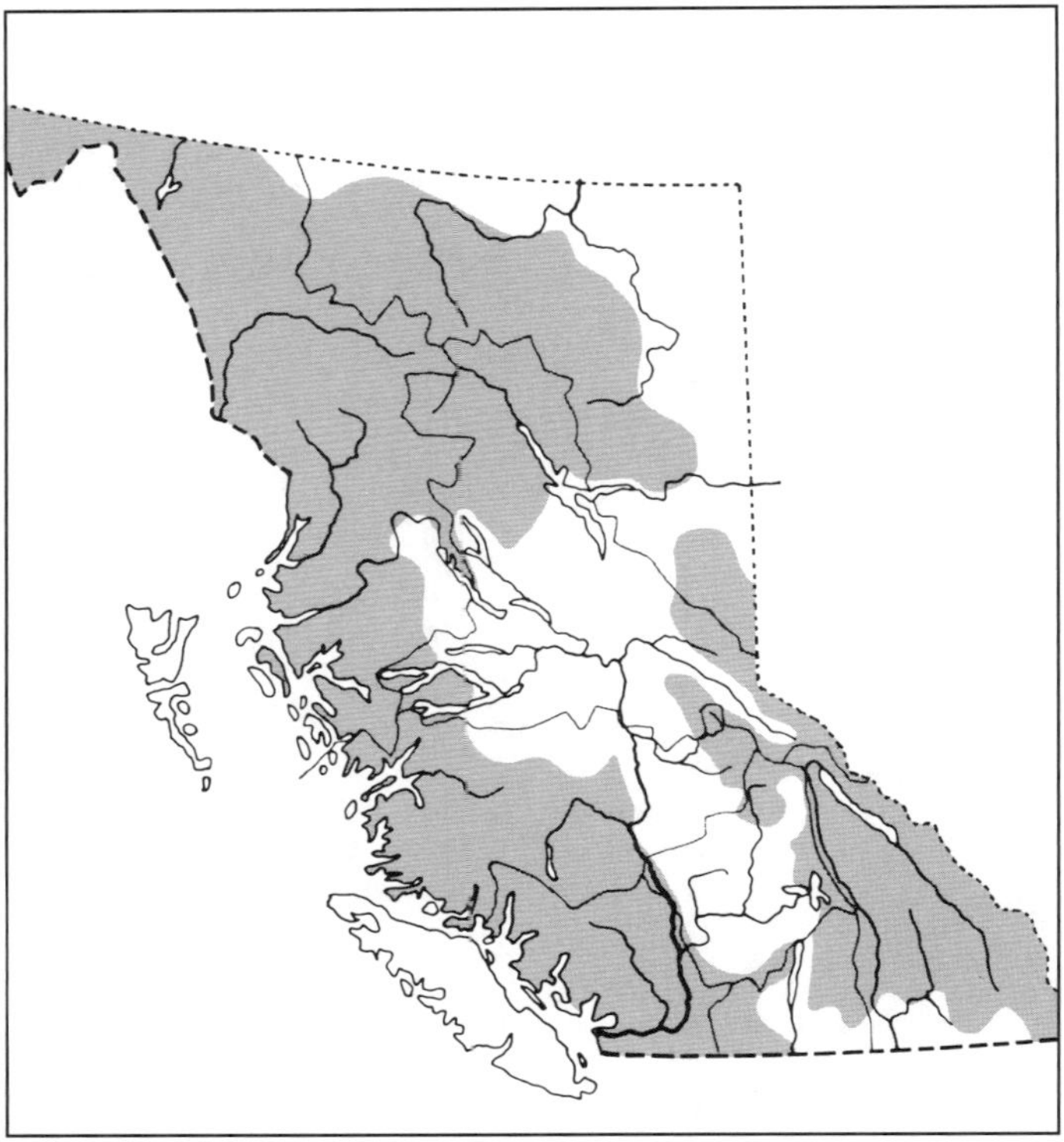

図8　ブリティッシュ・コロンビアにおけるシロイワヤギの分布地図

のもとで見いだされるのと似かよった変化が観察される。

あるクワキウトゥル神話は、ヤギとの性的結合（そして乱交さえも）のモチーフを逆転させている。すなわち、狩りを成功させるために主人公は――ヤギたちの相のもとで――四年間の性的節制を遵守せねばならない。彼はある日、女友達が言い寄るのに屈して自分の力を失い、ハイイログマに変身して奥地に姿を消す(113)。

トリンギットのヴァージョンでは、狩人がどのような状況下で偉大なシャーマンになったかが語られている。村人たちが野放図な狩りを行ない、儀礼を軽んじた。彼らを罰するため、オオツノヒツジたち（ここではヤギの代わりである）は村人のひとりを捕らえた。そして、棒の先に頭を突き刺すというハイイログマの頭だけに行なわれる処置ではなく、どのようにして殺された動物の死骸に敬意を表するかを彼に教えた。やがて解放されたそのインディアンは、家に帰りつくと教えられたとおりに、これまで仲間が思うさま殺したオオツノヒツジの皮には手を触れるなと命じた。それらの皮のなかに、それぞれ必要な場所に置かれた肉のかけらを包みこむと、オオツノヒツジたちは生き返り、山へと戻っていった。「だが、オオツノヒツジたちはあまりにも長いことインディアンのもとにいたので、もっとも高い山の頂にある以前の住まいにたどりつく前に道に迷い、あたりの山々一帯に散り散りばらばらになった。そして、オオツノヒツジたちがひげを生やし、別のいくつかの点でも人間に似ているのは、彼らがかつてある人間を助けた（あるいは誘拐した）からなのである」。逆にオオツノヒツジたちの方では、みずからの特殊な臭いを主人公に伝えていた(114)（内陸部のセイリッシ諸族はむしろ、大型有蹄類――シカやヤギ――が人間の臭いを嫌悪しているという(115)）。便宜上わたしが「風変わりな」

と呼んだ諸ヴァージョンはしたがって、一連の対立項によって他のヴァージョンとは一線を画している。すなわち、主人公が若いか年寄りか、殺されるのは老いた獣だけかあるいは若い義理の兄弟のヤギだけか、人間の夫かヤギの夫か、雌の動物たちとの許された乱交か人間の女たちに対する強いられた節制か、がそれである。そして、トンプソンの諸ヴァージョンが、たとえば人間の女の動物への変身（たしかに一時的とはいえ）を好んで引き起こすのに対し、トリンギット・ヴァージョンではオオツノヒツジがどのようにして人間に似るようになったかが説明されているのが目を引く。

＊

『生のものと火にかけたもの』（邦訳一三五―一三七頁）と『蜜から灰へ』（邦訳一一―一三頁）において、わたしは、料理の起源および肉の起源に関するジェ神話を含む神話集合を、単純化された記号で表現できることを示した。女性の受け取り手となる義理の兄弟（インディアンの女と結婚するので）で、主人公（人間の代表）に料理の火と火にかけた食べ物を譲ることで好意を明らかにするジャガーと対になっているのは、女性の与え手となる義理の兄弟たちであり、彼らは主人公に食物を拒んだり、出し惜しみしたり、無礼な態度で譲ったりすることで意地悪くふるまう。後者の義理の兄弟たちは野ブタに姿を変えられるが、野ブタというのは言い換えれば足で歩く生の肉で、火が料理の手段であるように、料理の材料なのである。

先述の考察から、服飾品の起源および肉の起源に関する北アメリカの諸神話からなる神話集合を同じ方法で単純化することが可能になる。それらはつぎのような図式にまとめられるだろう。

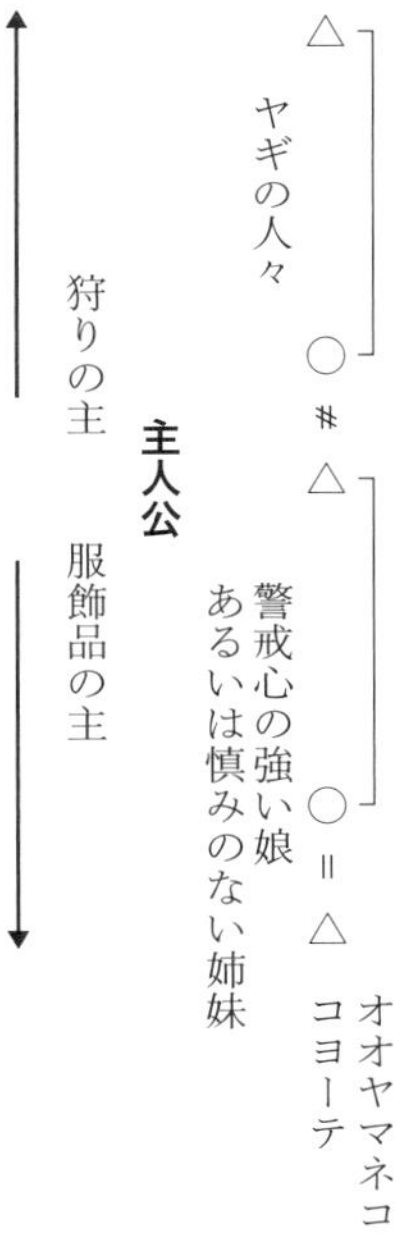

この切り詰められたモデルには、いくつかの指摘が必要となる。

1　北アメリカのこの地域においては、南アメリカにおける変換を解釈するさいには考慮に入れる必要のあった出自が、その関与性の多くを失う。事実、セイリッシ語を話す諸部族全般、そして特に考察の対象となった諸神話を生み出した内陸部の諸部族は、無差別出自という制度を採っていた。このため、社会学的な骨組みに対する束縛は少なくなり、神話はより自由にそれを操ることができる。しかし、厳格な束縛（そもそも、観念の世界以外でそんなことがあるだろうか？）の度合いが薄れたとしても、社会学的な骨組みは崩壊の危険にはさらされない。つまり、出自ないし系統の様式がどうあれ、たとえば親族と姻族のような基本的な区別は存続するのである。神話は、メッセージの内容に変化を与え、意味を対比させるために、親族と姻族のあいだに異なるタイプの関係を考え出し、時には並列させる。

2　こうして、ここでの神話グループ（オオヤマネコの物語＋ツノガイを盗む女たち）には、一見相反するふたつのヴァリアントが含まれる。オオヤマネコの物語の女主人公は結婚に逆らう娘、すなわち△≠○であるが、ツノガイを盗む女たちの物語でその役割を担うのは、父親や兄弟が離れていこうと決意する、すなわち△ ≠ ○である慎みのない娘であり、したがって分離は、それらふたつの場合において姻戚関係かもしくは親等の近さを示す用語で表現される。

3　このモデルは別の側面から見ても同じくあいまいである。諸神話の語るところでは、主人公はふたりのヤギ女のためにふたりの妻のもとを去るが、のちにヤギ女たちは主人公を追い払う。配偶者の分離というモチーフは、主人公が人間の妻から遠ざかるか、ヤギ妻が主人公を自分たちから引き離すかによって、ふたつの反対方向の読みを可能にする。

4　さらに顕著に見えるのは交差配列《キアスム》であり、南アメリカ神話と比較した場合、モデルの両端において対称をなすように繰り広げられている。上端では、親切な義理の兄弟としてジェ神話のジャガーに似たヤギたちが、女の受け取り手ではなく与え手になっており、彼ら自身も食用にあてられる肉であることから野ブタ（ジェ神話の意地の悪い義理の兄弟たち）と同一視されうる。下端では、意地の悪い義理の兄弟たち（トリックスターのコヨーテ、仲間たちを飢餓に陥れるオオヤマネコ）がジェ神話でのちに野ブタとなる者たちのように行動するものの、女の与え手となる代わりに受け取り手となって、ジェ神話のジャガーと同じく、それぞれがこのゲームで妻を手に入れる。

5　オオヤマネコの物語においても、ツノガイを盗む女たちにおいても、霧がひとつの役割を果たしている。すなわち、霧を引き起こすことでオオヤマネコは仲間から肉をとりあげ、同じやり方で雌ジカもしくは雌オオツノヒツジである祖母は身内から妻をとりあげるのである。気象学的な自然現象であるこの霧に対応するのは、肉の起源に関する南アメリカ神話における人工的な霧、つまり焼けた羽根の煙ないしタバコの煙であって、これは意地の悪い義理の兄弟たちのブタへの変身を引き起こす。(116)

6　最後に、図表の片方の端からもういっぽうの端にいたるまで、大型有蹄類というテーマが通奏低音（音楽的な意味）の役割を果たしていることが注意を引くだろう。つまり、上の方で主人公がヤギたちのもとに出かけていきその一員になるとすれば、下の方では女主人公――警戒心の強い娘もしくは慎みのない妹――が自分と同じくシカ科かオオツノヒツジ科に属する祖母のところに出かけていくのである（前出三一、三七、四六―四七頁）。問題の神話集合が連続性をもつことがこうして間接的に証明されるが、それは、これまでの考察によりそれぞれ北アメリカ、南アメリカに由来するふたつの大きな神話集合が相同性をもつことが証明されるのと同様である。

この相同性については、補足的な証拠を示すことができる。

南アメリカにおいて、トゥピ＝グアラニ語を話す部族であるテネテハラ族は、五〇年前に――おそらくは今日も――みずからの起源神話を、テヴェがその四世紀前に書きとめたのと同じ言葉で語っていた。ところで彼らの語る野ブタの起源神話（『生のものと火にかけたもの』ではM_{15}として整理、邦訳一二六―一二七頁）によれば、造化の神トゥパンの母系の甥で「名づけ子」のマラナ＝イワは、狩人たちの乱行から獣を保護する森の主となったという。インディアンたちは彼のことを、髪がもじゃもじゃで巨大な睾丸をもつ、ごく小さな体の男として描写している。テネテハラ族はまた、双子が誕生する場合、子供のひとりは母親とひそかに交わったマラナ＝イワがはらませたのだと信じており、(117)それゆえこれは、トゥピナンバ族におけるオポッサム、セイリッシ族においては、運命を告げる宣告によって生まれるまでは二重の本性を与えられた子供の父親コヨーテ（前出八三―九三頁）と似かよっている。そこからは、同じく狩りの儀礼の尊重と双子であることの問題を含む北アメリカのそれと同一の体系が、アルカイックな伝統に忠実でありつづける南アメリカの人々の信仰中に存在することが立証されるのである。

第二の論拠は、北アメリカのセイリッシ族がサケの起源について、ボロロ族が野ブタの起源について説明するのときわめて近い神話をもつという事実から引き出せるだろう。ジェ族と隣り合うボロロ族だが、その説明法はジェ族と異なっている。件の神話（『生のものと火にかけたもの』ではM21として整理、邦訳一四〇―一四一頁）を思い出してみよう。くる日もくる日も人々は手ぶらで漁から帰っていた。女たちは自分たちで漁に行くと宣言する。だが実際には女たちはカワウソを呼び寄せるだけで、魚と引き換えにカワウソたちに身を任せていたのである。何も獲れないままだった男たちは疑いを抱き、一羽の鳥に女たちの様子を覗き見させた。そののちに男たちはカワウソの不意をつき、絞め殺す。復讐のため女たちはそれぞれの夫に魔法の薬を飲ませて、ブタに変身させた。

ところで、フレイザー川の河口付近に住むセイリッシ系の小集団であるツィルケウク族（通常はチリワック族と表記される）に由来する一神話は、そのあいまいさと欠落にもかかわらずボロロ神話と似ているのが一目瞭然である。

かつて飢饉があった。男たちは村から遠出して何尾かのサケを捕まえるのに成功した。女や子供のもとに獲物をもち帰る代わりに、彼らは自分たちだけでそれを食べ、家族を見捨てようと決めた。漁師たちに同行していたひとりの少年が母親に通報した。怒った女たちは、夫たちの寝床や毛布やその他の持ち物にせっせと魔法をかけ、そのため男たちは鳥に変身させられてしまった。鳥になった男たちは飛び立ち、群れをなしてずっと遠くの川のほとりに舞い降りた。そこにいたビーバーが、サケの国のありかを教え、男たちが妻たちと和解する手伝いをした(118)。

すでにわたしは、野ブタの起源に関するボロロ神話が、中部ブラジルの諸神話と北アメリカ北西部のそれらとのあいだにある相同性の関係を理解するのに役立つことを指摘している（『裸の人』邦訳五二、六七三—六七五頁）。そして『生のものと火にかけたもの』（邦訳一三七—一四一頁）では、ジェ族からボロロ族へと移っていく際に、メッセージを不変のままに保つために骨組みが変換する、つまり夫婦間の争い〔ボロロ〕が姻族間の争い〔ジェ〕に取って代わる、ということを示すのに、やはり同じ神話を用いたのだった。

北アメリカでも、内陸セイリッシ諸族から沿岸のグループに、そしてヤギ狩りの起源神話からサケ漁の起源神話へと目を転じるとき、同じ現象が観察される。人間の妻たちおよび動物妻たちや義理の兄弟たちを介入させた複雑な骨組みが弱められ、夫婦間の争いというより単純な外観をとるようになるのである。しかし、とりわけツィルケウク神話とボロロ神話の密接な親縁性は明らかだ。大地と水の媒介者となる動物であるカワウソ、ないしビーバーだが、いっぽうでは魚を女たちに、他方では男たちに供給する。いっぽうではカワウソの暴力的な排除が男女のあいだに決定的な決裂を引き起こし、他方ではビーバーの好意的な登場により男女の和解が可能となる。つぎの図表を見れば、それぞれ北アメリカと南アメリカに由来するふたつの神話の対称性が一目瞭然となるだろう。

ツィルケウク

男たちの漁の獲物が乏しい
男たちは女たちから食糧をとりあげる
男たちは女たちを見捨てる
女たちは魔術を使う
魔術で男たちは鳥に変身させられる
ビーバーが男たちに魚を供給する
ビーバーの助けで夫婦が和解する

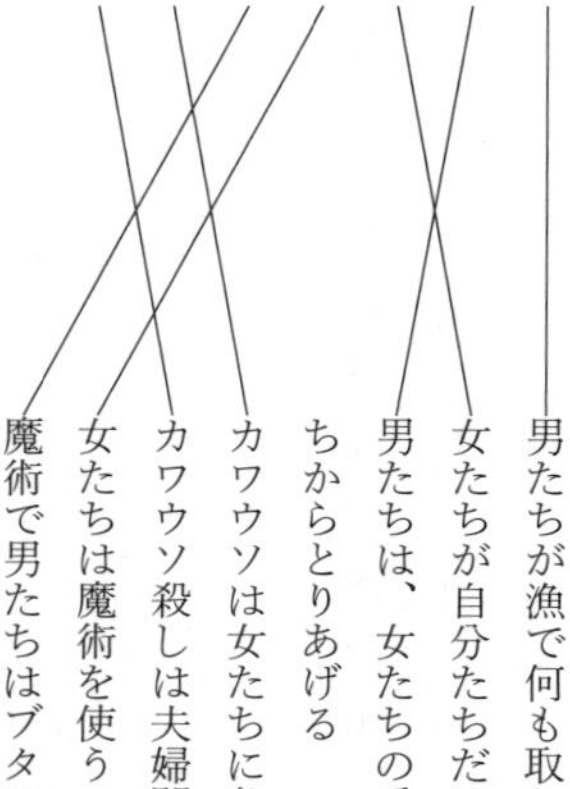

ボロロ

男たちが漁で何も取らない
女たちが自分たちだけのために漁をする
男たちは、女たちの愛人のカワウソを女たちからとりあげる
カワウソは女たちに魚を供給していた
カワウソ殺しは夫婦間の決裂を引き起こす
女たちは魔術を使う
魔術で男たちはブタに変身させられる

中部ブラジルにおける野ブタの場合と同様、バイソンのいない北アメリカの北西部（その東部は別だが、そこですらもめったに見られることはない）では、シロイワヤギが大型の猟獣というカテゴリー（海岸地方ではサケの果たす役割）を暗に意味している、ということをわたしは幾度か強調してきた。ところで、一〇九頁の切り詰められたモデルからは、この最高級の獣とその他すべてとのあいだにある第二の相違がかいま見えてくる。モデルの左側では、ヤギの人々がただひとつの動物集団を構成しており（いくつかのヴァリアントでその置き換えとなっているシカやオオツノヒツジの人々の場合も同様）、それらの人々はおのおの閉ざされた集団を形づくっている。反対に、祖母である雌ジカや雌オオツノヒツジのもとに出かけていくゆえに女主人公が大型猟獣に近しいものとされる、モデルの右側部分では、この祖母が孫娘を一連の動物求婚者たちに結婚相手として差し出すふりをするが、

だれも孫娘との結婚に成功しないこれら求婚者たちは、限定されないさまざまな種からなり、したがって、開かれた集合を形づくっている。結合された諸神話は、半導体のもつ性質を示す。つまり、結婚がいっぽうの向きでは可能でも、他の向きでは不可能なのである。

〔可能な結婚、あるいは不可能な結婚〕

オオヤマネコの物語の南部のひとつのヴァージョンが、不釣合いな結婚の起源を説明しようとしている〔前出一九―二〇頁〕のが思い起こされる。実物がまれにしか生息していないとはいえシロイワヤギ神話の伝播地域の中央に住む〔前出一〇五頁〕シュスワップ族は、起源論的な見地から見てそれと対称をなす神話をもつ。雄ヤギのふたりの妻、雌ヤギと雌オオツノヒツジが、互いに嫉妬して相争うのである。雌オオツノヒツジが勝利を収め、雌ヤギは自分の場所を明け渡す。雌ヤギは初めのうち独りで暮らすが、のちに同じ種の雄と再婚する。かつてはオオツノヒツジとヤギはいっしょに暮らし、互いに婚姻関係を結んでいたが、いまでは同じ地域に見られるものの、別々の生活を送っている。[119] 時には不釣合いになる〔同じ〕人間同士のあいだでの結婚と、〔異なる〕動物同士の結婚が、ここで対比されている。後者においては、それぞれの動物学的な科や属が自前で生きることに同意するだけで釣合いが取れるのである。つねに片方がもう片方の代償となるような、類似と相違とのあいだのこの果てしない調停は、南アメリカにおいても北アメリカにおいても（前出九一―九二頁）前ページの図式の下側部分がその理論的位置を指し示しているような諸神話につきまとって離れない、双子であることの不可能性という夢に対応する。

この折衷主義的《シンクレティック》なヴィジョンを提示することによって、わたしはあるひとつの神話、もしくは神話集合が片方の半球からもう片方の半球へと伝播した可能性を証明しようとしているのではない。神話を練り上げる際のように外的な束縛から比較的自由になった精神は、無意識的な自動性に身をゆだね、その自動性が、由来はどうあれひとつのモチーフが与えられると、そこからつぎつぎにすべての変換を実行していく。うわべを見ればたぶん非常に異なるが、分析すればそれらの構造のあいだに不変の諸関係があらわとなるような神話内容が現われ出てくるには、どこにおいても同じひとつの胚芽があれば十分なのである。

＊

シロイワヤギの神話は、最後にもうひとつの面で注意を引く。この神話は、狩人の成功を左右する儀礼の起源を説明するという機能をもつことを標榜しているのである。したがってそれは、たとえ言挙げされないままであるにせよ、ある儀礼理論を前提としている。その理論を言葉で表わすことは可能だろうか。それはつまるところ、問題の儀礼の起源と条件は人間が自然に回帰することにある、という主張に尽きるように思える。仲間たちすべての利益になるよう、狩りの儀礼を手に入れるためには、主人公が人間という状況を放棄し、動物のやり方《モレ・アニマリウム》で生きることを学ばねばならず、それはふたつの方法で行なわれる。いっぽうで彼は、ヤギの妻たちと、自然的つまり非社会的な方式に従って発情期にしか交わることができない（前出一〇〇―一〇一頁）。「その時期は年に一度しかやってこず、それは約一ヶ月続きます。わたしたちは一年のそのほかには性関係をもたないのです(120)」。他方、その時期が始まると、乱交が支配的となる。「彼［主人公］は老若を問わずすべての雌と交わったが、そのなかには妻や妻の母親も含まれていた(121)」（妻の母親に対しては、内陸セイリッシ族はきわめて厳しいタブーを守っていた）。「あなたは」とヤギの妻たちは主人公に言う。「どんな雌でも追いかけて交尾してかまいません。発情期が終わったら、わたしたちは戻ってきて新たにあなたの妻になりましょう(122)」。しかしながら主人公は「若いヤギたちが自分の妻を横取りするのを」好まなかった。「そうなると彼の心は痛んだ(123)」。西部のシュスワップ族（チルコーティン族やキャリアー族の隣人で、これらの部族から、ほとんどが動物の名前を冠した結社もしくは団体の組織を取り入れていた）が、それぞれの名祖の獣の発情の様子を踊りのなかで模倣していたことを思い出すとおもしろい。ちなみにその模倣があまりに真に迫っていたので、彼らがトンプソン族のもとを訪れたとき、トンプソン族は大いに感嘆したものの、妻たちにショックを与えないよう二度目の上演は控えてほしいと彼らに頼みこんだほどだった(124)。

神話によれば、「美しく魅力的」なヤギの人々は、人間社会での生殖を支配している規則に何ら煩わされることがない。その反対に彼らは、みずからの存続を左右する規則を尊重させるにあたっては信じがたいほどこまごまと口うるさくなる。死んだ獣を生き返らせるには、狩人がその骨をひとつひとつ集め、水に浸さなくてはならないし、でなければ骨は焼く必要がある。なぜならその場合獣は完全に死ぬが、狩人に恨みを抱くことはないからなのである。いまの説明はほんの序の口で、それよりヤギたちが主人公に与える教示を聞いてみようではないか。「一頭のヤギの皮をはぎ、切り分ける前には、顔に色彩を施さねばならないとおまえの仲間に言いなさい。聖なる羽毛を舌と心臓と肺の上に置くように。それからそのすべてを小屋の竈の上に吊るして乾かすがよい。それがわれわれにとってよき療法だからだ。骨やその他のくずも丁寧に集め、おまえが見たわれわれのやり方どおりに水につける必要がある。肉を料理するには、肝臓を羽毛で覆ったのち、串に刺してあぶり焼くことからはじめる。これはわれわれにとってよき療法となる。肝臓が焼けたら、イトスギの緑の枝を取り、肝臓をその上に乗せ、それから小片に切り分けて各参加者に与える。頭部を相手に料理する場合は、まず赤い絵の具で顔にしるしをつけ、そこに羽毛をふりまき、鼻面を前にして火にかざす。しばらくそのままにしておいてから、皮をはぐのがよい。これを行なう男は顔に彩色し、頭の上に羽毛をまきちらさねばならず、助手たちは固く沈黙を守り、かすかな音をも立ててはいけない。頭部の皮を剥いだら、最初は右側を炎にあてるように注意しながら再び火の前に置く。頭部をあぶるときはずっと、助手たちは沈黙を守る必要があり、咳やくしゃみの音をさせてはならない。さもないと、ヤギの精霊が恐れをなし、おまえは今後ヤギ狩りに成功しないだろう。熱の作用で右目が破裂し、汁がこぼれだすまでそのままにしておき、つぎに左側を火にあてる。そうなると精霊は行儀の悪い者たちをもう見ることができないので、しゃべったり物音を立てたりしてもたいしたことはない。もし精霊が料理人に対しその物音は何かと尋ねるなら、こう答えることができる。「おまえの仲間が立てる音だ、わたしのではない」。頭部が焼きあがったら、年寄りのそれぞれに少しずつ与えるがいい。女や若い男がそれに触れるのは禁じられている。以上すべては獣が殺された当日の日没時に行なわれねばならない」[125]。

この指示と禁止のリスト、これはあまり無意味に見えるだけに、あえて注意深く詳しく引用したのだが、ある点で興味を引くものではある。これにより、『裸の人』（邦訳八四〇―八四一頁）でわたしが神話のふたつの様態《モード》のあいだに引いた区分が再検討されることになるかもしれないのだ。そのふたつとは、その重要性と内的組織から当然ながら作品として結晶していくような物語の数々からなる明示的な神話と、儀礼の諸局面を注釈し説明するために儀礼の展開に随伴するだけの暗示的な神話である。

ところで、いま考察したばかりのテクストはふたつの面をもつ。そこでは、ひとつは神話系列、もうひとつは儀礼系列という、どちらも明示的なふたつの系列が並行して展開していく。したがってこまごまと言葉で表わされた儀礼のリストが、それ自体きわめて豊かな神話の内部に見いだされる。しかしその事実を別にすると、神話によって語られる物語と指示される諸行為とのあいだにはいかなる対応もみつからない。細かく見ていくと、それら行為の各々は、動機のないままにとどまっている。あれこれの動作を行ない、あれこれの品物を用い、ある手順に進まねばならないのはどうしてなのかは、神話の物語内では何ら説明されない。神話と儀礼は肩を並べて進んでいくが、双方は距離を保ち、連絡しあうことはないのである。

結果として、神話と儀礼とのあいだの絆を理解するのに珍しいほど好都合と思えそうな場合においてすら、儀礼は物語の外に置かれ、語られる出来事との明らかな関係はないままにとどまる。儀礼は、言葉（というか言葉の不在、すなわち沈黙）と、行なわれる動作、扱われる品物あるいは物質からなっており、それら三種の活動に必要な、もしくはそれにより可能にすらなるかもしれないあらゆる解釈の埒外にある。

神話と儀礼のあいだに絆は存在するが、それはより深いレベルで捜し求めねばならない。それ自体は根拠を欠くまま、先に引用したテクストに見られるような綿密さで儀礼が追い求める細分化と反復の作業は、神話の主人公に課せられる自然状態への回帰に対する代償に関わっているると言えるのかもしれない。その自然状態において主人公は、明晰にして明瞭な観念と社会生活の諸規則とが溶解してしまう、液状の環境に投げこまれるのである。

すでにどれほど細分化されているとしても、狩りとヤギの料理との儀礼は、さらに数を増す可能性がある。映画フィルムの一コマ一コマを見ていくのに似て、それら〔細切れの儀礼〕が、ヤギになった人間の、思考のなか以外では体験不可能な経験を再構成することはできないだろう。映画のコマの場合のように、敬虔な熱情により儀礼が莫大な数に分割され、猛スピードでつぎつぎと流されて、そのもやもやした混乱を通じ、不可能な体験の幻影が生まれてくるのでなければの話だが。ちなみにその幻影には、これまでどんな現実の体験も対応しなかったし、将来も決して対応しないのである。

第二部　晴れ間

第7章　ミミズクにさらわれた子供

それ自体完結しており、最初に眼にとまった特定の神話コンテクストとは分離が可能で、まるごと他のコンテクストに移動できるような出来事の集合を、「細胞《セル》」と呼ぶことにしておこう。本書の調査の冒頭にあり、オオヤマネコの物語中もっとも詳しい展開を見せるネズパース・ヴァージョンには、このような集合が含まれている。つまり、このヴァージョンでは物語の最後になってクマが登場し、いくつかの災難の被害者となるが、この新たな登場人物について、それまでの挿話には何も語られていないのである（前出一七頁）。

この「クマ細胞」は問題であった。他のヴァージョンに含まれていないばかりか、同じものがまったく異なる諸神話のなかに見いだされることから、それをオオヤマネコの物語に統合するのはますます困難に思えた。だからわたしはそれを仮に脇にのけたままにしておいた。ところで、調査を続けるうちにこの「クマ細胞」は、オオヤマネコの物語のいくつかのヴァージョン（オカナゴン、コーダレン、クーテネイ）に同じく唐突な形で現われ、それと同時に三つの場面転換が行なわれる「ミミズク細胞」との重ね合わせが可能なのが明らかとなった。三つの場面転換とはすなわち、警戒心の強い娘から慎みのない妹へ（オオヤマネコの物語からツノガイを盗む女たちのそれへの移行を示す変換）、拒否される父親から喜ばしく受け入れられる子供へ、置き去りにされる夫婦からさらわれる子供への転換、である。

さらわれ、やがてまた見つけ出される子供のシークエンスは、子供がアビ（オカナゴン族）もしくはカイツブリ（コーダレン族）という水鳥に変身することによって完結する。この水鳥、特にアビへの変身は、『裸の人』の第二部全体と第三部の一部分で検討された「アビ女」と呼ばれる広大な神話群を思い出させる。この神話集合の中心的なモチーフとなるのは、インセストを行なう姉妹のひとりのアビへの変身である。これから取り組んでいこうとしているツノガイを盗む女たちの神話の諸ヴァージョンにおいては、アビに変身した主人公をその姉妹が人間の姿に戻すが、それはじきに見ていくように、彼女が主人公に寄り添って横たわり、両腕に抱きしめるというインセストのにおいのする怪しげな動作を通じてである。主人公はやがて若い女と結婚する。この女はヴァージョンにより同郷人であったり異邦人であったりするが、実際には姉妹の替え玉か、いくつかのヴァージョンではその親友なのである（後出一二七―一二八頁、一三一―一三二頁）。

さらわれ、再び見いだされる子供というモチーフが神話系列のなかに現われるのと同時に、起源論的性格をもつ変換も観察される。オオヤマネコの物語は直接ないし間接的に霧の起源と関わりがある。ツノガイを盗む女たちのいくつかのヴァージョンでは主人公が水鳥に姿を変えるが、そこではそういう鳥たちが前触れの役割を果たす風に注意が向けられている（前出五五頁、『裸の人』邦訳二四七―二四八頁）。つまりそれらは、季節の周期性と結びついた機能を果たしているのである。

同じ諸神話のなかで、第一級の役割を果たす別の鳥がいる。ミミズクである。北アメリカのあらゆる神話において、フクロウとミミズクは周期的な現象に結びつけられている。周期的現象とは、いっぽうでは昼と夜の交代、他方では人間の寿命が限られていることであるが、両者のあいだには密接な関係が存在する。なぜなら、夜行性の猛禽類のなかに転生した魂は、昼間は死者の世界に暮らし、夜になると生者のあいだに戻ってくるのだから。テクストがどんな種ないし属の鳥を指し示しているのかを知るのは必ずしも容易ではない。カリフォルニアでは、良きインディアンは死後ミミズクに生まれ変わり、悪しきインディアンはフクロウに生まれ変わると信じられていた。現在のワシントン州に住んで

図9　アメリカワシミミズク（*Bubo virginianus*）

いた沿岸セイリッシ諸族のひとつ、キノールト族の神話によれば、ワシミミズクの息子と結婚するために出かけた若い娘が道に迷い、何につけても無能なコノハズクのもとにたどりつく。フレイザー川下流域に見られるあるセイリッシ神話のクワキウトゥル・ヴァージョンでは（後出一三〇—一三一頁〔実際にとりあげられているのはチェハリス・ヴァージョン〕）、どうしようもなくたちの悪い女の子をさらっていくのはシロフクロウ（おそらくは *Nyctea sp.* これはその地で冬越しする北極のミミズク）[126]であるらしい。

内陸セイリッシ諸族は、迫りくる死を告げるものとしてコノハズク（アメリカオオコノハズク *Otus asio*）に重要な役割を与えている。ワシミミズク（アメリカワシミミズク *Bubo virginianus*）は彼らの神話では特に、子供の誘拐者として現われてくる。トンプソン語とリルウェット語でスケルラ、シュスワップ語とオカナゴン語でスニナといぅ*ワシミミズクの名前は、ヴァージョンごとにスナナズ、ンツァーズ、ツァアウズと呼ばれる、それらの神話の人間主人公の名前に似ている。わたしがこれから出発点にしようとしているトンプソン・インディアンのヴァージョンに、ボアズは『ミミズクとンツァーズ』と題をつけ、何人かのインフォーマントの言により、ンツァーズの名が同じ神話の短いヴァリアントに現われる主人公名のスナナズとつながりがあるかもしれないと指摘している。ちなみにスナナズという名はまた、シュスワップ族のもとでも確認されている。[127]この点についてはいずれまた触れよう（後出二三三頁）。

小さな男の子が泣き止まなかった。人々がその子を黙らせようと、ミミズクが来るよとさんざん脅かしたので、ミミズクは男の子をさらった。ミミズクに魔法で成長させられた男の子は、何日かのうちに大人になった。ミミズクは若者を連れて狩りに出かけたが、ほとんど食事を与えようとはしなかった。主人公は、運よくそれより親切なハシボソガラスとその妻と知り合いになった。ミミズクに飢えさせられたばかりか、さらに奴隷と呼ばれて侮辱された主人公は、ミミズクを殺そうと決意し、出かける前にミミズクがいつも小屋のなかに吊るしておく心臓を燃やした。ハシボソガラスが主人公に、家族はあるのかどうか、また子供のときに「おもちゃの干しザケ、おもちゃの干し果物、おもちゃの魚油、おもちゃのシカの脂身」――われわれならままごとの食べ物と呼びそうだ――をもっていたかどうかと尋ね、それらを探しにいくと提案した。それからハシボソガラスは飛び立って村に着き、主人公の母親と姉妹に、主人公が生きていると教えた。さらに、自分の飛ぶのを目で追い、どこに行くべきかを示してくれる一条の煙をさがしあてるようにと彼女らに言った。それに成功するほど目の鋭い村人がたったひとりいた、もっとも彼はその努力に疲れはて、気を失ってしまったのだが。

ふたりの女は目的地にたどり着いて、自分たちがだれかを告げ、主人公といっしょに帰路についたが、しばらくすると主人公は暑さを覚え、母親と姉妹の意見に逆らって水浴をしたがった。湖に飛びこんだ彼は、アビに変身した。「わたしはここにとどまる」と彼は姉妹に言った。「わたしに会いたくなったら、やってきて呼ぶがいい」。そこで少しのち、彼女はそのとおりにした。すると主人公が現われて、彼女に貴重な貝殻と自分のツノガイの首飾りを与え（『裸の人』参照、邦訳二四二―二四四頁）、それらをだれにも見せないようにと忠告した。だが、村の若い娘がそれらを見、それらの貴重品がど

＊　これらの語を検証し確かめて下さったブリティッシュ・コロンビア・インディアン言語プロジェクトのドロシー・I・D・ケネディ夫人に感謝する。カナダのミミズクとその分布についてはゴドフリーを見よ。

こから来たかを知った（インフォーマントはここに記憶の欠落があると告白している）。娘は主人公の姉妹に同行する許可を求めた。姉妹が呼ぶと、主人公が、全身を華麗な貝殻で包んだまばゆいばかりの姿で現われた。姉妹が自分のすぐそばに座るよう主人公を誘い、その首に両腕を回しているあいだに、もうひとりの娘が魔法の草を投げかけたので、主人公は人間の姿にもどった。

三人は連れ立って出発し、ンツァーズという名の人の小屋のそばを通りかかった。主人公（前のシークエンスでは暑すぎると感じていた）が今度は寒いと愚痴をこぼす。「だれもあそこには入らないのよ。ンツァーズの臭いがあまりひどいから」といさめられたにもかかわらず、彼は温まるために小屋に入ろうとする。女たちは旅を続け、後に残った主人公は、ンツァーズの鼻をつかみ、激しく揺さぶったので男の体から皮がはがれ落ちる。その皮を身にまとった主人公はンツァーズとなる。

ところで、魔法の草をもつ若い娘は、自分に言い寄る男たちを全員はねつけていた。両親は彼女を侮辱して「おまえはどんな男でもいやなんだね。それなら、ンツァーズとでも結婚するがいい」と罵った。娘は悪臭を放つ老いた病人のところに出かけ、彼をむしろでくるんで、あざけりには耳を貸さずに自分の家に運んだ。さらなる屈辱を与えるために、両親は、夫に木を切りに行かせるようにと娘に求めた。娘が夫を森のなかへ連れて行くと、主人公が皮を脱いで現われ、足の一蹴りで四本の枯れ木を倒し、倒れた木はひとりでに割れて薪となったが、その嵩がきわめて小さくなったので、娘はいとも簡単に薪を荷車に積むことができた。

戻ってきた彼女が荷物をおろすと、薪はもとの大きさを取り戻し、四つの小屋が天井まで一杯になったが、そのひとつが月の小屋で、動作がのろくて身をかわしきれなかった月は、自分の巨大な睾丸に傷を負った。つぎに主人公は、雪の季節になってオオヤマネコを含む他の狩人が手ぶらで戻るいっぽう、多くの獲物を殺すのに成功した。彼の妻は、彼が獲物を追って遠くに出かけたのをよいことに、一時的に脱ぎ捨てられていた老人の皮を燃やしてしまった。主人公は、実際そうであるとおりの若く美しい男でいつづけざるをえなくなった。すべての人々は彼の妻をうらやんだが、優れた狩人となった彼が村中に肉を供給したのでなおのことだった。(128)

ここでは（テネテハラ族の動物の主（前出一一一頁）や、日本の民間伝承のタヌキのように）巨大な睾丸をもつ月は、他所では人喰いで、睾丸を食べる男とみなされている。このモチーフについてはのちに論じるが（後出一八七頁以降）、さしあたり、巨大な睾丸の所有者と月との類縁性という主題については、『食卓作法の起源』邦訳一一九―一二三頁、『裸の人』邦訳七〇七―七〇八頁、『やきもち焼きの土器つくり』邦訳二〇六―二〇九頁を参照していただくにとどめたい。

より直接的な関わりをもつのは、これまたトンプソン族、といっても川下の住人であるトンプソン族に由来するあるヴァージョンである。採集したテイトは、それを『ミミズクとツァアウズ』という題名で公表したが、彼の言明によればこの題は、何人かの過去の有名なシャーマンや戦士たちがリットン・バンド内で使っていた、固有名なのだという。

このヴァージョンは他のものと同じように始まる。ミミズクは捕まえてきた子供に食事として昆虫（あるヴァリアントでは、ヘビ）を与える。主人公は、飢えさせられていると不平を言うのではなく、ミミズクが肉や昆虫は与えてくれるが自分の望む野菜を与えてくれないと、ハシボソガラスに愚痴をこぼす。ハシボソガラスは主人公の生まれた村にそれを探しに行く。ハシボソガラスの飛ぶのを目で追うことのできたただひとりの村人は、他のヴァージョン同様、スカクク「よそ見をしない小さなミミズク」という名前だ。由来を同じくする他の諸神話によれば、それはコノハズクであるらしい[129]。主人公は、ミミズクの体外にある心臓の代わりに、ミミズクの家を燃やす。それ以後ミミズクは小さな子供をさらうことのできない鳥に変わる。

結婚したツァアウズは、毎夜、血膿にまみれた皮を脱ぎ捨て、ツノガイで飾り立てた本来の若く美しい姿を妻の前に現わす。他に最初のヴァージョンとちがうのは、狩りのあいだに主人公の脱ぎ捨てた皮を発見するのが妻ではなく、義理の兄弟たちだという点である。彼らは皮を完全に燃やし尽くすことはできず、息を吹きかけとうとう霧に変えてしまう。「このために霧はいつも悪臭を発する。すなわち、傷口と焼けた皮膚の臭いなのだ。皮を再び身につけようとしたツァアウズは、皮が霧に変わっているのに気づいた。かき集めようとしたが無駄で、霧は遠くの山々で立ち上ったり這い下りたりしていた。それゆえ彼は、若く美しい男という真の姿のままでいざるをえなくなった[130]」。

このヴァージョンの細部に注目されたい。起床した主人公は毎朝、夫婦の寝床に大量のツノガイを置き去っていく。義理の両親はそれを集めてたいそう裕福になる。この挿話は、ひとりの姉妹（妻ではなく）が、男女の接近が禁止される状況のもとで男が作りだした貝殻を手に入れるという、ツノガイを盗む女たちの神話の冒頭にある挿話と、完璧な対称をなしている（前出四五頁以下）。こちらでは正反対に、貝殻が夫婦の寝床のなかで作られるのである。

フレイザー川下流のチェハリス・ヴァージョンにおいては、この対称がもっとはっきりと現われてくる。さらわれた子供は手に負えない女の子で、ミミズクはその子を妻にする。のちに逃げだそうと考えた彼女は、小用を足すとの口実で離れたところに行き、逃亡するあいだ、小用がまだ終わっていないと叫んでミミズクを欺いてほしいと自分の尿に頼みこむ。こうして自分の村に戻ったが、両親は娘にどうしても我慢できず、夫のもとに送り返す。ある日、彼女の兄弟が訪ねてくるが、彼は、あまりの居心地のよさに、義理の兄弟たるミミズクの家に住みついてしまい、もうひとりの姉妹にもやってくるよう誘う。その娘は、美しい女友達を連れてくる。兄弟がその女友達に心を奪われて、そこを立ち去るようにという説得を受け入れることを期待したのである。実際そのとおりになった。兄弟は計略を用いてミミズクを追い払う。ふたりの姉妹と美しい娘と彼はミミズクの小屋を焼き、ミミズクの子供はそのなかで焼け死ぬ。

それに続くのは湖の挿話だが、そこで兄弟は水を飲もうとし、水中に転落してアビに変身する。しばらくのちに独り身の美しい娘が彼を人間の姿に戻してくれる。神話はこう説明している。「というのは、彼は、妻や姉妹たちがそう考えたように、溺れたのではなく、水に棲む悪霊にさらわれたのでもなかった。一羽の雌アビが現われ、アビの皮をくれて、湖の奥についてくるよう勧めたのだ。彼は同意して、それ以後雌アビと暮らしていたのである」。

主人公は自分を救ってくれた娘についていった。自分の村に入るにあたり、自分がだれか知られないままでいたいと考えた彼は、皮膚の膿みただれた男の皮をはぎ、それを身にまとった。それまで求婚者をすべてしりぞけていた娘が、このような忌まわしい夫を選んだというので、人々は彼女を嘲笑した。ふたりは村から少し離れて住んだ。主人公はひそかに水浴するために、近くの小川に行った。彼は「体をこするのにトウヒやモミの枝を用いると、尖った葉が落ちて、ツァクウェスに変わった。彼はそれらを大量にもち帰り、妻に、水底にある残りを探しに行き、いくつかを妻の両親のため妻の妹に与えるようにと言った。父親は贈り物をほめたたえ、自分の妻にこう言う。「おまえはあそこに行って、娘とその夫をこの家に連れてくるがいい[131]」。

このヴァージョンの最後の挿話が、ツノガイを盗む女たちの冒頭の挿話との対称を、細部に至るまで尊重しているのが見てとれる。

しかしながら、ツァクウェスは、異なる宝飾品のように思われる。この神話の紹介者であるヒル＝タウトはこう述べている。これは、「莫大な価値をもつ品物、海岸地方では普通見られないような一種の宝物で、たいそう貴重なのでたったひとつでも多量のブランケットに値する。わたしはこの宝が何であるかがわからなかった。というのは、「穴のあいた白い何か」なのだが、どんな種類の貝殻でもないからである[132]」。

第8章　服飾品、傷

トンプソン族のさらに向こうで、セイリッシ・グループの一番北に位置するシュスワップ族は、さらわれた子供の神話を二通りのやり方で変化させている。いっぽうではその一部を取り出して別の文脈（『裸の人』邦訳五八六―五八七頁でM_{738}として整理した神話）にはめこみ、他方では原典の豊かさをそぎ落として主人公の誘拐と解放というふたつの挿話だけに切り詰めているのである。小鳥に変換されたミミズクは、夜行性の猛禽類に割り振られた通常の機能、すなわち迫りくる死の予告者の役目を果たすようになる。そして、トンプソン族における専制者、あるいはクーテネイ族における人喰い鬼としてふるまう代わりに、シュスワップ・ヴァージョンのミミズクは、賢く力強い魔法使いという役割を演じ、主人公を隷属させるのではなく、自分の知識を授け、自分より優るようにさえしてやる。

シュスワップ族の隣人であるチルコーティン族の言語は、アサパスカン語族に属している。しかしながら彼らのもとで、さらわれた子供の神話は、いくつかの重要な変換をこうむると共に本来の豊かさをすべて取り戻している。言語的もしくは文化的な境界を、また同時に双方を、あるいはまた生態学的な境界を越える際に観察されるこの二重の現象については、これまでも幾度となく注意を促してきた[133]（前出二三頁）。

チルコーティン・ヴァージョンはつぎのとおりだ。

うまいものをやるという口実で、ミミズクは手に負えない男の子を外へ誘い出し、さらって育て、魔法を使って男の子を大きくし、ツノガイの首飾りを含むたくさんの贈り物をした。男の子の両親が息子を探しはじめた。見つけ出された少年はミミズクといっしょの暮らしが気に入っていて、ミミズクのもとを去るのにあまり乗り気ではなかった。その彼をようやく説得した両親は、ミミズクの留守を利用してその小屋を焼いた。ミミズクが追ってきたので、逃亡者たちはとある橋を渡ったところに身をひそめた。ミミズクが橋を渡りはじめたとき、主人公は指にヤギの角をかぶせた両手を振りかざして向こう岸に急に姿を現わした。恐怖にかられたミミズクは水のなかに落ち、ようやく岸辺にたどりついて追跡をあきらめた。村に帰還した主人公はもち帰った貝殻で身を飾り、それらをまわりに分け与えて、大歓迎を受ける。「そして、インディアンが初めてツノガイの殻を手に入れたのはそういう状況のもとでだった」。

ある日、母親が主人公の汚れているのを見て、水浴に行かせようとした。主人公は初め拒否したが、母親は執拗だった。彼は水に飛びこんで姿を消した。悲嘆にくれた母親は湖の岸辺にとどまって動こうとしなかった。

じきに冬になろうとしていた。村の女たちが水を汲むため氷に穴をあけに湖にやってきた。湖の底で生きていた主人公はおもしろがって女たちの桶を壊した。ふたりの姉妹が、豊かに装飾された桶を捕まえてごらんとそそのかして、彼を岸辺まで引き寄せるのに成功した。主人公は水底の泥にまみれ、皮膚はぶよぶよとなり、水中での生活のためにひどく弱っていたせいで、もはや歩くこともできなかった。ふたりの女は泥を掻き落とそうとしたが無駄で、体を温めようと彼を自分たちの小屋に運んでいき、面倒を見た。

寒さはさらに厳しくなり、雪が地上を覆った。狩りに不可欠な雪靴《かんじき》を作るための木切れを見つけることさえままならなかった。主人公は這うようにして外を歩きまわり、やっと一足の雪靴が作れる程度の木切れを探し出した。そして女のひとりに、それをもって帰り、冬の小屋に入るのに使う階段(そういう小屋は半ば埋まっていて、煙突穴から入り、刻み目を入れた木の幹で作られた階段を使って下に降りる(図10))の中途で揺り動かすようにと言った。揺すぶられた木切れはどんどん増えて小屋いっぱいになり、それでいくつもの雪靴を作ることができたが、来る日も来る日も、狩人たちは手ぶらで帰ってきた。もう食べるものは何もなかった。

ずっと無力で泥まみれだったにもかかわらず、主人公は、各人が一本ずつ矢をくれれば自分がトナカイ狩りに出かけると宣言した。カラスからもらった矢は皮製で、したがってへなへなだった。主人公は離れたところに行き、泥だらけの皮を「シャツのように」脱ぎ捨てて隠した。そして、質のいい矢一本ごとにカリブーを一頭、質の悪い矢一本ごとにコヨーテを一匹倒した。それから泥だらけの皮を再び身にまとい、それぞれ自分の取り分の動物を見つけに行くよう各人を送り出した。

主人公の狩りは毎日成功の連続だった。カラスがこっそり覗き見し、くっつき合った二本の木の幹のあいだにある泥だらけの皮を見つけだした。カラスはそれをばらばらに引き裂いてまきちらした。

だが主人公は何とかそれを修復した。次回、カラスは皮をかぶっていない主人公の前に不意に現われることにした。カラスが見たのは、美しく、たくましく、貝殻で身を飾った若者だった。それ以降、主人公は本来の姿を保ち、ふたりの姉妹と結婚した(134)。

チルコーティン族がツノガイの由来を神秘で包んだ特殊な理由については、『構造人類学II』(p. 307)と『はるかなる視線』(邦訳一五二―一五八頁、一九五―一九九頁)のなかで長々と論じた。いま考察せねばならないのは、チルコーティン神話の別の側面である。先ほど述べた制約があるせいで、ツノガイを盗む女たちという主題は、チルコーティン族のもとでその反映が見つかるとしても、仮装させられた形でしか現われてくることができない。すなわち女たちは、水浴しに行った兄弟の作り出した貝殻を水から取り出す代わりに、こちらでは、水浴したくなかった未来の夫となる他人を、豊かに装飾された桶を水のなかに沈めることによって引き出すのである。この桶により誘惑された主人公は所有欲に負けるが、それはちょうどツノガイを盗む女たちが、別種の貴重品である貝殻によりかき立てられた所有欲に抵抗できないのと似ている。

トンプソン神話は、天と地を混同させる気象現象である霧の起源を説明していた(前出一三〇頁)。チルコーティン・ヴァージョンでは、「霧の皮」が「泥の皮」に取って代わられているが、泥は地と水を混ぜ合わせたものである。霧は老人の病んだ皮膚、すなわち内的な病理を示す症状、に由来する。いっぽうチルコーティン族主人公の泥の皮は外的な起源をもつ。つまり主人公が暮らしていた水中という環境がそれであり、そのことは、女たちが泥を掻き落とそうと繰り広げるむなしい努力により強調されているとおりだ。ついでながらこれは、神話の叙述においてはきわめて些細な事柄が意味をも

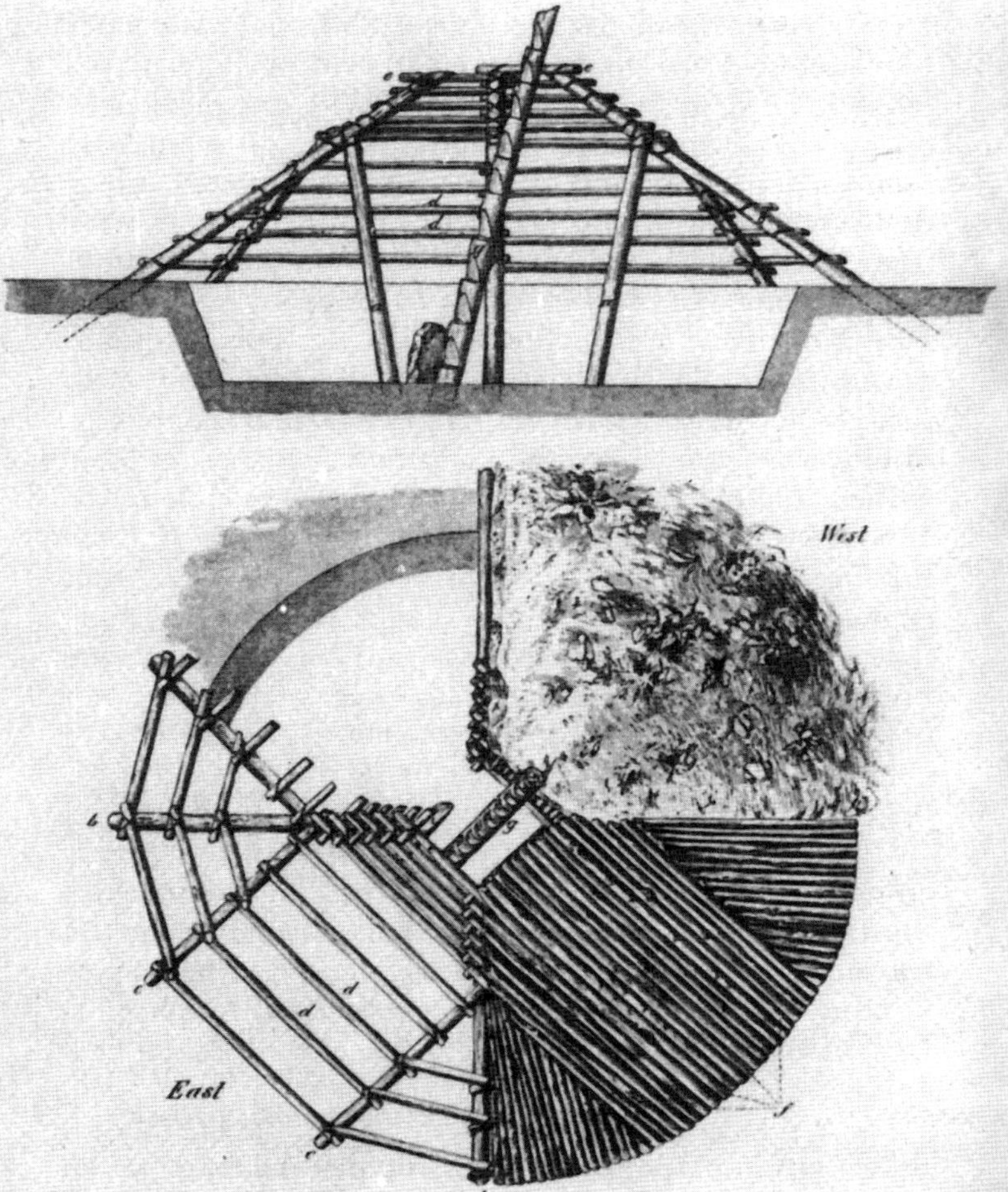

図10　半ば埋もれた〔竪穴式の〕冬の小屋

ち、何らかの機能を果たしている可能性があることを示している。

＊

もっとも目を引く変換は、主人公とその母親の（あるいは彼を人間の環境に戻す女の）水との関係にかかわっている。わたしはこの神話の五つのヴァージョンを紹介してきた。そのうち四つはセイリッシ語族に含まれる言葉を話す人々、すなわちコーダレン、トンプソン、チェハリスの諸族に由来し、残りのひとつはアサパスカン諸族であるチルコーティン族から来ている。

コーダレン・ヴァージョンでは、主人公の母親がのどの渇きを覚える。彼女は息子に水を求めるが、息子はなかなか水をもってこないか、あるオカナゴン・ヴァージョンでは母の願いを拒みさえする。(135) トンプソン・ヴァージョンのひとつはこのモチーフを水浴に置き換え、暑くなった主人公が母親の制止にもかかわらず水浴したがるとする。フレイザー川下流のチェハリス・ヴァージョンでは、ミミズクにさらわれるのが女の子であるせいで、追加的な制約が含まれてくる。それゆえ筋書きに男性登場人物を導入し、その男に妻を付与する必要が生じるのである。妻は夫に水を飲みに行かせまいとするが、それはのどの渇きを癒すものを自分で夫のところに運びたいからなのかもしれない。

これら三例においてはしたがって、主要人物はひとりの男と、近い関係にあるひとりの女、つまり母親か妻、である。ふたりの主要人物の片方――時には男で時には女――は、もう片方が示す水への欲望が満たされるのを妨げる。終わりに、この欲望はふたつの形を取りうる。つまり体のなかに取りこまれる水である飲み物への欲望、もしくは体を取りこむ水である水浴への欲望である。

コーダレン、トンプソン、チェハリスの各ヴァージョンによりそれぞれ示される以下のような三つの入れ換えに加えて、

女が　欲する　飲み物、男の　妨害
男が　—　—、女の　—
—　—　水浴、—　—

四つ目のそれの発見が予期されそうなのは明らかだ。

女が　欲する　水浴、男の　妨害

この型が調査者にまだ知られていない諸ヴァージョンのなかに現われてこない、と言い切ることは許されない。アメリカのこの地域においては、他のあらゆる地域と同様、神話全体のほんの一部分しか得られていないのを決して忘れてはならないだろう。いくつもの大がかりな調査が行なわれた時代——大まかに言って一九世紀の後半と二〇世紀の前半——にはすでに、土着の文化は消滅寸前だった。年老いたインフォーマントの数は少なく、いくつかの神話ないしヴァージョンはたぶん姿を消してしまっていたにちがいない。

いずれにせよ、チルコーティン族をトンプソン族やチェハリス族から隔てる言語学的な境界を越え

たときに出会うのが、予期された入れ替えではなく、すでに指摘されたいくつかの入れ替えからは予想もつかぬ別物なのに驚かされることに変わりない。女は自分のための水浴を欲する代わりに息子にそれを押しつけようとし（息子が汚れているという口実でだが、この非難については物語のなかで何ら説明がされていない）、拒否するのは息子なのだ。女は主体という役割から促進者の役割へと変わり、もうひとりの拒否は本人の抱く欲求の満足を目指しているのではなく、欲求の欠如を表わしている。ところで、他者に逆らって本人のため本人により望まれる水浴というのは、本人のため本人によってではなくそれを望まぬ他者のために望まれる水浴の反対物なのである。

もし、先に述べたような理由で、チェハリス・ヴァージョンの女の身元の変化を関与的でないとして無視してもよいなら、セイリッシ・ヴァージョンからアサパスカン・ヴァージョンへと移る際に見られる二重のねじれは、つぎのような形で書き表わせる。

F男（望まれる水浴）：F女（望まれる飲み物）：：F男（望まれる飲み物）：F望まれる水浴（女）⁻¹

この四つの項目は、上から下へ、それぞれ、トンプソン、コーダレン、チェハリス、チルコーティンの各ヴァージョンに対応している。

この神話集合は、その主な伝播地域の外でも消え去らなかった。北西方面ではツィムシアン族のもとで伝説的な言い伝えに変換し、キャリアー族のところでは小説的なジャンルに発展し、いっぽう、東方ではクリー族がそれをみずからの最近の歴史に統合している。この例に関しては、「神話はいかにして死ぬか」を他所で考究している（『構造人類学Ⅱ』第一四章）ので、ここでは繰り返さない。

＊

北から南までアメリカの諸神話が同工異曲であることを疑う人がいるなら、『蜜から灰へ』のM_{245}、M_{273}、そして邦訳四三六頁以降を参照してみてほしい。たしかに世界中の神話は、子供をさらう狼男に満ちている。だが、一例をあげるにとどめるなら、ギアナ神話のM_{273}と、いま要約したばかりの諸神話とのあいだには、偶然とみなすにはあまりにも精密すぎる類似が見られる。たとえば、ギアナ神話では、誘拐者が虜《とりこ》にした少女の村に侵入するのは、少女に足りないもの、つまり身の回り品、掃除道具、野菜（誘拐者は少女を肉だけで育てているから）をもち帰ってやるためであり、北アメリカ神話では、親切な人物が飢えに苦しむ虜に、小さいころ慣れ親しんだ食糧、あるいは他のヴァージョンによると猟の獲物だけからなる食生活に変化をつけるための野菜、を届けてやるため、虜の村に旅をする。

北アメリカ神話におけるふたつのシークエンスは、明らかに季節的な性格をもつ。誘拐者のもとから逃げ出した主人公は、自分の村に帰る道すがらひどく暑くなり、湖の水を浴びたい、またはその水でのどの渇きを癒したいという耐えがたい欲求に駆られる。そこで彼はアビに変身し、それにより、この鳥本来の飾りであるツノガイ＊の主となる。ところで、内陸部の湖にアビが出没するのは夏であり、湖が凍りつくとアビは岸辺で冬ごもりするのである。反対に、若い妻の村にたどりつくとき、主人公は寒いと愚痴を言い、温まるために老人の小屋に入る。彼が傷や潰瘍におおわれた皮膚をまとい、健康で貴重な貝殻に飾られた真の自分の皮膚との相反する一対を形成するのはそこにおいてである。神話のその後はすべて冬の季節のなかで展開していく。暖房用の木材の欠如、狩りを困難にする雪、などなどがそれだ。主人公が最初に変身するアビは、風を予告する。第二の変身である病んだ皮膚は、霧を生みだす。したがってこの神話は、暗々裏にないしは明白に、夏／冬、水／火、風／霧、服飾品／傷、という一連の対立を活用しており、互いに関連づけられたそれらの対立は、なじみぶかい骨組みを再び作りだす。

事実その骨組みは、『生のものと火にかけたもの』において、いくつかのボロロ神話間にある変換の関係からも浮かび上がってくる。双子であることの問題に関して見てきたように（前出、第4章）、北アメリカと南アメリカの諸神話はしばしば互いに指し示し合うのである。いまの場合、ボロロ族を引き合いに出したのが唐突であるはずはない、というのは一九六四年にわたしはこう書いているからだ。「ボロロの思考にはトゥピ神話が浸透している。どちらにおいても同じ神話が主要な地位を占める。つまり、ふたりの文化英雄の母親たるジャガーの人間妻の神話だ。そして現代のボロロ・ヴァージョンは、一六世紀にテヴェにより採集された〔トゥピナンバの〕ヴァージョンと驚くほどの類似を保っている」（『生のものと火にかけたもの』邦訳二〇八頁）。

今度は別のボロロ神話ふたつについて考察しよう。ひとつは水と服飾品の起源に（M_2、邦訳七二―七三頁）、もうひとつは病気の起源にかかわっていて（M_5、邦訳八七―八八頁）、それらが同じ変換に属することはすでに示してある。どちらの主役も、「美しい皮膚」を意味するビリモッドという名の

（すでにこの名によって、「妻と同じくらいなめらかで柔らかな」[137]美しい自分の皮膚を、血膿にまみれた老人の皮膚の下に隠す北アメリカの主人公がずいぶん近しくなる）男性もしくは女性の登場人物である。ボロロ神話M_5では、「美肌」という名の女が種々の病気を分泌する。病に冒された体をもつこのボロロ神話の女主人公は、虹に姿を変えるのだが、ギアナからチャコに至る南アメリカ各地で確認されている信仰によれば、虹はさまざまな病気の原因なのである（『生のものと火にかけたもの』邦訳三四七―三五三頁）。

しばしば熱を温かい衣服にたとえるアメリカ・インディアンの思考では、自然の衣である傷やその他の皮膚疾患と、同じく外部から見える文化的な衣である服飾品とが、対比されたり関連づけられたりする。＊後者の衣には、着用者の生命力を高める魔術的な効果があり、反対に前者の衣は着用者を弱らせる。しかし、互いに逆方向の動きをするとはいえ、どちらも生と死の中間にあるものなのだ。したがってそれらは、形式的見地からは天と地のあいだにある虹や霧に匹敵する、中間的な地位を占めている。

しかしながら、ふたつの半球それぞれの神話間には相違があるのに気づかねばならない。服飾品から病気（あるいはその逆）へ移行するのに、南アメリカの変換は、少なくとも外見上別々のふたつの神話を必要とする。それに対応する北アメリカの変換は神話をひとつしか必要とせず、その神話では

＊（一四一ページ）「アビは友人たちを殺して食べるのをつねとする偉大なシャーマンだった。彼は、加入儀礼の試練のあいだ、指先で自分の体に触れ、そこに白いしるしをつけた。ウタムクト族のなかには、アビの体の白い斑点は当初はツノガイだったと述べる人々がいる」[136]。

傷と服飾品とが同じ骨組みのなかに包みこまれている。この紛らわしさこそが、本書でとりあげる神話集合全体を通じて女主人公の人格——あるいはふたりの女主人公のそれ——が揺れ動いている理由を理解させてくれる。そこでは警戒心が強く結婚に逆らう若い娘が、慎みのなさから危うくインセストを引き起こしそうになる厚かましい妹に変化するのである。ところで、これらふたつのタイプの女主人公が登場する神話では、彼女らはそれぞれ傷、もしくは服飾品と結びつけられている。心ならずもオオヤマネコと結婚させられた警戒心の強い娘は、オオヤマネコの面倒を見、彼が受けた傷を治してやる。慎みのない妹の方は、主人公から彼が作り出した服飾品を奪い取る。

神話の弁証法はそこで立ち止まらず、変換のその後の段階で、姉妹は奔放すぎる動作でもって主人公に、彼が失った人間の姿を返してやる——あるいは自分の代役がそうすることを許す——のだが、この意味で彼女は主人公を治している。同じく、求婚者をすべて退けていた若い娘はいままでの自分の逆となって、最低最悪の男を選び、そのおかげで豪華な服飾品を得るが、それは自分が個人的に使うためでも、両親の意思に逆らってでもなく、両親の利益のためであり、かつ両親のあずかり知らぬところでなのである。

F 傷（警戒心の強い娘）：F 服飾品（慎みのない姉妹）：：F 傷（慎みのない姉妹）：F 警戒心の強い娘[−1]*（服飾品）

＊

いましがたたどりついた変換は、分析の必要上継起する複数の状態に切り分けざるを得なかったひ

＊（一四三ページ）　わが国の俗語でも同じ現象が見られる。「ルビー」という項目の下に、『リトレ』はこういう意味を挙げている。「鼻や顔の上にできる赤い吹き出物ないし発疹」また、「真珠」の項には「角膜の白斑の俗名のひとつ」とある。医学用語は、宝石職人の仕事から引き出された比喩に満ちている。「真珠様小胞」「腕輪型疼痛」「メダル型病変部」「首飾り型発疹」などなどだ。外科医は「傷口を固定する〔ここで固定すると訳した sertir は元来宝石を台座にはめ込む意〕」。

すでに要約したトンプソン神話のあるヴァージョン（前出一三〇頁）は、それとの同質性を感じさせる。「ツァアウズは傷や膿胞を脱ぎ捨て、代わりにツノガイを身につけて現われた。翌日の朝になるとツノガイは落ち、人々がまだ目を覚ましもしないうちに彼はまた新たに傷を身にまとった。四夜続けざまにそれが起き、ツァアウズの義理の両親はツノガイをたっぷり貯めこんだ」。

＊　この定式は一九五五年にはじめて提示され（『構造人類学』邦訳二五二頁）、冷笑的に迎えられたが、しばらく前から再び注意を引くようになり、農村構造から『コギト』誌に至るまでのきわめてさまざまな応用が行なわれた。参照は以下のとおり。R. Bucaille et al., *Pigeons de Limagne*, Université populaire de Clermont-Ferrand, 1987, p. 140; J.-F. Bordron, *Descartes. Recherches sur les contraintes sémiotiques de la pensée discursive*, Paris, P.U.F., 1987, p. 80-82; J. Petitot, « Approche morphodynamique de la formule canonique du mythe », *l'Homme*, n°106-107, 1988, p. 24-50; Mark S. Mosko, *Quadripartite Structures*, Cambridge University Press, 1985, p. 3-7; « The Canonic Formura of Myth and Non-Myth », *American Ethnologist*, 18/1, 1991, p. 126-151; A. Côté, « L'Instauration sociale. Du schème canonique à la formule canonique », *Anthropologie et sociétés*, vol.13, n°3, 1989: 25-36.

本書の他の箇所におけるこの定式の使用については、必ずしも記号に書きかえる必要を認めたわけではないにせよ、つぎのページを参照のこと一五〇、一八三、一九三頁の注、二一二頁以下。

とつの神話集合のまとまりをゆるぎないものにする。それゆえ、俯瞰的な見方を試みてみよう。するとこの神話集合は、神話的想像力がそのあらゆる道筋を探っていくようなネットワークという外観を呈する。コヨーテへと向かう道筋が途中で消えているのに気づかれるだろう。その理由はすぐに明らかになる。なぜなら、すべてのネットワークは、病気の老人としてであれ、身をやつした主人公としてであれ、オオヤマネコという人物をめぐって整理されているからであり、コヨーテの方は、(これまで本書がとりわけ問題にしてきた霧の起源ではなく) 風の征服に関する並行したカテゴリーにおいて主要な役割を与えられることになる。

きわめて単純な物語——オオヤマネコのそれ——から出発した本書では、あたかも各段階で神話的想像力が、未完成の下絵の空白部分を埋めるために、新たなモチーフを作り出すのに専念したかのように、それが徐々に豊かになっていくのがながめられた。オオヤマネコの物語はまずはオオヤマネコとコヨーテの物語に姿を変える。つぎには可能なふたつの型の展開が現われるが、それは、女主人公もしくはふたりの女主人公が警戒心の強い娘であるか、慎みのない姉妹であるかによる。その結果としての神話集合は、別のさらに広範な集合、すなわちミミズクにさらわれた子供の神話、に組みこまれていく。つぎのページの図式は、複雑な形の数々がもっとも単純な形の上に、つまりネットワークの左の枝々が右の枝に、いわば接木されていく仕方を示している。

最後に、ここに二次元で描かれたネットワークは、基本定式の援用に示されたようにいくつかの次元を必要とするかもしれない、ということに注意がいるだろう。図式の左側では、ツノガイの貝殻が結合要素としてポジティヴな機能をもつ。慎みのない姉妹たちが登場する右側では、ツノガイはネガ

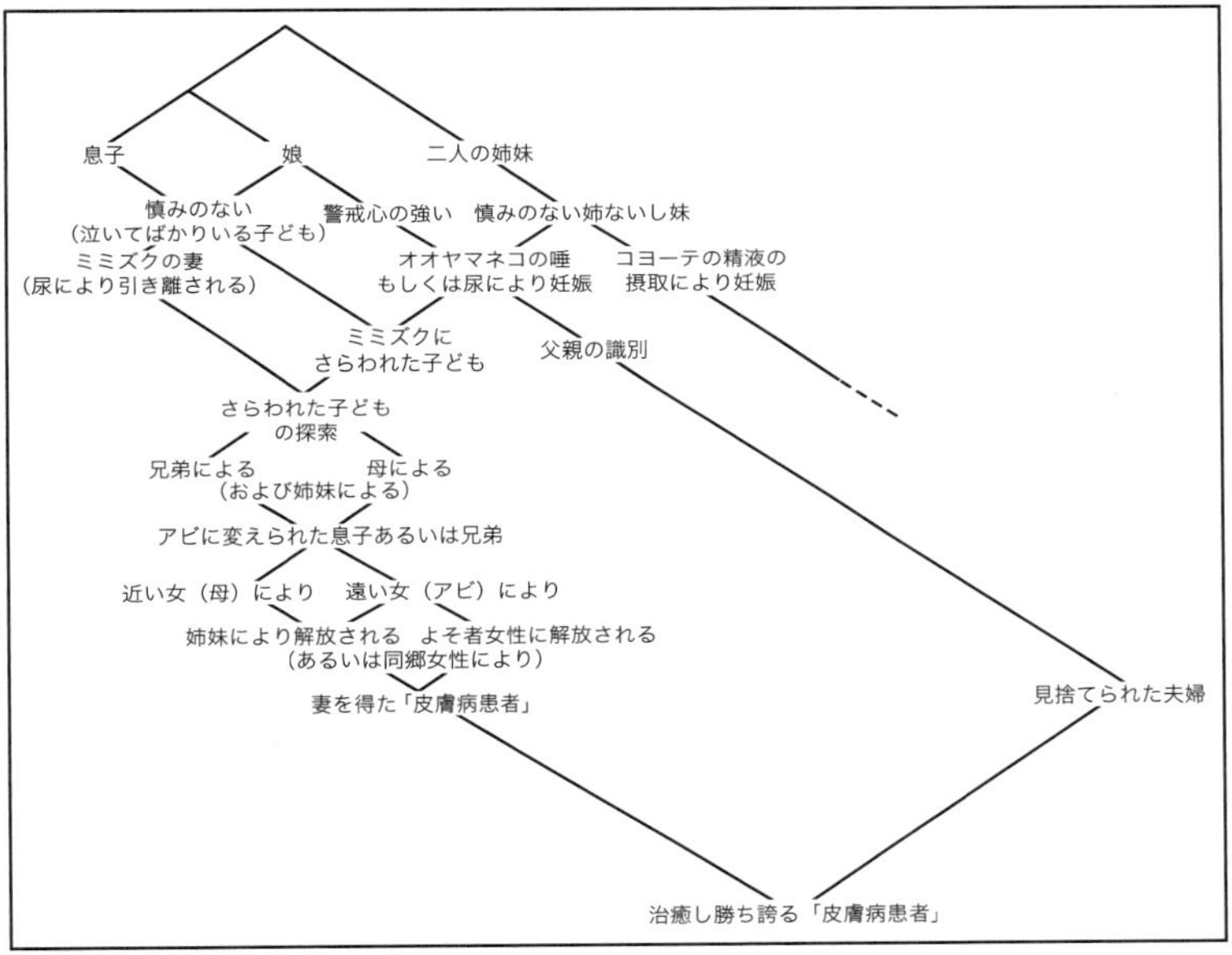
息子
娘
二人の姉妹
慎みのない
（泣いてばかりいる子ども）
警戒心の強い
慎みのない姉ないし妹
ミミズクの妻
（尿により引き離される）
オオヤマネコの唾
もしくは尿により妊娠
コヨーテの精液の
摂取により妊娠
ミミズクに
さらわれた子ども
父親の識別
さらわれた子ども
の探索
兄弟による
（および姉妹による）
母による
アビに変えられた息子あるいは兄弟
近い女（母）により
遠い女（アビ）により
姉妹により解放される
（あるいは同郷女性により）
よそ者女性に解放される
妻を得た「皮膚病患者」
見捨てられた夫婦
治癒し勝ち誇る「皮膚病患者」

図11　神話集合のネットワーク構造

ティヴな機能を果たして、盗む女たちをその両親から引き離している。図式を分析すれば、図による制約から表現できない他の諸次元が容易に指摘されることだろう。

第9章　根の息子

ネットワークの連結のもっとも密な部分において、主人公は互いに呼応しあうふたつの変換をこうむる。第一に彼はアビに姿を変えるかもしくは変えられるが、これは、その美しさが高く評価され、また首のまわりの羽毛がツノガイの首飾りに似ている鳥である。この変身により、主人公がのちに服飾品の主にして配給者となることが説き明かされるのだが、そこに行きつく前に、彼は病に侵された傷だらけの老人に姿を変えている。つまり、すでに見られたように、傷は服飾品と共に、対立と相関の関係にある対を形づくっているのである。

第一の変換に注目しよう。諸神話において、変換はふたつのやり方で起こりうる。すなわち、近い女――母親――が主人公を水鳥に変身させて遠ざけるか（いっぽう彼女自身は地上の鳥に姿を変える）、反対に、遠い女――アビ――が主人公を同族に変えて自分に近づけるかである。

互いに逆になっているこれらふたつの公式は、実際には三角形をなす体系に属しているのだが、ここでその理由を思い出す必要がある。本書で扱っている地域の南では、北カリフォルニアからオレゴンの南まで広がるある有名な神話に、インセストの欲望に駆りたてられ、最後にはアビに姿を変える姉妹のうちのひとりが登場する。つまりそこでは、近い女が主人公を自分から遠ざける代わりに自分自身が離れて行っており、みずからの変形の原因たるインセストに駆られる姉妹というこの立場は、どちらも他者の変形の原因たる分離する母親の立場と、結合するよその女のそれと相並んで、三重の対比をなしているのである。

『裸の人』（邦訳四三一―一七七頁）で長々と考察したこのアビ女の神話は、トンプソン族やリルウェット族のところにまで影響を及ぼしている。主役たちが最初アビとして現われる（そのひとりが最後にアビになるのではなく）彼らの神話は、アビ女の神話を再現し、逆転させている。すなわち、人目から隠されているのは娘であって息子ではなく（息子の名は大部分のヴァージョンでオオヤマネコとなっている）、またインセストを犯した実の兄弟姉妹の遠方への逃亡が、家族の天への逃亡の置き換えであり、さらに、罪あるふたりが自殺を図って火中で焼け死ぬが、これは罪ある者が身内全員を滅ぼすために起こす火事の代わりとなっている、などである。(138) この神話には再度出会うことになるだろう（後出二一九頁以下）。

南北両アメリカにもっとも広く分布する神話のひとつは、* さまざまな口実のもとに家を離れ、誘惑者の動物に会いに出かける妻を女主人公にしており、その動物は南アメリカの諸ヴァージョンではヘビもしくはバクで、シベリアに至る北アメリカのそれではヘビ、クマ、水に棲む魔物などである。真実を知った夫は、妻の衣装をまとい、妻がいつもしているように呼びに行って、動物を殺す……。多くのヴァージョンで、夫が動物の性器を料理して妻に食べるよう強いることが語られている。この重要な神話グループに関して読者は、『生のものと火にかけたもの』邦訳三七五―三七八頁、『蜜から灰へ』邦訳三四一―三五五頁を参照されたい。セイリッシ語族の人々はこの神話をよく知っている。[139] ところで、トンプソン族の隣人であるリルウェット族は、誘惑者としての動物の役割をアビに与え、少なくとも特異と言ってよい状況のなかにアビを介入させている。女は毎日スケムトク（キバナカタクリ *Erythronium grandiflorum*）の根を採集しに水辺に出かけていくのがつねだった。彼女の心をとりこにしたこの植物のおかげで、ある日彼女は性的な欲望をそそられる。彼女は湖に突き出した平たい岩の上に横になり、自分を満足させに来てほしいと水に棲む者に呼びかけた。一羽のアビがその役割を引き受ける。[140]

ヨーロッパではただひとつの種で代表されるが、アメリカ大陸では一五ほどの種が見られるカタクリ（*Erythronium*）属はユリ科に属している。仏語名「犬の歯（ダンドシアン）」や英語名「犬歯スミレ（ドッグトゥースヴァイオレット）」（英仏共に「毒蛇の舌」「シカの舌」とも呼ばれる）は、その球根の形と白い色により説明される。** キバナカタクリは、ブリティッシュ・コロンビアやオレゴンのまばらな林や、草の生い茂る草原に多く見られる。その球根はたいそう小さいらしいが、インディアンがせっせと捜し求めるのは、早生だからである。彼らはそれを煮るか生のままで食べるかする。クワキウトゥル族によれば、暑い時期には特に生で食べることが多いが、それは口当たりがさわやかでミルクのような味がするからだという。[141]

＊　以下のページは、メレチンスキー教授に献呈された本のために書いた文章に手を入れて発展させたものである。

リルウェット神話では、植物が女性に誘惑的な力を及ぼし、それがやがて水鳥という形を取って現われるのである。植物の誘惑者という一見わかりにくいこの概念はどのように解釈すべきだろうか。むろんのこと、カタクリ属の球根と、形、大きさ、そして色の面でそれと似通っているツノガイの貝殻とを等価とみなしてもよいかもしれない。カタクリ属についての言及はないものの、薄皮が苦いためビター・ルートという英名をもつレウィシア・レディウィウァ（*Lewisia rediviva*）の根については、民俗学的文献のなかにこの類似が報告されている。スベリヒユの一種であるこのレウィシア・レディウィウァは、同じく春に採集され、栄養価の点で名高い。ネズパース族の語るところでは、「乾燥させた根一オンスで一食分に足りる」のだという[143]。取り得はそれだけではない。「ビター・ルートはその一部が心臓形をしていて、フラットヘッド族（セイリッシ語族の最東端に位置する人々）は、この「心臓」のおかげでビター・ルートが他のあらゆる植物より上位にあり、おそらくは魂や感覚すらもそなえていると考えていた[144]」。オカナゴン族に言わせれば、それはすべての根の女王であって、「乾かすと、形や大きさがツノガイに似ていた[145]」のである。

それに比肩する情報の欠けているカタクリ属の植物に話を戻そう。いずれにせよつぎのことは明らかだ。要するに、植物の誘惑者というモチーフにより、このリルウェット神話は、動物の誘惑者が登場する全アメリカ的な神話グループと、より限定的な――事実セイリッシ語を話す人々に固有な――ある神話グループとのあいだの接点をなしているのである。アメリカの神話誌家たちは、後者のグループに、チャイルド・オブ・ザ・ルートつまり「根の子供」というコード名を与えている。

リルウェット族、トンプソン族、シュスワップ族、コーダレン族のもとで確認されるこの神話では、求婚者すべてを退けた若い娘が、結婚を望んだときに根を相手にするしかなかったことが語られており、またあるいはせっせと根を採集していた女がそれらの根のひとつと交わりたいという欲望に駆られるという展開や、さらに、森のなかで道に迷い、独りぼっちで暮らしていた女がそういう結合を甘受したという展開も見られる。女には息子が生まれ、母親のそばで成長した。父親がいないのに驚いた息子は、母親を問いただし、母親は最初偽りの答えをする。ついに真実を教えられた（夢により、もしくは遊び友達のからかいにより）息子は、母親を湖で溺れさせるか、石に変える、あるいは単にそのもとを立ち去る。「それ以後女たちは根と交わることも、根に子供を与えることもなくなるだろう」[146]。当初は独りで、その後は自分と同じ偉大な「変形者」と組んで、根の息子は、世界を秩序立て、生き物や物体に現在の外観を与えるのに貢献する。彼はいくつもの奇跡を行なうが、とりわけ太陽の運行を止め、危うく宇宙起源の大火事を引き起こしそうになる。その後、彼は太陽の動きをもとどおりにし、天候は再び穏やかになった。彼はまた、地面を足で踏みつけて泉を噴出させることもできた。

＊＊（一五一頁）「球根は〔…〕白人が利用するには小さすぎ〔…〕ピーナツ豆くらいしかない」とテイトは述べるが、ターナーの会ったトンプソン族のインフォーマントによれば、時には「親指ほどの大きさ」になることもある。掘り出されたばかりの球根にはおそらく毒があるらしく、いくつかの情報によれば何日か寝かせておく必要があるという。その間に球根に含まれるイヌリンがフルクトースに変わるのである。そうなると球根は甘みを帯びる。トンプソン族の子供はそれを、英語の「キャンディー」に当たる言葉で呼んでいる。ブシャールとケネディは、シュスワップ族においてカタクリ（*Erythronium*）属の最初の収穫に捧げられた儀式がかつて存在したことを指摘している[142]。ドロシー・ケネディ夫人はカタクリ属の民族植物学に関する最近の、もしくは入手困難な資料のコピーを提供してくださった。ご好意にあらためて感謝したい。

いくつかのヴァージョンによれば、一匹の雌カエルが顔に飛びついてその顔を永遠に醜くしてしまったのち、彼は月になったとされる。

これらの偉業に関し、指摘すべき点がふたつある。仲間の渇きを癒すために泉を噴出させる力は、同じくトンプソン族由来の神話のなかで、仲間を暖めるために切り株を足で蹴って火を噴き出させる（前出三三頁）コヨーテの息子の力を思い出させる。すなわち、互いに逆で、いっぽうが夏、もういっぽうが冬であるふたつのシークエンス——第二のシークエンスはコヨーテへと関係づけられている——から考えて、根の息子はオオヤマネコの側に置かれるのである。

問題の神話におけるもうひとつの挿話も同じ方向に向かう。なぜなら、コヨーテが慎みのなさのせいで月の役割を果たしそこねたのちに、根の息子が月となるからである。ところで、クーテネイ族の諸ヴァージョン（前出八九頁）は似たような挿話で締めくくられる。コヨーテはひとつには慎みのなさから太陽としては受け入れられず、あるヴァージョンでは、オオヤマネコの双子の息子がひとりは太陽に、もうひとりは月になっているのである。(147)

神話では主人公が、しばしば父である植物の名前カワラボウフウ（*Peucedanum*, L. = *Lomatium*, Raf. *Lomatium* は種子の形を暗示する「へり」の意味のギリシア語から来ている）で示されている。このセリ科の属は地域の人々のなかで重要な地位を占める。第一に食糧として、古いテクストではコウセ（ネズパース語や他の類縁言語におけるこの植物名コーウィッシにちなむ）と呼ばれる。英語でビスケット・ルートと称するのは、ネズパース族がその根をすり鉢ですって長く細いガレットを作り、かまどにかけてとろ火で焼くからである。三月から五月にかけて採集されるこの根は、ヒナユリ（球根をもつユリ科の植物）の季節が訪れる前の、主要な植物性食品のひとつとなっていた。

カワラボウフウ属には、あらゆる種類の医学的効能も付与されていた。不妊症、咳、頭痛、低年齢の子供たちの不眠などに効くとされていたのである。* だが、この植物の効能はとりわけ魔術的な領域にあるのかもしれない。あるトンプソン神話によれば、この植物は奇跡的な力を与え、そればかりを食べる男や女を不死にする。[149] その根をかみつぶし、口から吐き出すと風や嵐がぴたりと静まる。[150] フレイザー川下流やヴァンクーヴァー島に住む人々の儀礼においては、カワラボウフウ属は別の役割を演

＊　この神話の諸ヴァージョンに出てくるのは、より正確にはペウケダヌム・マクロカルプム（*Peucedanum macrocarpum*）つまりロマティウム・マクロカルプム（*Lomatium macrocarpum*）である。この植物の俗称であるホッグ・フェンネルは、フランス語でのカワラボウフウ属の俗称であるブタのウイキョウ、ブタの尾などに対応している。トンプソン族にとってもそのまっすぐな根が重要な食糧資源であったにもかかわらず、彼らはそれを過度に摂取すると、アローリーフ・バルサムルート（*Balsamorhiza sagittata*）の場合と同じく、夢うつつの状態を招くと考えていた（Turner, Thompson, Young: p. 155）。

カワラボウフウ属は古いヨーロッパの思考において、インディアンの場合と同じほど大きな場所を占めていたように見える。A・デュピネによるプリニウスの翻訳（一五八四年）の索引には、三〇近い参照が見られ、カワラボウフウ属の油が効かないような何かはあるのだろうかと自問したくなるほどだ！

主なテクストを要約しよう。「ブタの尾［…］茎は細長くウイキョウのそれに似ている［…］根は黒色で太く大きく、汁をたっぷり含んでいて、いやなにおいが強い。（掘り出すときには）香水をつけ、バラ油を塗る必要がある［…］。汁や根の強烈さによりめまいが起きるといけないからである……[148]」。

ロマティウム（*Lomatium*）属のアメリカ産のいくつかの種も、同じく毒性がある。特に、ロマティウム・ディセクトゥム（*Lomatium dissectum*）は、コロンビア川中流のインディアンにより、魚を麻痺させるための漁用の毒として用いられた（Hunn: p. 113）。

じていた。トンプソン族やリルウェット族のすぐ近くに住むソンギッシ族は、その年初めて獲れたサケへの捧げ物として、カワラボウフウ属を焼いたのである。それは最強の魔術的呪物のひとつであって、幽霊を追い払うためにも焼かれた[151]。カワラボウフウ属を何種類かの薬用に用いたヴァンクーヴァー島北部のクワキウトゥル族は、それぞれの場合にふさわしい祈禱をこの植物に捧げていた。また彼らは海の怪物を追い払うためにその種子をかみつぶして口から吐き出してもいた[152]。

サンポイル族とネスペレム族は、初物のサケへの儀礼を行なうセイリッシ語の人々としては、もっとも奥地に住んでいたと思われる。おそらくは自分たちの地域にカワラボウフウ属が乏しいか、見られないかの理由で、彼らは別の植物を代用品とした。それが、ある調査者によってヒマワリ（*Helianthus annuus*）と特定されたヒマワリ属の一種だというのは、誤りであるように見える。実際にはそれと同じ科の隣接する属なのではなかろうか。つまり、英語でバルサム・ルートと呼ばれるバルサモルヒザ（*Balsamorhiza*）属のことである[153]。

この属はインディアンにとって、三月から採集できる食用植物として、また薬用植物、さらにとりわけ魔術的な効能を備えた植物として、多大な重要性をもっていた。トンプソン族では、「女たちはそれらの根を採集もしくは料理する際に、あらゆる性関係を絶たねばならなかった。料理の際には男が竈に近づくことは禁じられた。採集に出かけるに先立って、女たちは顔全体を赤く塗るか、両頰に赤か黒の大きな印を描いた［…］。〔根から作るパンが〕うまく焼きあがると、その上に小便をかけたとされるコヨーテのおかげだとみなされることも時にはあった」。トンプソン族は、バルサモルヒザ──サンポイル族によれば「サケの植物」──を、「あらゆる神秘中最大のもの」とみなしていた。

若者があれこれの果物や根を最初に味わう際、祈りを捧げるのはこのバルサモルヒザ属に対してだったのである。[154]

したがって、信仰により最上位にランクされる植物が二種あるわけで、それらには魔力が付与され、崇拝の対象となり、また初物のサケへの儀礼において相互の置き換えが可能となっている。* それらには何か共通点があるのだろうか。そしてそうだとすればそれは何なのか。

カワラボウフウ（プーセダン）という名は、「マツ」、「松脂」の意のペウケから派生した「苦い」を意味するギリシア語ペウケダノスから来ている。実際この根の味や香りはそのとおりで、ディドロ－ダランベールの『百科全書』にも詳しく説明されている。「長く大きな根でひげがあり、内部は黒く、多汁で、切込みを入れると松脂の強い香りと共に黄色い液体が流れ出る［…］種子は［…］えぐみがあってほろ苦い」。一九世紀の末、ピュージェット湾のインディアンのもとにいたひとりの宣教師が、この種子の強烈な――本人によればピリッとした――味を書き留めている。[155] 植物の緑色の部分につい

---

* 『スクォーミッシ語』（The Hague-Paris, Mouton&Co., 1967）という著作の p. 356 で、A. E. Kuipers は、スクォーミッシ語で「ヒマワリに似た植物」を意味する言葉と、カウイチャン語でカワラボウフウ属を指す言葉が、同じ *q'ẽx.mi'n* であることを指摘している（トンプソン語の *q'áqme?* = *Peucedanum leiocarpum* を参照）。最近の調査の際に質問を受けたトンプソン族の女性インフォーマントは、「バルサム・ルート（*Balsamorhiza sagittata*）が、同じくまっすぐの大きな根をもち、苦味があって咳の治療薬に用いられる *Lomatium dissectum* と共通点があると考えていた」。
いずれにせよ *Balsamorhiza sagittata* に関して彼女はこう述べている。「それは親玉（ボス）で、似たような親類がたくさんあります」。*Lomatium dissectum* を知らなかった別の女性インフォーマントは、この種の現地名がヒマワリの根を指していると考えていた（Turner, Thompson, Thompson, Young: p. 154, 156, 176）。

ては、シュスワップ族の観察者がカンゾウの味がすると述べている。[156] したがって、カワラボウフウのアメリカ種はこの点で、旧世界のペウケダヌム・オフィキナレL.（*Peucedanum officinale, L.*）に似通っている。そして、文字通り訳すと英語のバルサム・ルートになるヒマワリ属（Helianthe）の学名〔*Helianthus balsamorhiza* を指す〕は、これまた特徴的な香りと味にかかわっている。

今度は同じく苦い強烈な味のするもうひとつ別の植物を紹介しよう。この植物は現地人の思考により、ビター・ルート（*Lewisia rediviva*）同様ツノガイの貝殻に結びつけられており、カワラボウフウ属やヒマワリ属のように、初物サケへの儀礼において主要な地位を占めている。セイリッシ語を話す諸族の信仰や儀式を、カリフォルニアの北部海岸に住むユーロク族のそれと対比するのが興味深いことはすでに指摘した（前出五七頁）。さらにいえば、その点でわたしはクローバーの有名な例に従っただけなのである。[157]

ところで、ユーロク族は、信仰においても儀礼においても、野生のシシウド属（*Angelica*, sp.）に重要な地位を与えている。この植物を燃やすと特殊な効能をもつ煙が出てくるが、それは、インディアンたちのとてつもない情熱の的だったツノガイの貝殻に恵まれるという効能である。あるシャーマンがみずからの職業に関する思い出を語っている。「わたしはシシウド属の根を竈の四隅に置き、こう唱えながらそれらを炎に投げこんだものです。このシシウドは天の中心より来たるもの。そこではツノガイやキツツキの皮（これもインディアンが珍重した宝物）がその葉を食す。これが［竈の熱で］かくもしおれたるはそれゆえなり。わたしは儀式を執り行なっている家にツノガイがやってくるように、燃えている根の煙を吸いこみました」。[158] あるトンプソン神話が、カワラボウフウ属のみで身を養う人間に超自然的な力を約束しているとすれば（前出一五五頁）、ユーロク神話のひとつは、唯一の食物としてシシウド属の根を食べる人間に同じ力を付与しているのである[159]。

ユーロク族は、最高に貴重な宝物とみなす巨大なツノガイを、漁で獲る魚になぞらえている。初物サケの儀礼では、サケをシシウド属の根を燃やす火の上で料理する必要があり、また、シシウド属は賭け事での大勝利をもたらす。したがって、ツノガイの貝殻、魚、そしてシシウド属のあいだにはつながりが存在する（シシウド属の香りを放つサケ科の魚は、超自然的由来をもつ出来事の前兆となる[160]。しかしながら、炭化した薪にシシウド属の根を混ぜると、その上で料理される魚にはひどくいやな味がつき、初物のサケを食べるのは試練となる[161]。あるインフォーマントは子供時代を思い出してこう語っている。「自分の取り分を三口で呑みこむことができれば裕福になれると言われています。［…］でも、父は一口しか口に入れることができず、呑み下すのに苦労していました。薪の火ではなくシシウドを燃やす火の上で料理したので味が強烈すぎたのです。それを一度にたくさん呑みこむことが難しいのは、うまく行けばきわめて大きな恵みにふさわしいからにほかならないと思います[162]」。

＊

ここでかなり前に戻ろう。というのは、おそらく脱線と見ては誤りであろうこれらの植物学的な考察が導き出されたのは、同様に本書の冒頭で扱った神話のひとつに「クマ細胞」が存在したからなのである。その神話に沿ってわたしが強調したのは、クマは必ずや針葉樹の薪をくべる土の竈で料理されねばならず、その薪のせいで肉には樹脂の味がつき、その味が、昔の旅行者の証言どおり、大半の白人にとってはひどく不快であるということだった（前出一九頁）。このやり方は、北アメリカの北部地方全体を通じて決まりとなっていたかに見える。カナダ東部に住みアルゴンキン語を話すモンタネー族について、ルジューヌ神父は一六三四年にこう書いている。「クマをご馳走に供するにあたり、そのクマを殺した人間が、内臓をマツの枝にかざしてあぶり焼きにした」[163]。いまここでとりあげている西部地域では、数多くの神話が、クマの料理とその決まりを、「焼け石上での料理」という名の老人が始めた行為にさかのぼるとしている[164]。このモチーフを逆転させている神話もある。つまりそこではクマが、煮えたぎる樹脂と真っ赤に焼けた石を呑みこまされて殺されており[165]、したがってクマは、樹脂に富む薪の火から生じてそこに置かれた石に蓄えられる熱を利用する、土の竈であるかのように扱われているのである。

似たような決まりはシベリアにおいても注目されていた。サハリンのニヴヒ族のもとでは、クマ祭りのさい、モミとモミの枝がさまざまな形で儀礼に利用された。ギリヤーク族は「クマの竈」にモミの枝をくべたが、モミの木の常緑の針葉が、この動物に伝わっていくと期待される生命力を暗示したのである。ケット族はクマを「山の火」で料理しており、これにも同じくモミの枝がくべられた[166]。

まさにアメリカにおいて、あるネズパース神話が解釈の手がかりを与えてくれるかもしれない。動物と植物が言葉を発していた時代、針葉樹だけが火を所有しており、自分の同族以外はどんな生き物にも火を渡そうとしなかった。ひどく寒い冬が訪れて、暖房がないためにすべての生き物が命を落としそうになった。マツたちが暖かな火を囲んで集まっているとき、ビーバーが薪の燃えさしを盗んで、他の木々に火を分け与えた。今日ふたつの木片をこすり合わせて火を作ることができるのはそんなわ

けなのである。(167)

こうして、針葉樹の薪による火が原初の火として現われる。* クマの供犠あるいはその肉の単なる摂取が信仰や儀式の中心的な位置を占める場所ではどこでも、** クマを料理するというような晴れがましい場合に用いることが可能なのはその火だけだったが、それはそこから説明されるのかもしれない。北アメリカの北西部において唯一それと比較できる項目は、初物サケの儀式である。しかも双方は共存しうる。儀礼的なクマ料理に原初の火が用いられるとすると、前文化的な道具――人工の小刀の代わりにムール貝の貝殻――や太古的な語からなる語彙の使用が定められている初物サケの儀式におい

* アステカ族は、四辻にしつらえられたテスカトリポカの聖域に、各月の最後の五日間、モミの枝を置いた。状況が異なる場合、モミの枝という儀式的な捧げ物を、より豪華にするならケツァールの羽、地味にするならイグサで置き換えることが可能だった（Sahagun, *Historia General*, etc.; L.III, ch.ii; L.VII, ch.ii）。朝鮮の民話では、人類の数を増やすように求められた兄と妹が、みずから火をつけた遠くのモミの木二本の煙を模倣して結ばれる（In-hak Choi, *A Type Index of Korean Folktales*, Seoul, Myong Ji University, 1979, n°725）。そしてプルタルコスは、デルポイにあるアポロン神殿では「永遠の火を絶やさないためにモミの木しか燃やさない」のはなぜだろうと自問している（*Que signifiait ce mot Ei*, etc., in *les Œuvres morales* (trad. Amyot), Paris, 1584, Tome I, Supplément, p. 162）。

** クマ祭りが広まっている地域とはかけ離れた合衆国の南東部で、最初の火を作り出したのが蹠行動物〔霊長類、クマなど足裏全体を地面につけて歩く動物〕とされているのは注目に値する。かつてはクマのみが火を所有し、クマたちはつねに火をもち歩いていた。あるとき彼らは火を地面に置き、ドングリを食べにそこを離れた。火は消えそうになり、助けを呼んだ。人間たちがそれを見て燃料を加え、火は勢いを取り戻した。クマたちが火を取りに戻ってくると、火は、クマたちとはもう一体ではなくなったと言う。それ以後火は人間に属するようになった。(168)

ても、それと類似の現象が見られるのではないだろうか。

しかしクマを針葉樹の薪で料理することの説明がつくならば、初物サケを料理するのに、その薪に代わってカワラボウフウ属やヒマワリ属、そしてシシウド属の根が用いられたのはいったいなぜなのだろうか。わたしは、それらの植物が、料理された肉に樹脂の味をつけるという点で共通していることに注目した。関与的な特徴がそこに見られるのである。したがってそれらは初物サケの儀礼において、シベリアからアメリカ東部に至る諸地域でクマを儀礼的に料理するさいの定番の燃料となっている針葉樹の枝と同じ役割を果たす。針葉樹の枝とそれら三つの植物は、隠喩的な関係を保っているのだ。とはいえ、カワラボウフウ属、ヒマワリ属、シシウド属のなかに、マツやモミの薪の比喩的なイメージを見るべきだとすれば、*ふたつの結論が導き出される。

第一に、初物サケの儀礼は、それ自体がクマの儀礼の隠喩的な置き換えとして現われてくるだろう。すなわち、経済の基盤を主として漁におく人々のあいだで、それはクマの儀礼の等価物もしくは代替物となる可能性がある。北アメリカの北西部ではそれらふたつの儀式がおそらく共存するが、初物サケの儀式の方は、サケ漁が経済において最重要な地位を占めるようなごく狭い地域でしか行なわれていない。限られた地域でふたつの儀礼が同時に存在するのを説明するため、ガンサーはつぎのような仮説を提出した。そこでは、そして唯一そこだけで、その地域の異なる文化中に別々に見られるふたつの信仰、つまり殺された獲物がよみがえるという信仰と、動物はすべて人間の食糧として役立つように仕向けられているという信仰とが交じり合っているのではないか、というのである。(169) ふたつの儀礼の地理的分布の特殊性からは、クマの儀礼が論理的にも、またおそらくは歴史的にも初物サケの儀礼より先行していることをむしろ認めたくなるかもしれない。

第二の結論は以下の通り。植物学的な考察により、サケの儀礼とクマの儀礼のあいだの類似関係が導き出されたが、それはじきに見ていくように、本書第一部（5章と6章）で大きな位置を占めていた双子の問題に帰りつくのである。いまや、北西海岸とその周辺の諸文化という見地に立って、そこに戻っていく必要があるだろう。

＊　しかしながら、リルウェット族のもとでは本来の意味が勝ちを占めていて、初物サケは、採取したてのアカモミ（*Abies magnifica*, Murr.）の枝の上で料理されると定められていた。このモミは、儀礼において占める位置のせいで、ヒル＝タウトにより「神秘的なモミ」と呼ばれている（Hill-Tout 3, p. 295-297, 137-138）。
クマに関わる儀礼や料理が太古性を帯びていると推測されている点については、Rémi Mathieu « La Patte de l'ours »（*l'Homme*, XXIV（1）, 1984, p. 5-42）を参照のこと。

第10章　双子――サケ、クマ、オオカミ

世界のあちこちで、双子と気象現象とのあいだに、何らかのつながりがあると信じられているか、かつては信じられていた。つまり、双子は天気を予報するばかりか、天気を操りさえして、雨や風、嵐をよび起こしたり、止めたりする。しかし、問題なのは、それがある特権的なつながりなのか、あるいはある全体の一部をなすこの信仰を切り離すと恣意的になってしまうのかを知ることである。人類においては、双子の出生は比較的まれな現象である。また、予見することができない（少なくとも、かつてはできなかった）。それゆえ、民衆の想像力は双子を、必ずしも気象学には限られない、他のもろもろの予見できない現象と結びつけてきた。たとえば、双子には占いの才能があり、呪いをかける力、超自然の動物に変身する力、家畜や菜園を襲う疫病やその他の不幸を追い払う力、いくつかの病気を癒やす力があり、毒をもった動物の嚙み傷や刺し傷に動じることがなく、狩りや漁などに成功をもたらす等。

ところが、北アメリカの北西部では、双子と気象現象のつながりは、他のいかなるつながりにも優

っているようにみえる。そのつながりはあまりに鮮明で、信仰や儀礼的実践は詳細なので、避けては通れない問題が提起されていると感じさせられる。『金枝篇』(I、邦訳、岩波文庫(一)、二五八頁以下)のフレイザーとともに、『ヘイスティング宗教倫理事典』の「双子」の項の執筆者であるシドニー・ハートランドが世界のこの地域にあたえている地位からもわかるように、それは昔の書き手たちの意見でもあった。ただ、双子と気象現象のつながりを明らかにするために北西アメリカに由来する諸事象をとりわけよく引き合いに出したとはいえ、彼らはこの結びつきの原因や性質を問うことはせず、この事象をただ記載したにとどまる。

気象に対する双子の(ときには、両親と分かち合う)特別な力は、雨、風、そして霧を操る。クワキウトゥル族は、晴れてほしいとき、双子の身体を赤く塗り、凝った身なりをさせて、人前を歩かせた。(170)(水かさを増やして、サケが遡りやすくなるよう)雨が降ってほしいときには双子の身体を洗って、その髪に油を塗りつけ、身体を赤と黒に塗った。沿岸セイリッシ族もまた、油や脂肪を双子のひとりもしくは両方の髪に塗りつけて、風を起こそうとした。海を静めるには同じように油を髪に塗った双子のひとりの頭を海で洗った。(171)クワキウトゥル族は、気象に対する双子の作用は年齢とともに大きくなると信じていた。さらに、彼らが言うには、「霧が出たときには、双子のひとりは、あたかも自分のかぶりもの〔頭巾〕のなかに霧を集めて、それを自分の身体に押し当てるかのようにする。彼は霧を身体のなかに収め、空は晴れてくると信じられている」*。双子たちはまた、伝声管の役割をする中空の海草の茎を使って風と話し、どの方向からでも風を呼ぶことができた。双子のひとりは、水中で自分の髪を漂わせるだけで、釣糸を使って漁をするときのようにサケが髪に食いついてきた。(172)

アラスカや、ブリティッシュ・コロンビアの北から南にかけて、沿岸ばかりでなく内陸においても確認された無数の慣習や信仰が、好天悪天を問わず天気と霧や晴天あるいは風や嵐といった気象に対する支配力が双子に与えられていることを裏付けている。

そのいっぽうで、この広大な地域に住まう諸民族は、双子の出生を同じように受け止めたわけではなさそうである。アラスカのトリンギット族は双子をひどく恐れ、男は双子を生んだ妻を離縁できたほどである。そして双子はただちに殺された[173]。

同じような態度は南でもみられる。現在のワシントン州にいるスカジット族は「双子を、超自然の力が怒った、恐るべき兆候だとみなしていた。双子の母は野生の獣の一種とみなされた（トリンギット族によれば「物騒な生物」である）[175]。せいぜい双子を捨て、死ぬにまかせる以上のことはできなかった。双子の性別が違っている場合には、男の子の方が女の子よりもいっそう恐れられた[176]」。

それゆえ、地理的領域の両端で双子は同じように恐れられていた。そのあいだでは、つぎのように、かなり変化に富んだ態度が見られる。すなわち、スクォーミッシ族は、その出生が父親の狩猟の運を増大するということで、双子は歓迎された[177]。アルセー族では、双子の出生は恐れられる[178]。ピュージェット湾のいくつかの部族では、双子を怪物とみなしさえして、殺してしまう[179]。すぐ隣のランミ族では、

＊　双子の両親も同じ力をもっている。ツィムシアン族とトリンギット族はある神話で、造化の神の兄弟がふたりで乗るカヌーのうえで帽子をとって、裏返しにかぶることで霧を生じさせたと語っている[174]。気象学の領域で天と地のあいだにある霧と同じように、衣服の領域では、帽子が高と低を媒介すると同時に絶縁するものとなっている（前出二〇—二一頁）。

それとは逆に、双子が自分たちの同胞を豊かにする力をもっているとみなした。なぜなら、狩猟や漁のとき、双子は自然の元素《エレマン》を操り、風を好みの方向から吹かせることができるからである。性別が同じ双子の親は、自分たちの望みがすべてかなうのを目にする。[180] 最後に、内陸のいくつかの部族では（オカナゴン族とコーダレン族のように隣接している部族でも）、双子の出生をさして気にかけなかったように思われる。近隣の部族の積極的もしくは消極的な態度と比べて、彼らの態度はきわめて弱い有徴化しかないように見える。[181]

ある昔の観察者はすでにこうした相違に驚かされていた。一九世紀最後の四半世紀のあいだピュージェット湾のインディアンのもとで宣教師として暮らしたマイロン・イールズは、双子の出生が魚たちをいなくしてしまうという（すでに見たように、ほかの場所で優位にある信仰とは逆の）恐れについて書き記している。彼らは双子の両親を村の外に追い払い、漁をするのを禁じて、浜で集めた貝を食べて暮らさせていた。かつては、双子の両親は森で暮らすよう言い渡され、双子のどちらかが死ぬまでは海辺に戻ってくることが禁じられていた。イールズはまた、注釈としてつぎのように付け加えている。「太平洋岸の諸部族には、多かれ少なかれよく似た慣習があるが、そのほかの部族は双子を大いに敬っている」。[182]

*

このような不一致をどう理解すればよいのだろうか。こうした不一致はたしかに実在したが、それはとりわけ、双子に関する信仰の複雑さとそこから生まれる行動のあいまいさから来ていた。見かけのうえでは矛盾していたり、同じ具合には配合されていないさまざまな態度のために、これらの社会は、実際以上に対立しあっていると思わせるものがあった。いみじくもバーネットが気づいたように[183]、双子の出生はいたるところで驚異として受け止められていたが、この事実確認からは、それぞれの社会がそれを実際にどう扱ったかまでは分からない。観察者たちは、そのつど全体を考慮する必要があったにもかかわらず、自身の個人的気質に応じて、慣習のしかじかの側面を他の側面を犠牲にして強調していた。

クワキウトゥル族の事例はこのような困難をよく示している。彼らは双子の出生を驚くべき出来事だとみなしていた（ボアズは「ワンダフル・イベント wonderful event」と言っている[184]）。ところが、ボアズの比類なきインフォーマントであったジョージ・ハントが記述に大きな四つ折版の一巻本のびっしり文字の詰まった版型で二二ページ以上も費やしたほど、無数の、しかも複雑な指示や禁止を双子の父親と母親に課していた[185]。双子の両親は、四年ものあいだこの規則に否応なく縛られ、共同体から切り離されて、いかなる生産活動もできず、自分たちの必要を満たすことすらままならない状態に置かれた。親類が彼らを助け、こうした期間が続いているあいだ、彼らの物質的かつ道徳的な支えになった。というのも夫や妻の家族は、超自然的な力を授けられたこのような存在、つまり、いろいろな才能のうちでもなかんずく、病を癒やし、好ましい風を起こし、雨や風を操ることができる双子が身内にいることを誇らしく思ったからである。双子がもつ計り知れない威光が、双子と縁続きのすべての人にも及ぶことを人々は知っていた。

だが、それだけが動機ではなかった。なぜなら、ハントが的確に述べているように、「人々がそのようにふるまうのはインディアンたちが、双子の両親が慣習を守らなければ、家族の成員すべてが死ぬことになると信じているからである。父と母のどちらか、あるいは両方が慣習から逸れようものなら、家族すべてがふたりに立ち直るように懇願する［…］。双子の両親が真に強い魂の持ち主なら、彼らは四年のあいだ、働くことを止める——つまり、彼らの世話をすることができる人々がかなりたくさんいて、彼らに薪や食べ物を提供できるならば(186)」。

双子を育てるという贅沢を享受するにはそれなりの手立てがいる。そうできるのは唯一、わたしたちなら富裕層と呼ぶであろうものに属している双子の家族だけである。つましく暮らす人々はどうするのだろうか。ハントはその点についても、はっきり書いている。「双子を生んだが、（自分たちを助けてくれる）親類のいない人々や、双子が授かるまでは働いていた人々（すなわち、自分たちの手で稼いでいた人々）には次のようなことが起きる」。つまり、双子の母は、分娩直後に、「双子がやってきた居場所に戻るように」、子供たちの首を絞めて殺すようにと産婆に命じ、産婆は慣習上やむをえずそれに従うのである。双子の父は自分の妻は双子を死産したと告げて回る。そして、人々は双子の葬式を執り行なう。三日後、集まった人々の前で、首長たちの代理として演説者の男が発言する——「じっさい首長たちは双子の両親を恐れている。というのも、双子の両親が不幸をもたらしたいと思う者は、何をしようとしても失敗するからだ」——そして双子の両親に禁忌を守るつもりがあるかどうかを厳かに尋ねる。双子の母はそのつもりはなく「明日の朝、わたしたちは仕事着を着るつもりだ」と答える。夜が明けると、すべての男が集まる。彼らは、それぞれに配られる棒で板を早いリズムで叩いていると、まず初めには、仕事道具（木を割る楔《くさび》、石の頭がついた鎚、櫂、筵《むしろ》）をたずさえた双子の父親が、次いで、貝拾い用の籠、漿果摘み用の籠、櫂、掘り棒、鋌、スコップを準備した母親が、それぞれ家から出てくる。ふたりが何歩か歩いて立ち止まると、シャリヴァリが終わる。*するとと演説者の男は、双子の両親は禁忌を守らないだろう、そのために、仕事着を着ていたのだと声明する。双子の両親はそれ以後、自分の仕事につくことを許される(187)。

したがってクワキウトゥル族、そしておそらくは他の部族においても、双子に対する正反対の態度が共存しうる。両親や家族が、双子を育てるためにつらい犠牲をあえて行なうほど、執着することもあれば、手だてがなく仕方なく双子を殺すこともある。要するに、南アメリカのトゥピ族に関してわたしたちが指摘した（前出八八―八九頁）ように、いずれの場合も、縁起の良し悪しにより二種類の双子が区別されている。南アメリカでは、この区別は自然に属する。つまり、本当の双子は縁起が悪く、異なった父から生まれた双子は、世界をうまく運行するのに欠かせない役割を果たしている。クワキウトゥル族やその近隣では、その区別は社会‐経済的理由から生じる（だが、北西海岸の人々にとって、社会的序列や財産は第二の自然をなしており、しかも、より重要なものではないだろうか）。好ましい双子とは、このような出生につきものの危険を中和し、そこから莫大な利益を引き出すために必要になる出費ができる富裕な人々から生まれる双子なのである。貧しい人々にはこのような手立てはない。それゆえ、貧しい家族のもとに生まれた双子は、その家族にとってのみならず、社会すべて

＊『生のものと火にかけたもの』（邦訳四〇三―四〇四頁、四六六―四六八頁）のなかでも述べたことだが、年齢のかけ離れた夫婦、身ごもった娘の結婚、夫に先立たれた女の再婚によって示されるような、「連鎖の切断であり、社会的不連続の出現」を表示するフランスの田舎のシャリヴァリにもこれと似たところがある。

にとって、呪わしいものとなる。
ヴァンクーヴァー島の西岸では、ヌートカ族が同じように厳格な規定と禁止と、同じように長い期間を定めている。クワキウトゥル族の南では、ヴァンクーヴァー島の東岸およびその向かい側の大陸沿岸に住まうセイリッシ語族の小規模な民族には、より民主的な社会組織があった。彼らのもとでは、貧富の区分はそれほど目立っていなかった。だが、彼らもまた双子の出生を、利点と危険を含んだ例外的な出来事だとみなした。したがって、もろもろの表象のあいだにちょっとした不均衡があるだけで、行動はいっぽうの側からもういっぽうの側へと振れてしまう。

＊

双子をどう扱うかをめぐるこのような検討は、クマの祭りおよび初物のサケの儀礼に関係したこれまでの章の検討と、どのようにつながっているのだろうか。このうえなく直接的に、というのもこの地域のほとんどの民族にとっては、双子はクマあるいはサケと密接な親縁関係をもっているからである。

クワキウトゥル族の双子は、殺されると「双子たちはやってきた居場所に戻る」、すなわちサケの国へと戻るのである。じっさい同性の双子は、生まれてくる前はサケだったので、この魚に力を及ぼすのである。双子には、彼らが出自したと信じられた特定種のサケに対応した名が与えられた。双子が異なる性別であったり、その手がきわめて小さかったりすると、彼らはどちらかといえば、ユーラカンやキャンドルフィッシュ（*Thaleichtys* sp.）とみなされた。あるひとりの先祖の男と双子の女の片割れとの結婚によって、そのときまで川に棲んでいなかった種類の魚の遡行が引き起こされたとか、さらには、先祖たちが、自分の片割れを魚として釣りあげることで、実は双子だったと知ったとか語られる家族の伝える伝説がある[188]。ここでは細部に立ち入らないさまざまな形式でサケと双子とを（ときには双子の両親をも）結びつけるつながりによって、クワキウトゥル族、ツィムシアン族、ヌートカ族、マカー族、クララム族を含みこむ、ひと続きの地域が浮かび上がる[189]。

内陸セイリッシ諸族はまた、双子に対して異なった動物性を付与していた。身ごもって、しばしばハイイログマの夢を見るトンプソン族の女性は、自分が双子を生むことを知った。トンプソン族は双子を「ハイイログマの子供」あるいは「毛の生えた足」を意味する名で呼んでいた。彼らは双子がこの猛獣の特別な加護のもとにあると信じていた。彼らも、クワキウトゥル族と同じように、だが、それほどは厳格ではないようにみえるやり方で、双子の両親に四年のあいだ、さまざまな義務や禁止を課していた[190]。トンプソン族やシュスワップ族と隣り合うリルウェット族は同じような信仰をいっそう押し進めていた。彼らはハイイログマを双子の真の実父だと考えた。彼らの見方によると、双子の母の夫は双子の父ではなかった。つまり、双子を、人間の姿をしたハイイログマとみなしたのである[191]。最後に、シュスワップ族のもとでは、若いハイイログマを意味する言葉で双子を呼びつづけているとはいえ[192]、ハイイログマとの関係はそこまでは明確でなくなる。このインディアンによれば、胎児が分かれて、別々の二個体を形づくるのは、ハイイログマかクロクマ、あるいは小さなシカ科の動物の影響である。*その原因となった動物は双子の守護者となり、双子は大きくなると、この種類の動物を首尾よく狩ることができる[193]。

ピュージェット湾の奥のトゥワナ族は双子の出生をひどく嫌っていた。双子は「両親にとっての災難であり、共同体全体にとってもより小さいとはいえ災難」なのである。ところが、彼らは双子を殺しはせず自身および他人にとって危険だとみなすにすぎない。彼らは双子のことを「オオカミ」と呼ぶ。双子とこの第三の動物とのこのような結合は、ひとつの問題を提起する。おそらくクマよりもオオカミに馴染みがあった人々のところでは、クマの代わりをしているということだろう。だが、沿岸においてさえ、人々はクロクマを罠仕掛けで捕らえていた。「オオカミ」という名称は、「双子の出生は人間ではなく動物の為す所だ」とする、[194] 原住民の観念のありふれた適用だということもありえる。

ただし、この等価にはもっと深い理由があったとも考えられる。セイリッシ語族に属し、現在のワシントン州の沿岸に暮らすキノールト族は、「双子を固有の言葉では決して名指さず、辱めないように、彼らのことを「オオカミ」と呼んだ[195]」。双子＝オオカミという等価は、シベリアのカムチャダール族や、さらにはるか西方のケット族においても存在していたように見える。北アメリカ北西部ではどこでも、動物たちのうちでもとりわけオオカミの特別な地位についての言及にはこと欠かない。クワキウトゥル族の狩猟儀礼は、オオカミ狩りのために遵守される儀礼とよく似ており、「さもなければ獲物は見つからなくなってしまうだろう」という。[196] 同様にヌートカ族でも、宗教的儀礼のなかでオオカミがかなり大きな地位を占める。[197] ヴァンクーヴァー島のヌートカ族と沿岸のランミ族は、人間とオオカミには何かしら共通点があると信じていた。ランミ族はオオカミには魂を冥界へと導く役割があるとみなし、[198] ヌートカ族の語り手は次のように言って神話をしめくくる。「おまえはいま、わたしたちにとって死者がどうなるかを知ったのだ。わたしたちは死者をオオカミにする[199]」。

オオカミを二重化《デドゥブルマン》のテーマ（インディアンたちにとっては、それが双子の出生の理由である）と関係づけるこの地域の神話にもまた、注意を払う必要があるかもしれない。いまなおオオカミが生存しているのは、ある英雄がオオカミを殺しつくすことはできなかったということなのだ。彼は最後の一頭を真っ二つに裂くことしかできず、その片割れは逃れ、それからは山のなかで暮らすようになった。[200] このことから、ツノガイを盗む女たちのグループのなかにある野ウサギの割れた鼻づらのテーマへと戻ることになる（前出三二頁、四九頁）。なぜなら、わたしはかつて、『はるかなる視線』のなかで（第一五章〔「双生児出産の解剖学的予示」〕）、アメリカ・インディアンの思考にとっては、兎唇が身体の二重化の端緒となることを示したからである。つまり、この解剖学的特殊性のために、野ウサギは潜在的な一対の双子の様相を帯び、そこから神話が野ウサギに与える重要な役割が生まれる。それと対称的に、沿岸セイリッシ諸族は現在もオオカミが存在することを、オオカミのうちの一頭には眼が四つあったために殺戮をやり過ごすことができたのだと説明する。すなわち前に二つ後ろに二つの眼があったために、彼は攻撃の裏をかくことができた。[201] つまりこのオオカミは、先の神話の同類のように二頭で一頭分という形ではなく、一頭で二頭分という形で二重化されている。

より明示的な慣習や信仰は欠けているにせよ、神話は一方のオオカミと、もう一方の二分割もしくは双子の出生とのあいだの関係についてのかなりの手がかりを含んでおり、以下のような三角形を描

＊（一七三ページ）　北アメリカでは「シカ deer」という言葉は、それぞれ「黒い尾」「白い尾」と呼ばれる、*Odocoileus bemionus* と *Odocoileus virginanus* という二種類の小さなシカを包含する総称的な用語である。文献がそのどちらか、あるいはその両方を指しているのか明確にされることはまれである。

き出すことができる。

サケ
オオカミ
ハイイログマ

魚と陸上動物という主要な対立にこだわってみよう。双子をクマと同一視するのは内陸セイリッシ諸族だけではない。シベリアでも、ギリヤーク族は、双子とは人間のなかに生まれてくるためにそうした身なりをしているクマだと信じている。双子が死ぬと、人々はその屍体をクマの檻に入れて森に埋葬する。[202] ケット族は双子の出生を神秘的な出来事とみなす。彼らは双子とその母をモミの枝でできた寝床に寝かせ、新しい鉋屑から作った服を双子に着せる。そして、双子には動物の名前がつけられる。双子は死ぬと、またクマに戻る。母親が殺された仔グマは、乳を飲ませるようにかつて双子の母親だった女性に預けられる。[203]

双子とクマを同一視する信仰はそれゆえ、きわめて広範に見られる。この事実は、わたしが前の章の終わりに素描しておいた暫定的な結論の裏づけになる（前出一六二頁）。わたしは、三つの植物を——地方に応じて、最初のサケを調理するために必要とされる——、クマを調理する儀礼に用いるよう定められた燃料である針葉樹の枝の代わりをする植物の隠喩とみなすことを提案した。今度は、さらに進んで、隠喩的関係を双子の表象へと広げることができる。双子をサケと同一視する表象は、初物のサケのための儀礼が行なわれる地域のうちの一部に限られている。そして、その地域そのものも、サケ漁が主要な経済活動となっている地域の一部を占めるにすぎない。それゆえ、このきわめて限られた拡がりからすれば、双子とサケとの同一視は、双子とクマの同一視のひとつの隠喩にすぎないかもしれない。修辞的かつ、おそらく歴史的でもあるひとつの観点からすると、クマとの同一視はサケとの同一視よりも一義的であるかもしれない。

このような解釈は、太平洋岸の最初の居住者が、すでに川や海での漁業経済をもってそこにたどり着いたとする命題に反しているように見えるかもしれない[204]。だが、この解釈の方が、沿岸の諸文化、とりわけハイダやトリンギットの文化を、その起源を内陸地方に探る必要があるかもしれない数千年前からの北方の伝統が発達して生まれたとみなしたボーデンの命題と、よりよく一致するのである[205]。

第11章　家庭の気象学

女と根との結婚は（前出一五三頁）、高慢な美しい女が傷だらけで障害のある老いた男と結婚するのと比べても、いっそうミスマッチであるばかりか、外婚の限度に達しそれを超えてさえいる。こうした関係のもとで、根の息子の物語は、いくつかの沿岸の民族でよく知られているある別の神話と、真っ向から対立している。この神話は、母とその息子のあいだのインセストを軸にしており、今度は内婚の形をとり、その度が過ぎているのである。

この神話が語られるのは、セイリッシ語族のクララム族が、飛び地状に孤立した言語集団であるキリュート族と隣り合って暮らすフラッテリー岬の先端のごく小さな地域だけである。これから示すのはキリュート族のヴァージョンだが、要約では残念ながら、その並外れた詩的魅力を保つのは難しい。

ある気立てのよい若い娘には、年老いて醜い夫がいた。両親と暮らすそのひとり息子はたいへん美しかった。ある日、海にカモ狩りに出た父と息子は、方向を見失ってしまった。吹いていた風がおさまると、分厚い霧が立ちこめ、その向こうに浜辺が見えた。ふたりは岸に付け、年老いた父が息子を様子見に行かせた。息子は、長い髪の立派な身なりをした美しい女が住む小屋にたどり着いた。彼女は、霧が晴れないあいだ、父親とともに自分のところに住むように誘い、若い男に自分との結婚を申し込んだ。こうして彼らは三人そろって暮らした。そして長い時が流れた。

父は毎日、柴刈りに出かけた。ある日、いつもの道を外れた彼は、自分がもともと使っていたのと不思議なくらいよく似た、頭が石でできた大きな槌と楔を見つけた。このようなちょっとした出来事が他にも繰り返され、彼は今暮らしているこの小屋がかつての自分の家ではなかったか、家の主人が自分の妻でなかったかといぶかしんだ。

彼が戻ると、息子はその妻といっしょに寝床にいた。ふたりとも優しく睦みあっていた。父はふたりを水浴びに行かせて、大きな火をつけておくと、戻ってきた息子の妻は、水浴びのあとの身体を温めようと、火のそばに両足を開いて身体を横たえた。老人は、彼女に火傷させようとするかのように、火のついた棒を突き出した。女は飛び上がって、女陰を見せたまままさらに両脚を広げ、老人はそれが妻のものだとたしかめた。インセストの恨みにまみれた彼は、隅に座って黙って地面を見つめていた。しばらくすると女は彼を見てこう言った。「南の方へ行ってくださる。だって、あなたは意地悪な男だもの。今後あなたは南風と呼ばれるわ。わたしの息子は真面目な若者だから、北の方へ行って、北風と名乗ることでしょう」。* 年寄りの男は出て行く前に、自分の妻に森へ入るように命じ、彼女が人からは「ツガの節」と呼ばれるようになると告げた。ちなみに、カナダツガ（*Tsuga canadensis*）は節目の多い針葉樹である。それ以来、南風は嵐を、北風は好天をもたらし、カナダツガの節はよい薪になった。(208)

クララム族のヴァージョンはもっと短く、かつての夫婦の夫を東へ、妻を西へと向かわせる。インセストを犯した息子は北へ向かい、その弟（このヴァージョンでは彼には数人の兄弟がいる）は南へと向かう。北風が強く吹きすぎても、さして困ったことにはならないよう南風が北風をすぐに止めるということが取り決められた[209]。

太平洋の近くに住む民族のこの神話が風に付与する価値は、さほど風が強く吹かないフィヨルドの奥もしくは内陸に住む近隣の諸民族と同じではない。これらの民族のある神話は、クララム族やキリュート族の神話を逆転させている。それによると、かつては北風と南風が、どちらが優位にあるかお互いに競い合い、インディアンたちはこの争いに大いに迷惑していた。インディアンたちは結局、南風の娘のひとりが北風の息子と結婚するという和解に漕ぎつけた。南風の娘は、寒さに我慢ができず、自分の兄弟あるいは兄弟たちに助けを求め、自分の国に連れ帰ってもらった。このとき以来、風たちはそれほど荒れることはなくなった[210]。

したがって、対立しあう風を生みだすインセストは、風たちを別々のものとしつつも共存させる外婚とは対称をなしている。ひとつめの神話の霧には、ふたつめの神話のあるヴァージョンの湿った薪

＊　冬のあいだ沿岸に吹きすさぶ冬の南風は、雨を運んでくる。「その風で陸の動物は惨めな状態になり、魚は餌の豊かな水域から浅瀬へと追い立てられ、打ち寄せる波によってときには大量に岸へ打ち上げられて死ぬ[206]」。その神話のもっと近年のヴァージョンでは、四つの南風のそれぞれが女主人公の兄弟によって擬人化され区別される。すなわち、もっとも冷たい南風、春に氷や雪を溶かしはじめるなま暖かい南風、本当の南風、最後に、「チヌーク」という春の暖かい風である[207]（後出三一七頁参照）。

の火（熱を生じないという理由で、これだけが北風が妻に許すことである）が対応し、「それは妻には何も見えなくなるほど煙を立たせる」のである(211)。その火は、もう一方の神話のツガの節の大きく美しい火と対立する。

ふたつめの神話には、ある奇妙なエピソードが含まれている。妻が、自分の兄弟に隠れて、北風とのあいだにできた氷の息子を連れて帰ろうとするのである。彼女は、息子が見つからないよう、服の下の自分の腿にぴったりくっつけた（男より女の方が腿の後側が冷たいのはそのせいだとインフォーマントたちは語る）。ところが彼女の服の下に隠しきれなかった子供は膨らみになってばれてしまう。この膨らみは、木の枝に節が作り出すこぶを転位した像とみなすことはできないだろうか。この節は、さきに見たように、たき火にとって最良の薪である。氷の息子はこのあと、火のなかに投げ込まれ溶けてしまう。あるいは、枝から切り取られた節のように、気候が暖かくなると水面に漂う氷塊の原型となる(212)。

もう少し踏み込んで、キリュート族およびクララム族の神話を、木の根の息子を主人公にする神話との変換関係からみるとどうなるだろう。というのも、キリュート族の女の木の節への変態は、節がとれて穴だらけになった木の断片が、植物の領域において、妻が夫の代わりに用いる「男性的」な根の「女性的」な片割れをなしているということに注目しないかぎり、理解できないからである。このような方向から考えると、神話の変換の最後の状態が二重のねじれを示すことが再度確かめられよう。つまり、女は、そう期待されるように、穴のあいた木へと姿を変えるのではなく、その消失が木の断片を「女性的」なものにする節へと、直接に姿を変えるのである。

きわどいイメージを使うのを許してもらえるならば、わたしは、変換が自分のはずみを使って跳び上がり、対立を越えてその向こうにある矛盾の位置に両足を組んで着地するのだと言いたい。対立物はたしかに存在するが、それは変換のなかにではなく、出発点の神話——根の息子の神話——の主要なヴァージョンが由来する民族自体が行なっている地方的な潤色のなかにある。シュスワップ族が語るところによると、造化の神は、女がカワラボウフウ属の根としか番《つが》うことを知らず、男たちは節がとれて穴のあいた枝としか番うことを知らなかった時代に、人間たちに性関係のあり方を教えたのである[213]。

リルウェット族のある神話はそのモチーフをつぎのように展開する。「昔々、竪穴式の小屋にひとりで住む男がいた［…］。彼は妻を娶りたいと思ったが、どこで探せばよいか分からなかった。そこで彼は木の枝で女を作ることにした。彼はそのあと何日もあちこちを走り回って枝を折りまくって、とうとう幹から分離したところが穴になった気に入る枝を一本見つけた。彼はそれを自分の家に持ち帰り、妻として扱った。彼はその枝に地声で話しかけ、枝が自分に答えているかのように女の声を出した。彼はその枝のそばで眠り、出かけるときにはブランケットをかぶせ、飲みものと食べものを置いた[214]」。

それゆえ、これはつぎのように書き表わすことができる。

F男（くぼみ）：F女（膨らみ）∷F男（膨らみ）：Fくぼみ⁻¹（女）

ここでは、三つめの項には自分の母の体に膨らみを作る子供が（前出一八二頁）、四つめの項には擬人化された木の節に変わった妻がそれぞれ対応している。

別の考察によって、この神話をわれわれがすでに検討した神話の全体と結びつけることができる。透かしのようにしてか、もっと目につきやすくかはともかく、それらの神話にはいずれも気象学的ないしは季節的な含意があり、あるときには霧の起源と、またあるときにはさまざまな風の吹き方と関わりをもっている。そのことは、これらの神話にアビが出現したときからすでに明らかである。というのも、アビの渡りは、言わば季節の交代や晴天と悪天候の交代に拍節をつけているのだから。夏になるとアビが内陸の湖にもよく来るようになり、湖が凍結すると海岸へと下っていくことはすでに指摘した（前出一四一―一四二頁）。アビはまた、もっと不意の気候の変化にも反応する。神話はこうした習性にかなり注意を払っていた。すなわち「今では、雷鳴はアビの祖父である。嵐が吹き荒れるとき、アビは天気が穏やかな湖に逃げこむ。四月になるとアビは海に向かって下っていく。アビは塩水の民の首長である[215]」。

キリュート族やクララム族の神話は、霧と風のモチーフをひとまとめにしているところが独創的である。初めに、分離装置としての霧が主人公とその父を、彼らの日常生活から引き離す。霧は、物語の語られるあいだじゅう執拗に、彼らを自然の元素《エレマン》がまぜこぜになった夢の世界に孤立させ、それが母と息子の結合を可能にする。物語の終わりになると、風たちが舞台に登場する。風たちは霧を吹き飛ばしてしまうゆえに、霧の敵対者であり、空や海を改めて分離する。そして、このようなかたちで息子と父のあいだに隔たりができる。善意の息子と悪意の父とがこれ以降、対立する（キリュート族のヴァージョン）。あるいは、ふたりには周期的に諍いがあっても、中和される（クララム族のヴァージョン）。天気の急変にさらされる沿岸の人々の神話ではそれゆえ、風の吹き方が、とりわけよく扱われる。内陸の人々はむしろ、季節の交代を強調する。先に検討した諸神話では、風よりも霧のほうがよりいっそう問題だった。ここでは、そのふたつの気象学的現象が同等の重要性をもち、同じように注意が払われている。

第12章　服飾品、食糧

第7章で、ンツァーズ、ツァアウズ、スナナズという名の（幼いうちにミミズクにさらわれる）登場人物を知ったとき、われわれはその神話のなかのあるエピソードについてはあえて後回しにすることにした。このエピソードはトンプソン族に由来するヴァージョンのひとつにだけ登場する（前出一二八―一二九頁）。一見したところ無意味に見えるこのエピソードは特別に検討するに値いする、というのもこの神話群の解釈すべてがここにかかっていることが見えてくるからである。

警戒心の強い娘が、皮膚がただれ、悪臭を放つ老人だったにもかかわらず主人公と夫婦生活を始めた。娘の両親は、自分の「娘婿」を愚弄するために薪集めの仕事をさせる。彼が集めて同行する妻に手渡す薪はわずかなのに、妻が荷降ろしするときには、魔法の力で増えて、四つの小屋を一杯にするほどになる。神話の語るところを聞こう。「その妻が（それぞれの小屋ごとに、ひとつの薪の）かけらを（半地中の）小屋まで運び、ロープの先につけて下ろした。ところが、この作業のあいだに、彼女はひとつのかけらを滑らせ、小屋の底に落としてしまった。その破片のひとつがちょうどその下に座っていた月の睾丸に刺さった。（木の嵩が増し）もはや住人の空間がなくなるくらいまで、それぞれの小屋が薪で一杯になった」[216]。

神話の語る小屋のなかにいる月、月が犠牲となるアクシデント、月の巨大な睾丸が問題になることなど金輪際ありえないかもしれない。それでもなお、これらのエピソードに何らかの意味を割りあてる必要はあるのか、あるとしたら、どのような意味だろうか。

このようなたぐいの疑問に答えるには、構造分析はいつでも同じ手続きをとる。孤立して見いだされたモチーフが何か問題を提起するときには、その倒立像となるモチーフを含む神話が同一の地理的領域に存在しないかを検討するのである。モチーフとその倒立像は対立しているため、そのふたつから、ひとつの意味場を浮かび上がらせることができる。それぞれを別々に取りあげてみても、何かを語ろうとしているようには見えないが、意味は、両者のあいだに見分けられる諸関係から顕わになるのである。

いまとりあげている事例では、このようなモチーフを見つけるために、それほど遠くまで見わたす必要はない。それは、北側でセイリッシ語族が形づくる一群と隣接するサハプティアン語族の一部族であるネズパース族の神話体系に典型的なモチーフである*（図12〔一九七頁〕）。

ネズパース族が語るところによると、かつて、月は東の方に暮らし、いま太陽がそうしているように昼間に輝いていた。ところが月はあまりに暑すぎた。月は地上を焼き尽くし、すべての生物を殺してしまった。そのうえ、月は人喰いだった。月の息子は月のために狩りをして、来る日も来る日も人間の屍体を持ち帰り、月がその睾丸を食べた（別ヴァージョンによると、月は生のまま食べるために睾丸を抜き、そのあと屍体を調理させた）。

西の方に暮らしていたコヨーテは、この犯罪的な行為を終わらせたいと思った。友人としての、もしくは一族としての古い縁にかこつけて、コヨーテは月の息子に近づき、息子がとても冷たい泉で渇きをいやしているあいだ棍棒をもっていようと申し出て、息子を殺した。コヨーテは服を着て、死者の格好をし、そのようになり済まして息子の屍体を月のもとに届けた。月はいつものとおり、いそいそと睾丸を食べると、味は強かったが少々苦くもあった。

月は腹が出て脂ぎった年寄りだった。月は壮麗な飾りに満ちみちたテントに暮らしていた。コヨーテはその飾りを盗むことにした。夜になると、コヨーテは飾りを奪って逃げた。明け方にコヨーテが目を覚ますとそこは月のテントの前にとどまっていて、別のヴァージョンによれば、「コヨーテは月の光輪さえも越えていなかった」。コヨーテはそのあと何度同じことをしてもうまくいかなかった。[**]月は、毎日コヨーテがテントの前で寝ているのを見て驚き、それが自分の息子ではないことに気づいた。ヴァージョンによって、ふたりの登場人物が話し合い、和解することもあれば、月が嘘に気づく前に、コヨーテが月の首を斬りおとすこともある。だが、結論はどの場合であれ同じである。すなわち、コヨーテが月に言うところでは「これからは、おまえはもう人は殺さない。これから月は空にいて、人が夜に旅をすることができるように明るく照らすようになる」[217]。

先の章で要約した神話は、風が人間たちを苛んでいた時代に展開する（前出一八一頁）。わたしたち

＊　サハプティアン語族は、ネズパース語とサハプティン族と言われるさまざまな近隣の民族の言語とをまとめたものである（Hunn: 58-88）。

が今検討しているネズパース族の神話では、（そのころは太陽だった）月が暴虐なふるまいをしている。どちらの場合にも、行き着く先はしつけをすることであって、風が節度をもって吹くようになり、月が現在果たしている夜を照らす役回りに押し込められる。ただし、一方が、季節の交代や天候の変化を問題にするのに対し、もう一方は一日ごとの周期性を問題にする。

シュスワップ族には、ふたつの定式を橋渡しするような神話がある。月はかつて雪や氷に覆われた遠い国に暮らしていた。* 月は暑い国から来た女と結婚したが、彼女を凍えるように寒い洞窟に閉じ込め、寒さのために死なせてしまう。亡くした妻の代わりにするという口実で、月は彼女の姉妹ふたりも、同じやり方で次々に死なせる。足の不自由な末の妹だけが、夫の行ないを妨げた、つまり、国を再び暖かくした。足の不自由な者に用意された季節にかかわる役回りについては、『蜜から灰へ』で、M347というインデックスの付いた神話に即してすでに論じた〔邦訳五三〇—五三九頁〕。ここでわたしが取り上げるのは、このような月の物語が、冷たい風もしくは北風の結婚の物語を再現したものだということだけである（前出一八一頁）。インフォーマントはまた、月が冷たい風あるいは北の風の一族であり、地上の住人すべてを自分の支配下に置こうとしたと述べている(219)。

ネズパース族の神話とそのオカナゴン族のヴァリアントは「不可能な出発」と呼べそうなある奇妙なモチーフを展開する。コヨーテは、どんなに努力をしても、月の住まいから離れることができない。一晩じゅう歩いたと思っても、目を覚ませば門の前である。これと並行するクーテネイ族の神話にもそのモチーフがあり、飢饉によって（飢饉とはある種、裏返しの人喰いであり、食べられる⇓もはや何も食べるものがない、そしていずれにしても、そのために死ぬ）身内からはぐれたコヨーテが妻の父である太陽のもとで妻と再会する。ところが、コヨーテはこの家の慣習を知らず目の前に供された食事をみすみす逃してしまう。妻はコヨーテに、晩に太陽のテントに入ると、食べるものはない、取

＊＊（一八九ページ）　セイリッシ語族のオカナゴン族には、かなり改変が加えられたヴァージョンの神話があり、そのなかでは、その晩に巨人のもてなしをうけたコヨーテが、宿主のもっていた火打ち石をもって逃げることを決意する。ところが、いくら努力をしてみても、コヨーテは小屋から離れることができなかった。この謎に愕然としたコヨーテは、つぎのように、自分の行ないすべてを心のなかで反芻しながら、最後の試みに打って出る。「おれは今、起きた。おれは今、歩きはじめる。おれは今、火打ち石をつかむ。おれは今、はしごの下にいる。おれは今、登る。おれは今、上まで来た。おれは今、外にいる。おれは今、走りはじめた［…］」。コヨーテは同じ筋道をたどり、その地方を熟知しているかのように、呟きつづける。「おれはここにいる、おれはあそこにいる［…］」。夜のあいだずっと、盗んだものをもって遠ざかっていると信じながら、コヨーテは自分に話しかけた。夜が明けて、巨人の家族みなが目覚めたとき、コヨーテがひとりごとをずっと呟きながら家のまわりを走り、無駄な努力でへとへとになり汗にまみれているのが目に入った(218)。

神話が言語学的境界を越えるとき、つぎのような二種類の変化が生じうる。まず、神話の中心的モチーフが存続するものの、変化したり、逆転したりする場合（わたしは前に、トンプソン族についてこのことを証明しておいた）。あるいは、ここで見たような、神話の骨組みは手つかずで残るが、内容は空疎になり、もはや見事な文学的小品への足がかりとしてしか使われなくなる場合である。

ひとつめの現象のその他の事例については、『裸の人』所収のM_{677}のインデックスが付いたスノホミッシ族の神話および、邦訳四七一―四七二頁の注を参照のこと。このあとに続く議論は、そこではじめて着手された。

＊　したがって、月があちこちで残酷だとされるのはこのような冷たさのため、もしくはネズパース族の神話のようなひどい暑さのためである。ところが、この神話においてさえ、コヨーテが月の息子の渇きをいやすために説き伏せるやり方が、「とても冷たい」泉、あるいは「いちばん冷たい水がある」場所を息子に教えてやることであるため、月の家族と冷たさとのつながりは失われていない。連辞的なつながりとしては一見無意味なこうした細部でさえ、範列的な集合のなかに置いてみると、それが理に適ったものであることがわかる。

り分を受け取るためには、朝そこに入らなければならないと説明する。太陽は（コヨーテの義理の父である、ということを忘れてはならない）、ネズパース神話の月のように、財宝をもっている（ヴァージョンによっては、松明《たいまつ》もしくは、革をぴんと張るための枠であり、いずれの場合も太陽の象徴であろう）。コヨーテはその財宝を盗み、一晩じゅう歩きつづける。コヨーテが疲れ果てて、明け方に眠りにつくと、歩き始めた場所で目を覚ます。太陽はコヨーテに、本当に自分から逃げたければ、昼も夜もずっと次の日の正午まで（別のヴァージョンでは、三日三晩のあいだ）走りつづけなければならないと教えてやる。(220)

コヨーテと太陽のあいだの闘いを主題とするコーダレン族のある神話が、そのモチーフに照明をあたえる。「おまえはどうして太陽がある昼間に歩き回っているのか」と、よき忠告者である一羽の鳥がコヨーテに尋ねる。「太陽にはおまえが行ったり来たりするのが見えている。日中は歩かないほうがいい。夜だけにしたほうがいい。日が昇ったら、穴ぐらに横になって寝なさい。暮れ方に起きて、また歩きなさい」。(221)つまり、月がなければ、夜には歩き回れない。それゆえ、月は昼行性から夜行性にならねばならない。そして、日中に歩いていると、太陽からは逃れられない。つまりは、太陽に見られている。明け方に歩を進めても同じで、日が昇るとすぐに太陽に追いつかれる。太陽を出し抜くか、さもなければ、休憩してよいのは、ちょうど太陽が傾きはじめて背中を見せる瞬間である正午だけなのである。

＊

それにしてもとりわけ目を引くのは月と睾丸とのあいだの関係である（『裸の人』邦訳七〇七―七〇八頁ですでに検討した）。ネズパース族からトンプソン族へは、次のようなふたつの逆転によらなければ、この関係は保てないことが明らかである。つまり、睾丸を食べる太った月が、大きな睾丸の持ち主である月へと変わる。さらに、月はネズパース族の神話では、自分の犠牲者たちの睾丸、つまり月が最初に切り分けて食べるお気に入りの部位を傷つける行為者である。他方、トンプソン族の神話では、月は傷を受ける受容者、つまり、たまたま自分自身の睾丸につけられた傷の被害者である。トンプソン族の神話ではモチーフを欠いたこのエピソードは、ネズパース族の神話の倒立像以外の何ものでもない。*

だとすれば、ネズパース族の神話で、月が睾丸をすこぶる好む大食らいとして描かれるのはなぜか、

* しかしながら、この変換には恣意的なところはまったくない。トンプソン族の別の神話では、（ネズパースの月が高い位置で睾丸を食べるように、低い位置でペニスを食べる）歯のある女陰をもった年老いた女が登場し、自分の両足を研いで、自分が心臓を食べる者たちを刺すのに用いる（体内の球体である心臓は、外部にあるふたつの球体である睾丸と対立かつ相関の関係にある）。その女が尖らせた自分の両足を試してみると、初めの小さな木は突き通せたが、つぎの太い木には突き刺さってとれなくなる。ひと晩の苦心のすえ、彼女はなんとか外すことができる。他のヴァージョンでは、女が男に置き換わっていて――あるヴァージョンによると、その男はとても太っており、ネズパース族神話の月を思い出させる――彼は木から外すことができない（Boas 4: 46; Teit 5: 269, 365-7）。

　それゆえ、木の破片が登場人物に突き刺さる代わりに、ここでは登場人物の「破片」（尖った杭のように研いだ脚）が木を突き刺すのである。月のエピソードには、それだけ切り離して考察されたトンプソン族の神話の連辞的つながりにおいては根拠がないようにみえるが、同じインディアンのほかの神話と関連づけてみると、置換という形で範列的総体のなかに位置づけられていることがあらためてわかる。

が問題となろう。

ネズパース族の南西およそ五〇〇キロメートル、現在のオレゴン州に暮らす孤立した小さな言語集団であるタケルマ族のある神話が、ひとつの素朴な答えを示しているといえそうである。その神話は、「歯がなくなってしまい、人がもってくるやわらかい食べ物」である人間の腸、ペニス、睾丸しか食べない、たいへんに老いたハイイログマに関するものである。(222)ところで、ネズパース族の神話は、月が老人だと言う。タケルマ族の神話の筋立ては、アメリカ・インディアンの思考にとっては重要なある区別に支えられている。すなわち、身体の堅い部分と柔らかい部分の区別である。耳、鼻、性器は、堅くなく、またむき出しであるために、骨、歯、木などでできた服飾品なしには欠けている硬さはあたえられない。

とはいえ、月が、睾丸を食べたのちに、屍体を全部残らず料理させて食べつくし、コヨーテもご相伴にあずかることからすれば、ネズパース族の神話はこの方法では理解できないかもしれない。じっさいに、睾丸のエピソードはひとつの広大な変換に属しており、その諸段階は沿岸セイリッシからロッキー山脈のクーテネイ族にまで見いだすことができる。すべての状態を入念に検討することによってのみ、変換の不変の諸性質をもとに全体の解釈が行なえるようになろう。

沿岸セイリッシ族の複数の神話によると、コヨーテは自分の食事のため、雄のサケをさばいて白くて丸いきれいな白子をふたつ取り出すが、あまりにきれいで残りの部分といっしょに焼いてしまうのにしのびなかった。コヨーテはそれを脇にとって置いた。すると白子はふたりの若い娘へと姿を変え、ひとまずはコヨーテといっしょに暮らしたが、コヨーテが図々しい態度を取りはじめると、見捨ててしまった。ふたりは冒険に出て、揺りかごのなかの子供をさらい、その子を育てたあと、自分たちの夫にした。その夫が月に他ならない。月は身内と再会したのち、彼女たちと別れて長い旅を始め、その途上で魚や木々を創って、世界を秩序づける。いくつかのヴァージョンでは、月は最後には天に昇る決心をし、太陽のようにふるまってみるものの、いかんせん暑すぎるために河川を煮えくり返らせてしまう。それゆえ、月はその地位を兄弟に譲り、自分は月となる(223)。

わたしはすでに、沿岸セイリッシ諸族と隣接するサハプティン語族の一員であるクリキタット族の神話を引き合いに出したことがある（『裸の人』M615、邦訳三四五—三四六頁、また前出一六〇頁）。この神話は、二頭の雌グマのあいだの、次いでそれぞれの娘のあいだの、殺し合いの諍いを語っている。そのうちの一頭だけが生き残ることになる。その雌グマは逃げ出して、さまよい歩いて人喰い鬼たちのもとにたどりつくが、彼らは自分たちが狩ったものたちの睾丸を耳飾りとして身につけている。人喰い鬼たちは雌グマにこの流儀を強いる。助け手である娘たちが雌グマを救い、この忌まわしい装身具を外してやる。そして雌グマの耳に自分たちのものであるシカ狩りの猟師とマス捕りの漁師の服飾品をつけてやる。女主人公〔雌グマ〕は、救い主の娘の兄弟のひとりと結婚するが、一尾の人喰いサケがまもなく女主人公をさらう。夫は人さらいを追いかけ、ネズパース族の神話でコヨーテが月の息子に用いたのと同じ手管を使って（サケが泉の水を飲みたがるその機会を利用して）、仕留めることに成功する（前出一八九頁）。ふたりは再び結ばれる(224)。

わたしたちがネズパース族の神話に合流するのはこの細部（ここからすでにクリキタット神話がその変換のひとつの状態を例証しているということが推察される）のためだけではない。ここでは、睾丸を食用に（ただし贅沢な食べ物として）する人喰い鬼に代わって、睾丸に別の使い方をする、すなわち服飾品として用いる人喰い鬼が登場するのである。

この段階までくると、以下の三つの等式が既定のこととして得られるはずである。

トンプソン族の神話：自分の睾丸＝傷
ネズパース族　―　：他者の―＝食べ物
クリキタット族―　：―　―＝服飾品

これまでにもいくつかの要素を用いてきた（前出五〇頁、八九頁、一五四頁、一九〇頁）クーテネイ族のある神話は、変換の別の一状態の例証になっている。飢えのために自分の妻と離ればなれになったコヨーテが若い息子と放浪する。コヨーテはビーバーがいるのに気づき、そのダムを壊し、二匹のビーバーの子を捕らえて、耳飾りの代わりに自分の息子の耳にくくり付ける。ところが、死んだふりをした他のビーバーたちは、コヨーテが背を向けるとすぐに水へと飛び込み、それぞれの「耳飾り」も後を追いかけて別々の池に飛び込んだのでコヨーテの息子は身を裂かれそうになる。息子が助けを求めると、コヨーテはもどってきて息子と仔ビーバーを水から引き上げる。コヨーテは仔ビーバーを料理し、息子には柔らかいので脂身を与えて、自分は肉を食べようとするが、思い直して、息子が泣くにもかかわらず、皿を取り替える。(225)

それゆえ、一方は地理的で他方は論理的という二本の軸の上で並べると、ここにはある親縁性をそなえた一連の神話群が現われる。というのも、地理的な観点からすれば、これらの神話が由来する諸民族は東西に、つまり沿岸からロッキー山脈まで連なっており、クーテネイ族は山脈の東側までひろがっているからである。また、論理的観点からも同様で、それを示す方法はさまざまある。

まず、この変換群を総体として見ると、服飾品と食物が相関関係に置かれていることが注目される。沿岸部の神話では、コヨーテは、食べてしまうにはあまりにきれいなサケの白子を見て「さて、これをどうしたものか」と自問する。それから、この「丸いもの」を二枚の葉で上下から念入りに挟む。「おまえがどんな形になっても、おれはそれで満足だ。おれは、それが自分のあこがれる最良のものになるよう願っている。それは、おれがこれまで見たうちでとびきりのもっともいいものだろうから」。

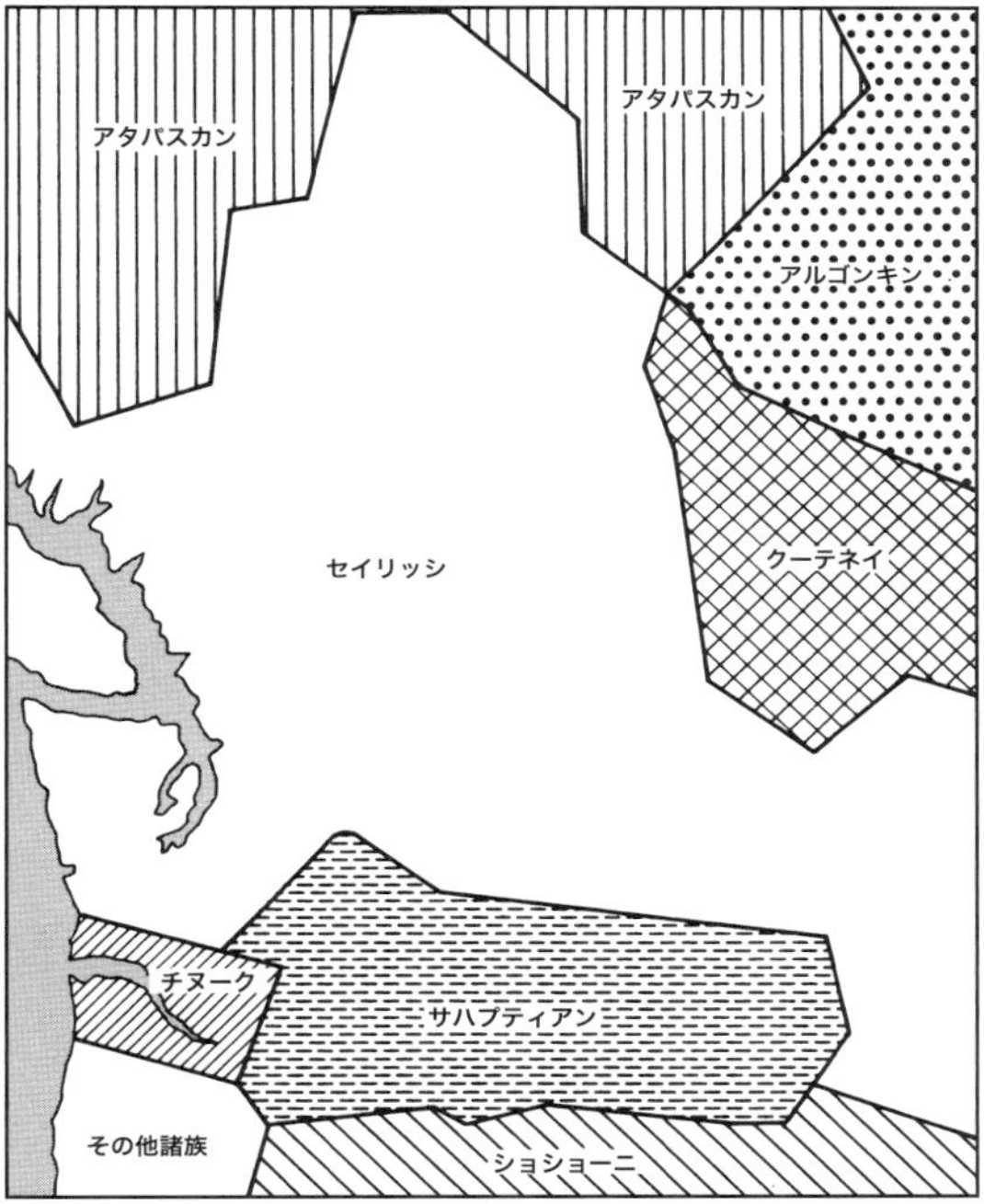

図12　主要な語族

翌日、その白子が姿を変えたふたりの娘は見とれるほどの美しさで、「ほとんど赤毛といえる髪で、肌が透き通るほど白く、美しい身なりをしていた。自分が思い描いたものをはるかに上回る出来ばえに、コヨーテは誇らしさのあまりあやうくはちきれんばかりになった」。コヨーテはその若い娘たちに、今のやもめ暮らしの前に生まれた自分の娘だと信じ込ませた。* 何ヶ月か過ぎる。コヨーテは病気になって、ほとんど目が見えなくなるが、そのために好色でなくなるわけではない。娘たちは怒って一艘のカヌーにコヨーテを乗せると、カヌーは川の流れに運ばれてゆく[226]。

白子から睾丸への移行を理解するために、生理学の知見を引き合いに出すにはおよばない。説明するには、解剖学の知見で十分である。それは対になった丸い腺で、相対的に身体から独立していて、一方は体内に、もう一方は体外にある。白子は、魚卵と同じくインディアンに珍重される食物で、服飾品のように、きれいで繊細な外見をしている。変換のひとつの状態では服飾品、別の状態では食物とみなされる睾丸もまた、** そうした二重の性質を帯びている。睾丸から、若くて、珠のような仔ビーバーへと移行する。良質な狩りの獲物であるビーバーは、コヨーテが服飾品のように扱おうとする食物である。コヨーテはビーバーを耳飾りにするが、それは別の神話で人喰いたちがこの方法で使った睾丸と結びつく。三つめの神話では、人喰いでもあるひとりの老人が、柔らかい食物だということで、睾丸を好んで食べる。しかも、そこでは、神話もわざわざそう明記している、年齢相応の柔らかい食物である仔ビーバーの脂身を、子供はお預けにされてしまう。したがって、白子、睾丸、そして仔ビーバーは、不変の機能《フォンクシオン・アンヴァリアント》のなかで置換が可能であり、同一の変換の諸状態を表わしていることは明らかである。

必然性がなんら見当たらないのに物語のなかに服飾品が登場することは注目に値する。魚卵娘は贅沢な身なりをしているし、神話のあるヴァージョンでは、後に月になる主人公は、彼女たちのもとを去るときにツノガイのたくさん詰まった箱を持ち去る（その箱は、不具で、皮膚がただれ、悪臭を放つ女だけが、一同に貝殻を分配するために持ち上げることができる。この要約は、スナナズの物語へと戻るが、これは特別に研究するに値いするだろう）。[227] 服飾品という見方からすれば、クリキタット族の神話の救い手の女たちは、女主人公を恐ろしい耳飾りから解放してやるだけでは満足せず、女主人公の耳飾りを自分たちのものに取り替えることにこだわる。さらには、ネズパース族の神話の年老いた人喰いである月も、高価な品物の収集家なのである。

霧の起源をめぐる諸神話の分析から、傷と服飾品とのあいだの相関および対立の関係へと還元しう

＊　沿岸セイリッシ諸族から隣接するサハプティン語族へと目を移すと、コヨーテが妻にしようと願う移り気な魚卵娘たちは、コヨーテが自分の身体から排泄し、好きなときに体内に戻す、よき助言者である糞便の姉妹を三重に逆転させたものである。それは、それ以上にはしようがないほどの徹底した変換である。わたしは別の文脈でそれを詳細に分析したことがある（『裸の人』邦訳三七八―三八〇頁、および索引の「魚卵娘」を参照のこと）。内陸セイリッシ諸族は過渡的な諸状態を示している。つまり、コーダレン族において、コヨーテが特定の親族語彙で呼ぶ自分の「能力」が、その糞便、ペニス、睾丸であると考えるのには、いくつかの根拠がある。トンプソン族とオカナゴン族によると、コヨーテの糞便はコヨーテを手伝ったり助言をしたりするのだが、「姉妹」ではない。

＊＊　さまざまな隠喩によって、わたしたちの民衆言語が行なう同一視。旧世界の民間伝承にも、食物の服飾品への変換が知られていないわけではない。M・ジェリビの「食物から服飾品へ」（Cahiers de Littérature orale の『シンデレラ』特集号、n° 25, 1989, p. 55–70）を参照のこと。

るひとつの骨組みが明らかになった（前出一四三頁以下）。いま検討したばかりの神話的変換の骨組みは、服飾品と食物とを相関および対立の関係に置く。この変換において、睾丸は言わば、ときには服飾品として、ときには食物として機能する。それゆえ、このふたつの骨組みが結びつくのは、トンプソン族の神話においてである（わたしたちはこの神話から本章を書き起こしたが、それは睾丸と傷とを直接に相関させている）。いまや、そこに立ち返るべきときである。

第13章　月から太陽へ

じっさいには、トンプソン族はひとつではなく、ふたつのやり方で睾丸のモチーフを変換する。つぎに示すひとつめのやり方はすでに検討した。すなわち、月が——人間の男であった時期に[228]——睾丸に傷を負う。ある神話が別の変換を例示してくれる。身体的に恵まれないひとりのインディアンの男が、いろいろな運まかせの勝負事で気を紛らわせていたが、破産したため冒険に出て、そのころは人喰いだった太陽のもとへたどり着いた。ところが、この天体〔太陽〕の息子は男を庇護し、大きな袋を与え、元の村へと送り返した。主人公は、たとえ縄が緩んで、肩に担いだその袋が背中の下のほうへとずり落ちても、村に帰りつくまでは袋には触れてはならないことになっていた。

村に着いて袋を開けた主人公は、高価な衣服が一杯詰まっていることを知り、まわりの人々に分配する。それをありがたく思ったアビとガンが自分たちの娘を彼に娶らせようと申し出た。そして、主人公はふたりの娘を太陽とその息子の妻にしようと、彼女たちを太陽のもとへと連れて行った。それからというもの、太陽は人間たちを殺さず、食べることもなくなった[229]。不運な男の代わりに警戒心の

強い娘が登場するヴァリアントでは、彼女自身が太陽の妻になるが、太陽はそれまで女を知らなかったとされている。(230)

この神話をもって、ふたつの円環が閉じられる。月——豪華な服飾品の主——が人間の睾丸を食べるので、その息子が人間たちを殺すという代わりに、ここでは、太陽の息子が人間たちを庇い、服飾品の一杯詰まった袋を人間に贈る（それは背中に担がれるという意味で逆転された、隠喩的な睾丸である）。このことは、服飾品と食物とのあいだに想定された等価性を裏づけている。

この神話にはまた、変換の第一段階にもすでに現われていた女たちと服飾品の等価性が見いだされる。コヨーテが食べてしまおうと踏ん切りをつけるには、あまりにきれいすぎる白子は女へと姿を変える、すなわち、食物⇓服飾品⇓女となる。（魚卵の娘の神話の出所である）沿岸セイリッシ諸族についての民族誌ではこうした特性についての報告が、少なくともピュージェット湾のトゥワナ族に関してなされ「一夫多妻は夫およびその家族の富と名声を反映したものである。妻たちそのものは、きわめて富裕な［…］夫がこれ見よがしに誇示する価値物の一領域（a form of wealth articles）をなしている。妻たちは価値ある物（valuable articles）とみなされた［…］。シャーマンの医学的治療にはひとりの女性が代価として支払われ［…］まれにではあるが、負債の返済のために娘たちを渡すこともあった」(231)とされる。ところで、わたしたちはつい先ほど、変換の最終段階では、女たちが富と引き換えに与えられ、これをもって円環も閉じられるということを確かめた。

次のことが気づかれたのではないだろうか。すなわち、トンプソン族の神話では、睾丸は隠喩的な事物（運び手の背中の下方へずり落ちる袋）に代えられるが、主要な登場人物も月から太陽に取り替えられている。クーテネイ族の神話でもやはり仔ビーバー（睾丸の隠喩的な等価物）の挿話のあとで、他の神話の月やトンプソン族の太陽と同じく、コヨーテは、太陽のもとで冒険を繰り広げるが、その太陽は財宝の持ち主である（前出一九〇―一九二頁）。

この地域では、月が筆頭の位置を占める神話と、太陽がネズパース族の神話の月のように睾丸の愛好者ではないにせよ、ともかく人喰いとされる神話とが、互い違いに並んでいるということは事実である。ネズパース族の近くにおり、同じ語族に属するクリキタット族も、直接に、もしくはときおり娶ることのあった沿岸セイリッシ諸族の女性を介して、造化の神である月の武勲譚を知っていた(232)。そして彼らは、自分の恋した娘に恥をかかされた若いインディアンの男が、どのようにして自分の村を去り、東へ向けて旅立つかを事細かに物語っている。彼は長いあいだ旅をして、太陽のもとへたどり着くと、その娘に待ち焦がれた夫として歓待された。太陽は死骸を糧とする残忍な人喰いだった。太陽の娘は、その若い男を生かしておいてもらう許しを得た。太陽の人喰いの食事から彼をはずしてもらえるよう、娘は彼のために、狩りや漁の道具を作った。そして、ふたりして太陽に、人間のようにサケやシカを糧とするようにと説き伏せた。*

若い夫婦には子供ができ、太陽の許しを得て、夫の故郷へ帰ることにした。太陽の弟である月が、ふたりをカヌーに乗せて送った。旅の途中にふたりが指した場所が、それ以後、太陽が床につく場所

＊　未婚の雌グマが人喰いたちに着けさせられた人間の睾丸でできた耳飾りを外してやったのもやはり、サケ漁師とシカ猟師なのである（前出一九五頁）。いっぽうは月に関連し、他方は太陽に関連する、その神話の連なりは、密接な平行関係にある。

になった。ふたりが村に戻ると、かつて主人公を追い出した娘は過ちを罰せられた。今度は彼女が辱しめられ、夫を見つけることができないことになる。それが独り身の起源である。この後、太陽、月、星々は各々が規則正しい運行に従うようになった。[233] この人喰いの太陽もまた、たくさんの富を所有していた。太陽の娘が太陽のもとを去るとき、「ごくわずかばかりのもの（原文のまま）」が娘に手渡されたが、それだけで娘の夫の立場を支えてきた人々が豊かになるには十分だった。お高くとまりすぎた娘の両親とその取り巻きは、一切分け前に与ることができなかった。チヌーク族に由来するある神話はさらにそのうえを行き、人喰いでありかつ「髪にいたるまで人間の骸骨で飾り立てた」乙女である月が、ツノガイでおおわれた乙女である太陽と対立させられている。[234]

トンプソン族のある神話（『裸の人』でM_{598h}のインデックスが付いている）では、役割が逆さになっている。つまり、主人公と太陽の娘との結婚は破局に終わる。太陽の娘は彼には熱すぎて、我慢することができないのだ。[235] ところが、そこで説明されるのは、気候の変化の前触れである幻日の起源であって（『裸の人』邦訳二八三—二九九頁）、ほどよく隔たった太陽との距離、もしくは太陽の周期性ではない。*

ここで、ひとつ余談を挟ませていただきたい。沿岸セイリッシ諸族に属するスカジット族の神話のひとつのヴァージョンで、熱すぎて危険ではあるが人喰いではまったくない太陽が、人間に対して多大な気遣いをみせる。にもかかわらず太陽の娘と主人公との結婚が失敗に終わるのは、太陽に対して聞く耳をもたぬインディアンたちが村の秩序を保つことができず、不潔な妻たちが村にいることを見過ごしたからである。[236]「不潔にしている女ほど世の中でいやらしいものはない」とすでにルソーが述べているのを、わたしは別の北アメリカ神話に関して引用したことがある（『食卓作法の起源』邦訳二二五頁、『エミール』今野一雄訳、岩波文庫、下、八六頁）。そして、同一の神話の互いに密接な関係にあるそのふたつのヴァージョンが宇宙《コスミック》〔cosmique〕の次元から化粧《コスメティック》〔cosmetique〕の次元へと――唐突なしかたで――語源学に照らせば話は別なのだが――移行せざるをえないのが印象深い。

現実には、このふたつのヴァージョンが属するのは、アメリカの神話誌家たちに「スカーフェイス」、つまり「顔に傷のある男」という名でよく知られた、大平原からアラスカまで広がる大きな一群で、いくつかの面についてはこれまでに論じたことがある（『食卓作法の起源』邦訳四二三―四二六頁）。ただ、ブラックフット族では部族の儀式の重要性、クリキタット族では天文学的周期性、スカジット族では公の場での清潔、北西海岸では母系交叉イトコとの選好婚（『構造人類学II』203-205〔未邦訳、ただし第九章は『アスディワル武勲詩』邦訳七〇―七四頁〕）の基礎がこの神話によって与えられることには注目すべきで、今後もまだまだ徹底的な研究の必要がある。ここで取り上げるのもひとつの事例でしかないが、ひとつの範列的集合をなしている同一の神話の諸ヴァージョンが、それぞれを別個にとりあげると、初めの集合を異なった地点で横断する他の範列的集合にも組み込まれうることを示すには格好の事例である。

＊

＊　別の伝承に属していると思しき、宇宙論を語るトンプソン族の別の神話によれば、大地＝婦人《ダム・テール》は、自分の夫である太陽が我慢できず、意地悪で、醜く、熱すぎると文句を言う。太陽は彼女を捨て、他の天体たちに後を追われるようになる。それが空と大地の分離の起源である。[237]

月あるいは太陽のいずれが前景におかれていようと、検討したばかりの神話群は、同一の起源論的機能、もしくはそれにきわめてよく似た諸機能をもっている。すなわち、周期性をめぐる問題の解決である。ただし、この不変の性質には天体にかかわって太陽か、月かの選択、そして選好について、それぞれ好意をもつか悪意をもつかの二者択一という反転の運動がともなっている。

変換の初期状態では、月が舞台の前景にいる。月は文明をもたらす英雄で、樹木の種、魚、食用植物の種を創造する造化の神である。また、地球の運動をつかさどるこの世界の組織者は、怪物たちを根絶やしにし、主な道具を発明して、動物たちに現在の姿を与え、性的関係を危険のないものに変え、人間にツノガイの貝殻、すなわち、ご記憶のとおりすべての財のうちでもっとも貴重なものを贈るのである。

続く段階では人喰いの怪物たちが登場するが、そのなかでも妻、娘、あるいは婿にも手なずけられることがないかぎりで、太陽が主な登場人物となる。

ネズパース族の神話では、睾丸食らいの月が登場して、大いなる人喰いという役回りでは太陽は脇役に回る。このようにしてわれわれは、好意的な月（沿岸セイリッシ族）、人喰いの太陽（クリキタット族）、人喰いの月（ネズパース族）と、西から東へ、しかも論理的な序列をそなえた、ひとつの系《セリー》を得た。起源論的機能が異なるスカジット族の神話を脇に置くと（前出二〇四頁）、好意的な太陽という変換が欠けているのに気づく。クーテネイ族――もっとも東に位置する――の神話が示す変換の最終状態が、この変換を示すはずである。残念ながら、その神話のテクストはあまり明瞭なものではなく、ボアズが一九一四年の調査中につきあたったさまざまの困難の名残りをとどめている。ボアズには自由に話が聞ける五人のインフォーマントがいたが、そのうちのひとりは正しい英語を話せても、自身の言語には精通しておらず、他方、他のインフォーマントたちは自身の言語が流暢に話せても、英語に移し変えることができなかった。ボアズはそれゆえ、クーテネイ族の言葉で書き取ったテクストを一方に置き、他のインフォーマントたちの助けを借りて後から作った翻訳を並べて出版したのだが、インフォーマントたちが言葉の文法を体得していなかったり逐語的に翻訳できなかったりしたことを強調してもいる。(238) したがって、このクーテネイ族の神話はおそらく、北アメリカの全コーパスのなかでも――ときには理解不可能なほどに――もっとも混乱にみち、漠としたところが多いという印象を与える。

その困難を回避する方法をおそらく民族誌がもたらしてくれる。クーテネイ族の居住地域はロッキー山脈の向こう側にも及び、東の方では、アルゴンキン語族の一肢族で、平原《プレーヌ》地方の文化をもつブラックフット族と接触をもっていた。高原部に住む部族のなかでも、ブラックフット族からサンダンス〔太陽の踊り〕を取り入れたのはクーテネイ族だけだった。* クーテネイ族の近隣にいるセイリッシ語族の諸部族――フラットヘッド族、コーダレン族、オカナゴン族――は、その存在を知りながら、取り入れなかった。

おそらく、平原地方のインディアンのこの大規模な儀式（部族全体が集まるという点が独特であり、他の儀式においては宗教的同胞団、年齢集団、あるいは諸結社のいずれかだけがその儀式に関係する

＊「クーテネイ族の人々は、太陽の踊りの精霊が暮らしている東の大洋から太陽の踊りを受け取ったといっている」（Turney-High, p. 178, 184）。

にすぎない）に付けられた名は、太陽とその祭祀を、不当なほど強調している。とはいえ、この名が太陽への熱望を誇張しているとしても、それを過小評価してはならない（その点については、『食卓作法の起源』邦訳二三九―二四五頁を参照のこと）。少なくともブラックフット族においては、太陽は世界の主とされ、英知と善意にみちた恵みをあたえる神格とみなされ、日々の祈りがささげられ、問題の儀式に際しては格別の祈りがささげられていた(239)。ところで、クーテネイ族の神話はコヨーテを太陽の婿にしているが、そこにはブラックフット族の神話からの深い影響が認められ、いくつかの挿話はそれと関係づけなければ理解できないほどである。たとえば、コヨーテが太陽のもとで、自分のモカシン靴に取り付けたキツツキの羽根の力で、方々を走り回って藪に火をつけ、獲物を囲い込むことによって、いかにして獲物の多い狩人になったかということをある神話が語る。いくつかのヴァージョンが知られているブラックフット族のある神話では、ヤマアラシの針毛を刺繍し、色とりどりの羽根で飾られた狩用の脚絆を太陽のものだとしている。その脚絆を身につけた者は、ただ歩くだけで獲物を追いこむ藪の火を勢いよく燃え上がらせた。ブラックフット族の神話のなかで、トリックスターが何度も盗み出そうとするのはまさしくこの脚絆なのだが、彼は決して太陽の小屋から出ることができない。ブラックフット族の神話は、この最後の挿話について、クーテネイ族の神話と比べると、はるかに整合性のある、つぎのような解説を付けている。「彼〔トリックスター〕は、世界全部が太陽の小屋であることも、自分が走って逃げた距離くらいでは、まだまだ太陽の目の届く範囲だということが分かっていなかったのである(240)」。ブラックフット族の賢者のひとりは「太陽はたったひとつの部屋のなかに、大地と空とを丸ごともっているのだ」と説明する(241)。その神話のどのヴァージョンでも、それが太陽であれ、トリックスターの友人であれ、義理の兄弟であれ、脚絆の持ち主は、トリックスターが脚絆を奪おうと躍起になっているのを見て、最後にはそれをトリックスターに与え、使い方を教えてやることになる。だが、その受取人はそれを節操なく使い、大火事を引き起こしてしまう。(242) 太陽はそれゆえ、協調的で、寛容ですらある態度を示すようになったのである。ブラックフット族の神話から派生したクーテネイ族のヴァージョンにおいても、太陽にはそうした気質が付与されており、そこでは太陽が、自分の婿である盗人を恨むことなく、どうすれば自分の小屋を出ることができるかを事細かく彼に教え、自分の財産を取り戻そうとさえしないのである（前出一九〇―一九二頁）。

第14章　イヌと番《つが》う女

聴き手である原住民の考えでは、睾丸を傷つけられる月の物語は、彼らの熟知していたあるちょっとした近所づきあいの儀礼を思い起こさせずにはいなかった。

トンプソン・インディアンやその近隣に住むリルウェット族には、じっさい「降ろす」という風習があった。住民たちが半ばまで地中に埋まった〔竪穴式の〕小屋を冬の宿営地としているあいだ、隣の男がときおり訪ねてくることがあった。男は、縄の先に結わえた食糧でいっぱいの手桶を、煙抜きの穴から降ろして来訪を告げた。リルウェット族のところではその訪問は、「雷！」と叫びながら炉に水を投げかけることで始まった。住民たちは訪問があると知って、急いで火をつけ直した。訪問者たちは、それぞれが食物の贈り物をもって小屋内部のはしごを伝って降りてきた（図10〔一三七頁〕）。人々は遊び、お祭り騒ぎになった。ただし、もっともありふれたやり方は、贈り物を縄の先につけるか、動物のモチーフと雷の図像が彫られ彩色された鉤型の長い棒の先につけて降ろすというものだった。

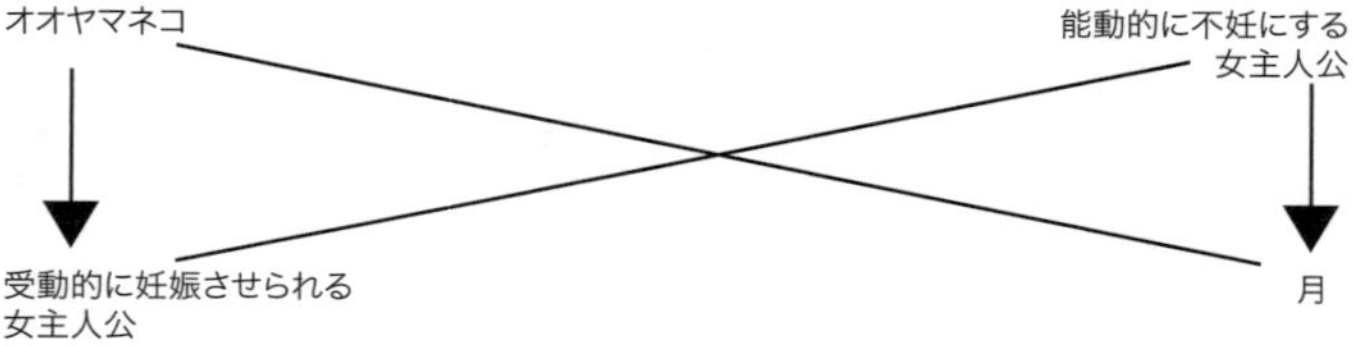

トンプソン族はまた、贈り物を運ぶのに、羽根や紐で飾られ鮮やかな彩色がほどこされた鍋（かつては石であった）を用いた。それには、食糧や衣服、あるいはなめし革がとりつけられた。樹皮製の灯芯に火がつけられ火の玉のように見えるこの装置は激しく振り回された。小屋の住民たちがそれをつかもうとするあいだ、上げられたり下げられたりした。

その宇宙論的な含意は明らかである。他方で、「クサクサ」という謎めいた恐るべき人々が暮らしている地中深く埋められた小屋とも関係している。この人々とは取引の品物を縄の先に結わえて上げ下ろしして交易するしかない。なぜなら、近づこうとすれば、人は地中世界に落ちてしまい、そこから戻っては来れなくなるからである。「クサクサ」は、背中を向けて燃えるように命じると、薪の束を燃え上がらせることができた[243]。

それゆえ、神話にある、族長の娘が小屋の屋根という高いところにいて煙抜きの穴から縄の先に結わえた薪を降ろすというくだりも、月――そのころは人間だった――が炉のそばの低いところにいるというくだりも、あながち無関係ではない。じっさいわたしたちがこの本の冒頭から取り組んでいるメタ神話と呼びうるもののオオヤマネコの物語だけに切り詰められた諸ヴァージョンにおいては、女主人公はオオヤマネコに対して絶対的もしくは相対的に低いところにいる。木の破片が月の身体に貫入するように、オオヤマネコは唾液もしくは精液を娘に向かって落下させ、娘の身体に貫入させることによって娘をはらませるのである。それだけではない。なぜなら、女主人公は、いっぽうの例では受動的に身ごもるが、もういっぽうの例では、自分の相手の位置と自分の位置とを取り替えることにより、能動的に不妊にする。このことは交差配列《キアスム》を用いて右図のように表わせる。

　女主人公がそれ自体と合同であるという仮説のもとで、オオヤマネコを月と合同だと考えなければならないという帰結が導かれる。*

＊

＊　わたしはかつて『神話論理』で、月のセクシュアリティを取り扱ったことがあるので、ここではそのことを想起するにとどめたい。月は、あるときは長いペニスの男として（じっさいには、それを欠くことによって、老いて病んでいてたいした道具を用いないで離れたところから若い娘をはらませるオオヤマネコが成立する）、あるときは両性具有者や性的不能者として（睾丸に傷を負った月のたどるもっともな成り行き）、両義性の神話の発想の源となる。太陽と月との結合は、あまりに近いもの同士なので、インセストということになろう。月（男であれ女であれ）と人間との結合があらゆる危険に見まわれるのは、それがあまりにかけ離れたものだからだろう。配偶者を探す男は、あまりに近くに立ち止まってしまうか、あるいは遠くまで行き過ぎてしまうという危険をおかす。めいめいの天体が日ごと、月ごと、もしくは年ごとに、繰り返し現われるのにしたがって、人々は外婚や内婚のもつ浮動的な価値をこのような手段で表わすことができる。月の両義性は、月に固有であるとともに、諸星座の季節周期性や、太陽に固有の日周期のどちらからも隔たりがある（なぜなら、月の出ない夜はあっても、日光のない昼はないのだから）月周期と結びついている。月相は、最長の周期性と最短の周期性にまたがるあいまいな性格を示している。こうした論点のすべてについては、『食卓作法の起源』邦訳一二〇、二二一―二二二、二五四―二五五、三四二―三四六頁、『裸の人』邦訳五五五―五六三頁を参照のこと。

北アメリカの北西部全域に分布する、[244]ある別の神話群がこうした演繹法を支持することになる。そこでも、主人公はあらゆる求婚者を拒む警戒心の強い娘である。娘は人の姿をしたイヌか、もしくは彼女に恥をかかせようとしてみずからイヌへと姿を変えた片思いの恋人によって、その気がないにもかかわらず（例外のヴァージョンもひとつある[245]）孕まされてしまう。彼女は夜に自分のところにやってくる者がだれなのか突き止めようと、抱きしめられたときに赤土で印をつけ、夜が明けてそれが一匹のイヌだとわかる。オオヤマネコの物語と同じく、犯人は死にそうなほど痛めつけられ、娘も犯人ともども置き去りにされる。ほどなくして彼女の生んだ仔イヌたちは、自分たち以外にはだれもいないと思うときには、動物の皮を脱いで人間の姿になる。彼女は子供たちの不意をついて現われ、その皮を焼く（オオヤマネコの物語のひとつの発展型であり、こちらもまた後に美しい姿になるスナナズの物語に登場する、燃やされる血膿だらけの肌と比較してほしい）。雌イヌのままでいるか半身だけ人間になる娘イヌを残して、仔イヌたちは人間の姿のままとどまることになる。またしてもオオヤマネコの物語と同じく、イヌ‐人間または人間‐イヌは傷を癒やすと、自分たち一家のために狩りに出て、食糧を蓄えるか、子供たちに食糧を蓄えるよう集めさせる。飢えに苦しめられていた迫害者たちは許しを願い出て、許しとともに食糧も手に入れる。[246]

原住民の思考は、この神話とオオヤマネコの神話との対応をはっきり意識している。なぜなら、「神話伝承でこの動物が果たす役割を考えると、身ごもった女は、オオヤマネコの肉もイヌの肉も食べてはならない」とトンプソン族は語るからである。[247] それならば、ふたつの神話群には、どのような違いがあるだろうか。オオヤマネコとイヌは野生動物と家畜として対立するだけでなく、*『裸の人』のなかのイヌと番う女の神話が現われるくだりで強調しておいたように（邦訳五八六―五八七、五九九―六〇二、六四九―六五〇、七二四―七二五頁）、アメリカのほかの地域で観察されることとは対照的に、北西海岸と隣接する内陸の人々はイヌを半‐人間とみなすのである（同前、邦訳六五〇頁注）。

ところで、イヌと番う女の神話には、ここでわたしたちの関心をひく形では、実の兄弟姉妹によるインセストをめぐる南北両アメリカ神話の大きな集合への明示的な参照が含まれている（見知らぬ夜の訪問者、訪問者を突き止めるための身体への印づけなど）。ピュージェット湾のヴァージョンによると、イヌに姿を変えて「輝く」姫を誘惑した主人公は、インセストを犯した実の兄弟姉妹の対から生まれたという[248]。フレイザー川下流のヴァージョンは、インセストのテーマを結末に置いている。つまり、十人の子供‐イヌたちは大きく美しくなり、自分たちどうしで結婚する[249]。ブリティッシュ・コロンビア最北部の、アサパスカン語族に属するカスカ族は、子供‐イヌの母が、息子のひとりに姉妹と床をともにしたという疑いをかけると語る。その母は若い娘の床に樹脂を塗っておき、次の朝、末っ子の身体に黒いしみがあるのを見つけた。悲しみのあまり、母は子供たちを岩にし、彼女自身も岩になった。** カスカ族に隣り合い、やはりアサパスカン語族に属するデネ・フラン・シアン〔フラン・

＊　トンプソン族は自分たちの飼い犬に、記述的な名前を付けていた。ピュージェット湾の人々は自分たちの飼い犬に人物名を付けていた。ところが、このピュージェット湾の人々の所有する奴隷たちには、小さな子供たちと同じく、記述的な名前が付けられていた。トンプソン族のところに奴隷はいなかった。人間および動物の固有名詞をめぐる比較研究については、『野生の思考』邦訳二七一―二八〇頁、『はるかなる視線』邦訳二二六―二三三頁を参照のこと。

ド・シアンは「犬の脇腹」の意」族も、みずからのことをインセストによる夫婦の子孫、しかも、イヌと番う女の息子たちのうちのふたりと娘による一妻多夫の夫婦の子孫だと——この名はそこに由来している——考えている。[250]

ただし、この神話の複数のヴァージョンが、家族の範囲を拡げているために、ことはさほど単純ではない。とくに意味深長な極地エスキモーのヴァージョンでは、女が自分の十人の子供——五人の男の子に五人の女の子——を、おそらくはインセストである対に割りふるが、それで生まれてきたのは次のようなそれぞれ異なる人々である。初めの対からはヨーロッパ人が、次の対からは「野蛮人」たちが、三つめの対からはオオカミが、四つめの対からは超自然の種族である巨人族が、五つめの対からもやはりまた超自然の種族である小人族が生まれた。[251] これ以上に折衷的な取り合わせが思いつけるだろうか。

グリーンランド北西海岸に暮らす極地エスキモーは太平洋の岸辺からはるか遠くに離れている。それでもわたしがこの神話のエスキモーのヴァージョンの引用にこだわったのは、ブリティッシュ・コロンビア由来のほかの諸ヴァージョンもまた、おそらくはひとつもしくは複数のインセストからはじめて、外婚という規範を設けようとする、同じ方向性をもっているからである。トンプソン族やリルウェット族によると、子供 - イヌが結婚する相手は、復旧したばかりの村の女たちのこともあれば、[252] 自分たちの母が息子の木工仕事の削り屑や木っ端から作り出した人々出身の女たちのこともある。[253] ところで、リルウェット族の神話は、木のかけらや削り屑は多様な色彩をもつ樹木種に由来するように、人々にも白い肌や黒い肌、黄色い肌、褐色の肌があると締めくくられる。つまり、「今日のインディアンたちに変化に富んだ肌の色が見られるのはそのためなのである」[254]。

同様の結末は後にとりあげるトンプソン族のある神話に見られる（後出二二七頁）。（時には目で見ることのできる太陽と同一視される）銅の球を横取りしようと協力しあうコヨーテとレイヨウには、それぞれ四人の息子、四人の娘がおり、これらの子供たち同士が結婚する。その子孫たちはそれぞれ肌の色が異なっている。それぞれの肌に、黒、黄、赤、茶の色がついているのは、コヨーテの子供たち自身も、コヨーテのふたりの妻で、異なった色合いをもつ木のハンノキとポプラから生まれてきたからである[255]。ところで、このコヨーテの子供とレイヨウの子供のあいだの婚姻は、最高度に外婚的な性格を呈する。なぜなら、神話がはっきり述べているように、レイヨウは南方からやってきた移住者だったからである。そして、レイヨウがその後モンタナ州に定着したことから、この地方にたくさんレイヨウがいるが、トンプソン族のもとには少ない理由が説明されるのである。事実、プロングホーン（*Antelocapra amerikana*）はロッキー山脈の西斜面に生息している。だが、皮の色の違いの原因がもっぱらコヨーテの妻に求められることにも注目しておきたい。それは内生的な多様性であり、レイヨウが外部に起源をもつという事実とはいっさい関係づけられていない。別の平面を例にとってみれば、

＊＊（二一五ページ）　トリンギット族やハイダ族のヴァージョンによると、その家族が岩に姿を変えるのは、若い娘が、自分の兄弟たちから押しつけられた禁忌（思春期の禁忌もそれ以外の場合もある）を犯したからである。わたしはかつて、『仮面の道』のなかで（一九七九年版、p. 200-1　邦訳にはこの増補部分はない）、性別の異なる兄弟姉妹たちのあいだの礼儀作法違反を、（第三章でみたツノガイを盗む女たちの神話と同じように）インセストの組み合わせ上のヴァリアントとみなすという提案をした。カスカ族のヴァージョンはこのような解釈を裏づけている。

わたしたちはイヌと番う女の神話にも同様のゆれがあることに気づく。これらの神話のすべてが、外婚と内婚のあいだの蝶番をなしていると言う以外どう言えるだろうか。ここまで見てきたように、イヌたちは半‐人間である。女と雄イヌのあいだの息子たちが最終的には人間になるのだから、イヌは人間に十分に近い（ただし、半身だけしか人間にならないか、動物のイヌとしての性質をもちつづける娘はそうではない）*。ところが、肌の色の違いが明白にするような、それまでは知られていなかった解剖学的多様性が、女とイヌとの結合から人間という種に持ちこまれるというほど、両者は近くはない。

太陽と月の起源をめぐるクーテネイ族の神話も同じ方向をとる。そして、その神話は、オオヤマネコの神話と実の兄弟姉妹によるインセストの神話を短絡させるかのように、かなり独自のやり方で結合させているだけに、いっそう関心をそそる。クーテネイ族の神話は三幕から構成されている。第一幕では、野ウサギが、愛人である赤いタカの後を追う鳥である自分の妻から見捨てられる。第二幕では、野ウサギが雌ジカに夢中になるが、それが自分の姉妹であることを知り、隠れ家でひっそりと暮らす。第三幕では、オオヤマネコが、野ウサギのところに雌ジカがいるのを見つけ、雌ジカが尿をするところに残した数本の毛によって孕ませる。オオヤマネコは痛めつけられ、ふたりは置き去りにされるが、その子供たちは後に、太陽と月になる(257)。この神話はそれゆえ、あいついで起こる三つの結合について語っていることになる。ひとつめの結合は外婚的でありすぎ、ふたつめの結合は内婚的でありすぎるため、どちらも失敗する。三つめの結合が中間項を構成し成功を収めることになる。というのも、そこから生まれた――ひとりは熱すぎず、もうひとりは冷たすぎない――ふたりの子供だけが、ふたつの天体の役割を受けもつのに適していることになるからである。

＊

イヌと番う女の神話は新世界に固有のものではない。シベリアから中国に至る地域でも、数多のヴァージョンが採集されてきた。一九世紀に入ってからの日本においてさえ、一八一四年から一八四一年にかけて滝沢馬琴が出版した一〇六冊からなる大衆小説『南総里見八犬伝』が、そのテーマに材をとっている。アメリカ大陸でもまた、その神話が、実の兄弟姉妹によるインセストの神話と対になって、エスキモーのもとで開花した。セイリッシ族のもとでは、後者の神話は他方の神話〔犬と番う女〕のために影が薄く見えるとしても、検討を要する特殊な形態のもとで、たしかに存在はしている。インセストを犯した実の兄妹はことが露見してからも、それ以降、果てしなく追いつ追われつのあ

＊　原住民の思考が、自然に反するともいえる猟師とイヌとのあいだに成り立つ親密性と、実の兄弟姉妹のあいだに生まれうる、インセストすれすれかインセストにまでいたる親密性とを比較していることは、まったく疑問の余地がない。キャリアー族のヴァージョンは、以下のようにして、いっぽうの親密さによってもういっぽうの親密さを説明している。「男の子たちは冬のあいだに、とても早く大きくなった。彼らはいつも、ウプティッツという、自分たちの妹‐イヌと遊んだ。イヌたちが今でも人間のお供を好んでするのはそのためである。イヌも初めは、他の動物たちと同じように、人になつかなかったが、ウプティッツがいつも兄たちのそばにいて、動物たちや見知らぬものが近づいてくるのを彼らに知らせたため、それ以後は、イヌはつねに人間のお供をするようになった」。いっぽうリルウェット族やトンプソン族はと言えば、女とイヌとを、危ういまでに近しい存在だとみなしていた。どちらの原住民も女性とイヌがクマの肉を食べるのを禁じていた。もし雄イヌが女と同じ場所に放尿しようものなら、女を性的に欲望しているのではないかという恐れから、その雄イヌは殺された。(256)

いだになる太陽と月になるべく天界へ逃れることはなかった。セイリッシ族のヴァージョンによると、ふたりは、遠くへ立ち去るにあたって、若い妻が念のため自身のドレスから引っ張り出した毛糸の先や刺繍の切れっ端を枝に引っかけて、自分たちのたどった道に目印を付けておいた。若い妻はほどなくしてひとりの男の子を産んだが（あるヴァージョンによれば、男の子と女の子がひとりずつ）、ある日その男の子は、自分の両親がよく似ているのに気づいて驚いた。両親は、真相を打ち明け（あるいは真相が夢のなかで彼に現われ）、その子を村に返すことにしたが、その子は両親が付けておいた目印をたどって村へと帰り着いた。子供が出発するやいなや、両親は薪の山のうえで命を絶った。

いくつかのヴァージョンはそこで終わる。(258)(259)(260) しかし、ほかのヴァージョンは物語を引き延ばす。トンプソン族に由来するヴァージョンによると、その男の子は、自分の母から授かった魔術の力で姿が見えなくなっていたが、彼のおじが初めにその子に気がついた。そのおじは片目の小さな老人だったが、男の子は視力を取り戻してやった。続いて彼は祖母のもとへと向かったが、彼女は彼を閉じ込めてしまった（彼女は、主人公の母である自分の娘にもかつて同じことをしたのだった）。ふたりの魔女が、この謎をいぶかしみ、自分たちの糞便で美しい鳥たちを作った。おじは鳥を殺そうとしたができなかった。おじは甥が外に出られるよう懇願し、願いは聞き入れられ、甥は鳥たちを殺してシャツの下に入れ、そのせいで汚れて悪臭を放った。

このような辱めに屈辱を感じた彼は、おじとともに、はるか遠くへ去ろうと決意する。彼らはふたりそろって、森の奥で数年を過ごす。成人になった主人公はある日、雲の国のふたりの住人と結婚するために天界へと上る計画を思いつく。彼は一羽のワシを殺して、その皮を身につけ、自分のおじがついてくるのも受け入れる。ところが、おじは飛んでいるあいだ目を閉じていることができず、目を開けるたびに甥ともども地面にたたきつけられてしまう。こうして別離は避けがたくなる。主人公はおじの頼みを容れて、彼を赤い目をした小さなカモに変え、* 雲々が赤らむのが見えたら、自分はすぐに帰ってくると予告する。

こうして主人公はひとりで雲の国へたどり着いて、そこで暮らすふたりの姉妹と結婚し、それぞれとのあいだに息子をもうける。妻たちと彼は地上に下りる決心をする。主人公はワシの衣装を着こんで、息子たちをそれぞれの足にくくりつけたあと、それぞれの腕で妻をつかみ飛び立つ。

おじは主人公たちを喜んで迎えるが、今後は自分が邪魔だと感じる。彼は赤い目の小さなカモのままにとどまり、この種全体の祖先となる。主人公はというと、彼はまだ生きていた祖父母のそばで家族とともに暮らすことにする。彼を祖とするひとつの大きく強力な部族が生まれた(261)。

完全なテクストであれば、すばらしい劇的な力がある物語を、やむをえず大幅に要約したことは遺

＊　このオジ＝カモは、何度か引用したクーテネイ神話のなかの（前出五〇頁、八九頁、一五四頁、一九一頁、一九六頁、二一八頁）、インセストをした対のひとりの兄弟と同じ位置を占めている。妻に裏切られた野ウサギは、雄ジカを切り分けるとき、カモを使って、競争相手である赤いタカが血でいっぱいの胃を選ぶように仕向けさせる。タカは自分の妻の背中にその胃をのせる。野ウサギはその妻をつまづかせると、彼女は倒れ、血が彼女を覆い固まってしまう。彼女はかちかちに固まって死ぬ。この挿話のなかには、12章および13章の主題であり「睾丸の変換」と呼んでもよさそうなものの、どうにか見分けられる、その最終状態を見てとることができないだろうか。トンプソン族のヴァージョンにおける背中に担がれた袋（前出二〇一頁）と比較してみると、利益をもたらすものが、一変してここでは死をもたらすものになっている。

憾である。語り手は、この物語が語られるたび、妻たちや若い女性の涙を誘うことを強調してさえいる。[263]わたしは、南北両アメリカの神話のすべてのコーパスのなかで、このような注釈の例を他に見たことがない……＊。

いっそう悲愴感のただようサンポイル族のヴァージョンは、（姉妹が自分の誘惑者がだれであるかを知らない、わたしが標準版と呼ぶものとは反対に）兄弟と姉妹が互いに対して抱く熱情について長々と語っている。彼らの母はまず初めはひとりで、子供たちに探りを入れる。続いて、彼女は夫にも付いてこさせる。「ふたりが落胆して宿営地に戻ったとき、族長は自分がどうすべきか妻にたずねる。彼女は答えて言う「それはあなた次第よ、あなたは族長。わたしは子供たちを愛しているけれど、それはあなたが決めることよ」。しばらくして彼が言う、「よろしい、まだわたしにできることは何か分かった。わたしが息子を殺そう。ことが知られてしまったら、われわれは笑われることだろう」。族長はその計画を実行に移して、息子の死をそれとなく村に知らせ、娘には何も教えないよう命じた。ところが、娘は末の妹から事実を聞きだしてしまう。彼女は自分のもっとも美しい服を身につけて、兄弟の死体が横たえられた谷に駆けつけ、虚空へと身を投げる。死によって結びつくことにより、ふたりの恋人は勝利を収める。「わたしたちはいっしょにいたいと思ったが、今ではわたしたちは永遠にいっしょになった[264]」」。アメリカ神話はここにいたって、歌舞伎の悲劇的な壮麗さにも比肩する。

この神話が属する神話群の起源論的機能は、きわめて明瞭である。人殺しの族長は悔恨の念に苛まれ、子供たちを生き返らせようと願った。「そうすれば、将来、人々は死に、その後で生き返ることもできる」。別のシャーマンはそれに反対した。だが、彼が自分の子を失う番になり、生き返らせよう願うと、もともと自分が提起した論拠によって反駁される。「いつか世界に文明がもたらされ、人々を埋葬しなければならなくなる。人々は死ねば死んだきり。人々が死ぬとき、それは永遠」[265]。この主要な起源論的機能にさらに別のものが付け加わってくることは注目される。すなわち、インセスト的な対からは、この神話を語る人々そのものか、あるいは近隣の人々もしくは、遠縁ではあるが親族の人々が子孫として生まれたと語り手たちは言う[266]。それゆえ、ここで、時間的であると同時に空間的な、ふたつの面から考えられた人間の条件は、一度限りで生起し取り返しのつかない出来事の結果なのだ。いっぽう、イヌと番う女の神話は人間的条件に対して、少なくともその身体的な側面つまり、皮膚の色についてはある一定の不確定性をとどめている。

＊　フレイザー川のさらに下流で採集されたあるヴァージョンには違いがある。村に戻った主人公は、自分の意思で、周囲の視線から身を隠すのである。何とか姿を現わさせようと、詮索好きなひとりの女が、自分の糞便で作った、みごとな作り物の鳥を使って彼を誘う。主人公のイトコのひとりが、ここではおじの役割を引き受けて、彼とともに逃げることや、ワシを捕まえるために、血を塗ったおとりの役さえ受け入れる。主人公はその皮を着て飛び立つ。

天空で（そのイトコはそこに連れて行ってくれとは頼んでいなかったが）、主人公はふたりの盲目の老女に出会う。太陽の娘と結婚するために彼女たちが主人公にしてくれた援助に感謝して、彼はふたりの視力を取り戻してやる（盲目の女の主題については、『裸の人』邦訳四八四―五六三頁を参照のこと）。主人公は太陽が課した試練に勝ち抜いたが、醜くてせむしである月の娘たちをないがしろにしたので、月は主人公にうるさく付きまとう。

太陽の娘が主人公とのあいだに生んだふたりの子供は、父方の家族を知りたいとしつこくせがむ。太陽は出立に同意するが、地上へ帰るのにはいくつかの困難が伴う。天体の娘はあまりに強く輝いているため、面と向かって見ることができず、不注意な人間の目を焼いてしまう。彼女は彼女で、人間の臭いを我慢できない。すべては物語の終わりで折り合いがつく[262]。

北アメリカ北西部では、イヌと番う女の神話はそれゆえ、実の兄弟姉妹によるインセストの神話のうえに二重写しになっているかのようだ。わたしたちの分析が的確なら、これらの神話はただ、罪ある者たちに確かめられる接近の種類だけが異なっているのである。なぜなら、（歴史の狡知が語られるのと同じ意味における）文化の狡知によって、イヌは、動物という本性のために受け入れがたい配偶者としても、また同時に家畜という名目で実の兄弟としても現われるからである（前出二一八頁）。わたしたち自身も〔イヌを〕「格下の兄弟《フレール・アンフェリユール》」と呼ぶように……。そうであるなら、実の兄弟姉妹によるインセストの神話における明瞭な天文学的なコード化は、たとえ潜在的な状態であれ、もういっぽうの神話にも存在しているはずだということになろう。周知のとおり、インセストを犯した実の兄弟姉妹は天界に逃げ、妻が太陽に、〔夫である〕その兄弟が月になる。イヌが兄弟と相同《オモロジー》の関係にあるかぎりで、イヌはまた月とも合同《コングリューアンス》の関係になければならず、その関係は、イヌと番う女の神話と平行する神話のなかで、別の関係からオオヤマネコに確かめた合同と一致している。

*

仮説をさらに展開してみよう。オオヤマネコやその分身で子供のときにミミズクにさらわれる主人公が月と合同の関係にあり、こうした登場人物の役割が逆転している神話が存在するならば、そのような神話では太陽が前景に現われるということが確かめられるはずである。

わたしが本書の冒頭で引き合いに出したオオヤマネコの物語の一ヴァージョンは、このような変換の端緒を含んでいる。コーダレン族の語るところによれば、たしかに、夫や子供ともども自分を見捨てた人々を許すにあたって、女主人公はツグミの「青いマント」もしくは「青い首飾り」を要求する（前出二三頁）。この変換が決定的な相で現われるのは、オオヤマネコの物語の他のヴァージョンではなく、イヌと番う女の神話のヴァージョンであることは注目に値する。このヴァージョンは、コーダレン族と同じくセイリッシ語族に属する、スライアムンないしはスリアモン族に由来する。だが、このふたつの民族はいっぽうは沿岸、もういっぽうは内陸と、セイリッシ語族の領域の両端の地理的に対照的な位置をしめている。

このヴァージョンによれば、妻は七匹の仔イヌを生んだが、ひとたび動物の皮を焼いてしまうと、ひとりの女の子と六人の男の子になった。娘は服を仕立てるのが上手で、自分の兄弟たちにマントを作ってやった。最年長の兄のマントは、鳥の皮でできていた。そのマントをしきりと欲しがっていた太陽が地上に降りてきた。太陽はその男の子にそのマントと、裾の一角を水に入れるだけで魚が捕えられる自分のマントを交換しようともちかけた[267]。

太陽の驚異のマントは神話にしばしば現われる。沿岸セイリッシの別の小部族であるスクォーミッシ族は、シマリス（*Tamia sp.*）の革でマントをつくり、主人公が自分のマントを太陽のマントと交換し、そのおかげで奇蹟的な漁ができたと語る。このマントは、それを着けた者に、「真昼の太陽の光を放って輝く外見」を与える[268]。スクォーミッシ族の言葉でも、同語族に属するトンプソン語と同じく、シマリスの鳴き声が「光」という言葉と似た擬声語によって表わされるということは大いにありうる[269]。

奇跡のマントのモチーフははるか南方まで広がり、チヌーク族にまで及ぶ[270]。わたしはこれまでどおり、セイリッシ諸族に由来する諸ヴァージョンだけを扱うことにする。リルウェット族によると、ある地方の族長に大食らいで怠け者の息子がいたが、族長は自分の息子を置き去りにし、人々もそれにしたがった。祖母だけはその男の子とともにとどまった。彼女はその男の子に鳥の皮（あるヴァージョンではカササギの皮と明言されている）で上着を仕立ててやる。太陽はその男の子に、驚異的な漁師になれるはずの自分の上着と交換しようと持ちかけた。「太陽は、その服を手に入れるまでは、血の気がなく、月の光のようなひ弱な光を発していた。太陽は少年から光り輝くマントを手に入れたおかげで、それからは光を放って、生き生きするようになった[271]」。

ある別のヴァージョンは、かつては姿の見えなかった太陽が、年がら年中、我慢ならない熱を発していたと語る。太陽は主人公にマントを交換しようと持ちかける。主人公は交換をためらう。「おれの上着をおまえにやれば、おまえはたぶんもっと暑くなって、人々はみな死んでしまうだろう。――太陽は答えて言う。そんなことはない、おまえのマントがおれを輝かせてくれる。毎日おれが見えるようになるだろうが、おれが放つ暑さは今の上着ほど強くはならないはずだ。――主人公は言う。それなら、夏のあいだは控えめに熱を放ち、そのほかのときは涼しくして、おまえがもっと明るく穏やかになると約束してくれたら、おまえの［ヤマヤギの毛の］上着と引き換えに、［ひとつは青いカケスの羽根製の、もうひとつはカササギの羽根製の］おれの上着をふたつとももって行っていいぞ」*。交換が行なわれ、太陽は主人公に、インディアンたちにはまだ知られていなかった漁の技法を教えた。太陽は夏にはカササギの羽根の上着だけを身につけたので、よく見えるようになった。冬には、もうひとつの上着を重ね着して、激しい暑さを和らげた。それからというもの、夏の暑さは穏やかになり、冬の寒さもしのげるほどになった[272]。

トンプソン族のヴァージョンによれば、太陽は日中は何も身に着けずに出歩き、眠るときだけ服を着ていたが、数々の品物と引き換えに主人公から四着の上着を手に入れる。かつては強烈だった太陽の暑さも、人間にはそれほどつらくはなくなった(273)。

太陽は、目には見えないのに我慢ならない暑さを発したり、光が弱すぎたりする。このふたつの場合には、太陽は新しいマントのおかげで、光を放ち、耐えられる存在になる。このマントが、霧の起源となる病んだスナナズの皮膚を逆転したものだ（その皮膚自体も、神話の系《セリー》すべての発端である、オオヤマネコの病んだ皮膚の変換である）と確信するには、わたしたちが扱った神話の全体をひと通り見回せば十分だろう。オオヤマネコの物語のコーダレン族のヴァージョンで女主人公が手に入れるシンプルな服飾品である、青いツグミのマント――ときには首飾りのこともある――は、最後には主人公が脱いで手放すことに同意する立派な服に姿を変える。主人公はそれと引き換えに、漁で生計を立てる人々にはこのうえない食糧である魚を手に入れる（他方、服飾品からの別の変換である睾丸は、非人間すなわち人喰いの食糧である）。

太陽を見えるようにするマントの逆転、それは天体を隠す霧であり、セイリッシ語族のインディア

＊　ヤギの毛は、フレイザー川下流のヴァージョンのなかにも現われ、そこでは天体がつぎのように言う。「わたしは太陽で、月はわたしの兄弟、そして月のそばで輝いている星は月の妻だ」。のちに、クァルスという変化をもたらす者が、主人公とそのイヌが一頭のヘラジカを追い立てているときに、彼らを岩に変えてしまうが、ヘラジカは、空に飛びあがり、おおぐま座の四つの主要な星になってしまった(274)。キャリアー族のヴァージョンでは、イヌと番う女の子供たちもまた星へと姿を変える（前出二一九頁の注を参照のこと）。

ンのなかでも北方に孤立して居住するベラクーラ族のある神話では、言葉どおりの意味になっている。ベラクーラ族の言うところによると、もともとは、太陽はなかった。天界と大地とのあいだに引かれたカーテンのため、地上は暗がりのなかにあった（わたしたちも、別の織物の暗喩を用い、霧の「テーブルクロス」と言わないだろうか）。カラスはアオサギにそのカーテンを引き裂くように命じたが、ぶ厚い霧ごしに射すときのように（ボアズのドイツ語による書き取りのなかでは「dichten Nebel 濃い霧」となっている）、太陽の光はほとんど射しこまなかった。まともな太陽を探しに出かけたカラスは、太陽を箱にしまい込んで隠していた夜明けの主から太陽を盗み出し、空へと運んだ。[275]

これまでひと通り見てきた神話と並行するように、セイリッシ族のその他の神話にも、いっしょになって光り輝く物体を盗み出すふたりの盟友およびその子供が登場する。ヴァージョンによって、箍《たが》であったり、円盤であったり、球であったりして、太陽と同一視されることもあれば、このあと空に架かるのが見えるようになる虹と同一視されることもある。* ほとんどすべてのヴァージョンが、盗人あるいは盗人たちは、ぶ厚い霧を立ちこめさせて、追っ手から逃れられたとはっきり述べている。[276] それゆえ、霧は二重の機能を果たしていることになる。つまり、太陽が大地を照らすのを妨げるか、太陽（あるいは虹）が人々の目をたのしませる手段になるか、である。前者では分離の機能を果たす霧は、後者では結合の機能を果たす。すでに引用した神話で（前出二〇一頁）、「霧のように上り下りする」大きな雲を、主人公が太陽の住まいへの通り道にするのも、それと同じことである。

＊　彩りを添えるために、スカジット族由来の近年のヴァージョンにも言及しておくことにする。夜が君臨し、月が唯一の光であった時代、トリックスターであるミンクが、東方の人々から、太陽を動かす装置を盗み出してくる。それは、あたかも大時計のようで、ねじを巻くのに三つの鍵が必要だった。ミンクはそれがどうやって動くのかを念入りに観察し、三つの鍵でバネを巻いておいた。ミンクが三つ目の鍵を最後まで巻きおわると、太陽が昇ってきた。以前には奴隷だったミンクは村の長におさまった。[277]

第三部　風の方へ

第15章　風の捕獲

トンプソン族のミミズクにさらわれる子供の神話の主人公が、ヴァージョンによって、ンツァーズ、ツァアウズ、もしくはスナナズと名乗ることにふれた（前出一二六頁）。このうちシュスワップ族にも見受けられる最後の名については、テイトが次のように注釈している。「スナナズという名は「小さな上着」を意味しているが、何人かのインディアンは、それがミミズクを指す語のヴァリアントのひとつだと思っているらしい」。たしかに、シュスワップ語では「ワシミミズク」を「スニナ」と言う。トンプソン族のインフォーマントによれば、スナナズという名とンツァーズという名のあいだにはつながりがある。そして、スナナズとは「小さなブランケット」を意味するらしい[278]。

ここでふたつのことが指摘される。ひとつには、インディアンたちは、何らかの音声的類似を示してもいる固有名のあいだに、意味論的な親縁性を感じ取っている。もうひとつとして、このような名のひとつであるスナナズが、ひとつはミミズクに、もうひとつは衣服にかかわるふたつの意味をもつことを、彼らは認めている。諸神話が、これらの名の持ち主とミミズクとを密接に関係づけることをわたしたちはすでに知っている。次にわたしたちは、小さな上着もしくはブランケットが、神話群のもう一方のグループとも部分的に交叉するひとつのグループにおいてある本質的な役割を果たしており、そこではおそらく同じ主人公が（いずれにせよやはりスナナズという名の主人公が）、まさしくブランケットもしくは自分の服の他の部分を用いて、風を捕らえて飼いならしたことで際立っているということを検討しよう。

スナナズという固有名が「ミミズク」という意味をもちうるということからは、神話のなかでこの鳥にわりふられる役割が間接的に想起される。このつながりはそれゆえ、隠喩的な次元のものである。同じ神話の後のほうで、主人公は病んだ皮膚に覆われ、それは焼かれると霧を生み出す。霧と風とは、相関しつつ対立しあう一対の項を形づくる、すなわちどちらも気象現象だが、互いに相容れない。ところで、スナナズという固有名のもうひとつの意味である「小さな上着」は、風を捕らえる物質的な手段を示している。したがって、それは換喩的な次元にある。さらに、風を捕らえる道具であるこのブランケットもしくは衣服の一部は、皮膚が霧の起源になっている神話群における主人公の着衣としての病んだ皮膚と対をなしている。

神話のふたつの系を支配する対称の関係を、このように図式的なやり方で素描することで、そのひとつの系を本書の第二部でとりあげた後に、今度はもうひとつの系と取り組むことができるのである。トンプソン族のヴァージョンは、「風を捕獲した男の子の物語」という表題である。

昔、風が激しく吹き、死や破壊を引き起こしていた。ひとりの男がスペンスブリッジのそばで三人の息子と暮らしていた。末の息子は手柄を立てたいと切に願っていた。ある日、彼は自分が風を罠にかけてやると宣言した。そんなことは無理だ、「風はだれにも見えないじゃないか」と人々は彼に言った。男の子はそれでも〔風を捕らえる罠である〕マントの襟を立てたが、襟の留め方がゆる過ぎて、続けざまに何度も失敗した。彼は夜ごとに、襟の止め方をきつくしていった。そして、ある日の朝、彼は自分が風を捕まえているのに気づいた。彼はさんざん苦労して風をブランケットに閉じ込め、村まで持って帰った。彼が風を捕まえたと言っても、人々は彼のことを鼻で笑った。自分の言ったことを証明するため、彼はブランケットを少しだけ開けた。すると、風が小屋を壊しかけてしまうほど激しく吹きつけた。人々は主人公の子に、もう一度、ブランケットに風を閉じ込めるよう懇願した。彼は、人々をこれ以上苦しめないという約束を取り付けて、風を放してやった。そして、風はこれ以後、この約束を守った。

富とすばらしい結婚とを予告する夢に誘われて、主人公は南の方角へと旅立った。彼は、代えのモカシン靴を全部使い切ってしまうくらい長いあいだ歩いた。彼と出くわしたコヨーテが、命を助けてくれた引き換えに（というのも、彼はコヨーテを殺そうとしたから）、援助を申し出てくれたので、足を傷めていたにもかかわらず彼の歩みは続いた。コヨーテは彼を背負った。そして、コヨーテの歩みは、最初こそゆっくりだったものの、主人公が小さなものから次第に大きな動物を次々に倒し、コヨーテがすぐにそれを焼いて腹の足しにするにつれ、だんだんと速くなっていった。ついには、コヨーテは風のように走り出して、族長の家にたどり着き、どうすればそこに入れてもらえるかを主人公に説明した。

主人公は武器をもった番兵の前を通り過ぎた。冷淡にあしらわれたものの、彼は取り入ることができた。ある晩、彼は族長の娘とともに、族長の持ち物だった最良の馬二頭と、ついでに美しい鞍も奪って逃げだした。人々は彼らを追いかけた。追いつかれそうになったとき、彼らは自分たちの馬と鞍とをスツックに変え自分たちのシャツの下に隠した。自分たちも草むらに身を潜めて、追っ手をやり過ごしてから、彼らがまた歩きはじめると、兄弟たちと再会した。兄弟たちは旅のはじめはいっしょだったものの、早々にやる気を失って主人公について行くのを諦め、近くで狩をしていたのだった。

帰路につくと、主人公の兄弟たちは、彼の妻をしきりに欲しがり、彼を断崖から突き落としてしまった。主人公は死にはしなかったものの、そこからどうやって這い上がればよいかわからなかった。彼はあらゆる動物に次々に助けを求めたが、どの動物も彼を引き上げることができなかった。そのとき主人公は村のそばに暮らしていた老いたコヨーテのことを思い出し、コヨーテもその気になった。コヨーテが来るまでに他の動物たちがしたのと同じで、コヨーテもその谷に自分の尻尾を垂らしただけであった。コヨーテの尻尾は、主人公がわしづかみにして地面まで上がってこれるほど長かった。主人公はスツックを馬に変えて、近くの村での競馬で勝利した。彼はその馬をかなりの高値で売りに出し、代価を受け取るとすぐ、その動物をもう一度スツックに変え、さらに、カヌーに変えてそのカヌーで自分の村に帰った。彼は、父が邪悪なふたりの兄弟から守っていた妻に再会した。これ以降、主人公は偉大な呪術師として遇され、コヨーテはその友となった。(279)

ジェイムズ・アレクサンダー・テイト(一八六四―一九二二)――彼はシェットランド島に生まれ、幼少のうちにカナダに移民したのち、トンプソン族のもとで言語を習得して生活し、ボアズの勧めと援助によって、彼らについての研究を数多く発表した――によれば、スツックという言葉は、あらゆる種類の目印もしくは図案を指している。「何人かのインディアンが言うには、この物語のなかで、スツックという言葉は、目印や図案の役割をする樹皮の端片を指していて、呪術師や魔術師がその作り手だった場合には、超自然的な力をもつ。通常のやり方で作られておらず、ときには人間の手によらないものさえあるため、「秘跡」とみなされる岩絵を指すこともある。インディアンたちは今では、白人たちの文字や図案もスツックと呼んでいる。彼らはまた、紙もスツックと呼ぶ[280]」。この重要な注釈については、のちほど立ち戻ることにする。

スペンスブリッジは、フレイザー川との合流点から二〇キロほどのトンプソン川畔の小さな町である。

トンプソン族によれば、主人公が捕らえたとき、風は、薄くて軽く地面に触れることなく左右にはためく身体のうえに大きな頭をのせた男の姿をしていたという。ある別のテクストによれば、風－人間は、丸くて、中身が空の、骨のない身体で、ボールのように弾んだという。その頭、口、目は途方もない大きさで、手と足は委縮していた[281]。

テクストの理解に欠かせないこうしたいくつかの詳細に続いて、本質的な論点に進むことにしよう。ここで問題となっているのは、霧ではなく風である。そして、神話の関心がある気象から別の気象へと移ると同時に、これまでに検討してきた諸神話ではオオヤマネコの役柄のために影が薄くなっていたコヨーテの役柄が前景に押し出される。ところで、わたしは前に、ミミズクにさらわれる男の子の神話に現われるスナナズ（もしくはそれに類似した名前の持ち主）は、同じように身体をおおう病んだ皮膚が後に治癒するか取り除かれ、霧の主もしくは生みの親となるオオヤマネコという登場人物と重なっていることを指摘した。ここでは、スナナズ（もしくはこの名前をもつ主人公）は、コヨーテの模造、さらには腹心の友となっている。「コヨーテはその友となった」というこの神話の結びの言葉がそのことを強調しているが、これは、こうした機能を見てとらないかぎり、あまりにも唐突に思われるはずである。

とはいえ、平行関係にはニュアンスを加えるのがよい。さらわれる男の子とオオヤマネコとの関係は隠喩的つまり、いくつかの点で、それらの物語は互いに似通っている。逆に、風を捕らえる男の子とコヨーテとのつながりは換喩的つまり、話の筋の展開において、二度にわたって鍵となる役割を演じるコヨーテは、身体的に居合わせているのである。この観点からすれば、コヨーテが同じひとりの人物であるか、別の二個体であるかは、さして重要ではない。

以上のことはまったく正しく、コーダレン族に由来する短いヴァージョンでは、コヨーテに、一本のひもを用いて風を捕らえておとなしくさせる役割がわりふられているほどである。トンプソン族とコーダレン族の双方に接するサンポイル族は、コヨーテがどのようにしてブリザードに素手で立ち向かい、勝ったかを物語っている。そして、それ以来、吹雪は二、三日しか続かなくなったという。コヨーテが風を捕らえはするものの、放してやらないとすべての風がなくなってしまうという逆転した結末になる短い神話の出所については、セイリッシ語族なのかサハプティン語族なのか定かではない[282]。

コーダレン族を、南に隣接するネズパース族と隔てている言語的な境界を踏み越えると、わたしが先ほど（二三三—二三四頁）素描した体系は転倒する。というのも、この本のまさに冒頭（一七頁）で見たように、コヨーテが、オオヤマネコの模造であるミミズクにさらわれる男の子を真似て、老人の血膿だらけの皮膚で身をやつすからである——しかし、この事例では、コヨーテが身をやつすのは、追いかけてくるクマから逃れるためであって、主人公が逃れてきたミミズクが追跡をあきらめたあと、血膿だらけの皮膚で身をやつす、もうひとつの神話の主人公と逆になっているのである。かくして、わたしたちが前に開けたままにしておいた円環は、そのモチーフの存在がひとつの問題を提起した系に対してもうひとつの選択肢となっている系のなかで閉じられる。この存在は今や、ひとつの示差的な意味を獲得し、ふたつの神話の系が逆転した対称の関係をなしていることを確証しているのである。

*

風の捕獲をめぐる神話へと戻ることにしよう。トンプソン族のヴァージョン（前出二三四頁以下）では、とっぴな細部に驚かされる。族長の家の前にいる番兵たち、鞍のついた馬には、ヨーロッパの香りがする。さらに、たとえスツックという概念が原住民の伝統に属するものだとしても、それが白人の紙や文字を包含するよう拡張されたことをわたしたちは知った。この神話において、それは「インディアン風に」機能するよりもむしろ、旧世界の民間伝承のなかで大量に使われる常套句として機能しているのである。

ヨーロッパの民間伝承のこのような後味は、ときには別々に語られる二幕の物語からなるシュスワップ族のヴァージョンではさらに目立っている。

ある男が自分の四人の息子とともに、コヨーテも住んでいる大きな村からそれほど遠くないところに暮らしていた。兄弟のうちでいちばん下の子は、スナナズという名で、大きな目をして醜く、誰からも高く買われていなかった。この時代には、風が破壊の元凶だった。兄弟たちは次々に、罠で風を捕らえようとしたが、うまくいかなかった。スナナズは、冷やかしにもめげず、罠の輪差をだんだんと小さいものに代えながら、風を捕らえようとした。四日目の朝に彼は風を捕らえた。風は、身体や腹はほっそりしているのに、なみはずれて大きい頭をした、小さな男だった。もじゃもじゃのざんばら髪で、目は飛び出ていた。

スナナズは自分の上着に風を閉じ込めて、これからは穏やかに吹くという約束と引き換えでなければ、放すことはまかりならないと言った。ところが、風を信用しなかったコヨーテは、風に沼地に連れ去られ、そこに沈められてしまった。スナナズはコヨーテを救い出して、村まで連れ戻した。

それは春の初め頃のことだった。水鳥が凍りついた湖に戻って来はじめたが、もう食べるものは何もなかった。スナナズは魔術を使って、野生の白鳥をしびれさせることができた。こうして白鳥をしとめ、住民たちに食糧をもたらすことができた。再び食糧不足の危機に瀕したときも、足で蹴って厚い氷を割って水を噴出させ、たくさんの魚が地面にまき散らされるようにできたのはスナナズだけだった。そして、ようやく気候が和らぎ、人々は狩をするために冬の村を離れた。

いく人かのインフォーマントによれば、この続きは別の神話になっている。四人の兄弟の父は、毎晩、自分の菜園からジャガイモがなくなっているのに気づいた。兄弟たちは、順番に不寝番をした。スナナズだけが眠らずに持ちこたえた。スナナズは薄暗い人影に気づいて、その方向に銃を一発撃ちかけ、兄たちとともに闖入者を追いかけた。足跡は断崖の端で消えていた。スナナズは苦労しながら、ひもを使って崖を降りた。彼は地中の世界にたどり着き、ひもの先を岩に結んでから、探索を始めた。

彼は煤でいっぱいの枝でできた小屋のなかに盗人を見つけた。その盗人は、黒く、煤にまみれて、怪我をした年寄りの男で、スナナズに、その小屋からさして遠くないところにいる、ふたりのかわいい娘の父あるいはおじである族長のところを訪れるように勧めた（あるいは、娘たちは地上世界からやってきた捕虜のこともあり、この点については、ヴァージョンによって相違がある）。スナナズは族長に快く迎えられてもてなしを受け、彼から大いなる知恵を授けられた。

族長はまた、スナナズが自分の娘（姪、もしくは捕虜）たちと結婚し、自分の国へと連れて帰ることを許した。スナナズはひもを見つけ、自分の兄たち（そのそばにずっといたと考えなければならないが）に合図するためひもを引っ張り、ふたりの娘を先に引き上げてもらった。兄たちはその娘たちを気に入った。そのため、スナナズを引っ張りあげる番になると、半分ほどまで引き上げたところで、スナナズを落下させて殺そうとたくらみ、ひもを切ってしまった。

スナナズは怪我をしただけで、足を引きずって義父のもとへ戻ると、義父は手当てをしたうえ、魔法の記号を記した樹皮の筒（一枚の紙切れと言うインフォーマントもいる）を与えた。義父は、どうすればこのお守りを、ほとんど垂直に立った刃の切っ先の上を走り抜け、近づくのを妨げる針や錐が植えられた輪を怪我することなく通り抜けることができる馬に変えられるかを教えた。こうしてスナナズは断崖の頂上まで駆け上がった。それから馬を樹皮の筒に変え、自分もぼろをまとい、薄汚れて、痩せこけた人物へと姿を変えた。彼は村へ戻り、自分は物乞いだと称した。スナナズはいくつかの汚れ仕事と引き換えで食べ物を与えられることになった。

スナナズがいないことを説明するため、兄たちはまったくの作り話をでっち上げていた。ところがふたりの妻は父に真相を明かし、地中の世界がどれほど不思議であるか話したので父はその不思議を真似たいと思った。父はスポーツの競技を催したが、コヨーテも他の村人も勝者にはなれなかった。コヨーテは、垂直にそびえるナイフの刃の上を駆けようと試みたが、馬がまっ二つになり、難関の輪では、身体を串刺しにされてしまった。からかうつもりで運だめしをしたらと促されたスナナズだったが、すべての試練をみごとに勝ち抜き、人々に地下の世界からの使者と目されることになった。そこでもとの姿に戻ったスナナズは、だれであるかを認められ、兄弟たちを茫然とさせ、妻たちを取り戻した。彼らは幸せに暮らし、生まれた多くの子供は皆、魔法の能力を備えていたという[283]（季節的側面しか取り上げられていないが、M_{691}のインデックスがついた神話がそれである。『裸の人』邦訳五〇六頁）。

セイリッシ諸族をチルコーティン族から隔てている言語的境界の向こう側では、もうひとつの選択肢であるミミズクにさらわれる男の子の系で観察されたものとは異なって（前出一三四頁）、神話が逆転するのではなく、その内容の一部が失われてしまう。もっと正確に言うなら、逆転が、さしたる重要性をもたず、しかもいくつかの細部にしか作用しないのである。主人公はすでに結婚しており、お守りを彼に手渡す義父も、主人公と同じく地上世界に暮らしている。兄弟との競合は姿をみせず、神話は兄弟が存在することに触れるにすぎない。したがって、深い淵の底へと降りていく主人公を助ける者もおらず、彼はひとりで地下の世界へと入っていくが、ジャガイモの盗人はニワトリ（原文のまま）だということが判明する。主人公の父は、彼が死んだと思い込み、彼の妻たちを競争の賞品にしてしまう。主人公は、すっかり変わった姿で村に戻り、お守りのおかげで、正体を隠してその競争に勝ち抜く。妻たちは、真相を見抜いて、それを族長に明かす。人々はあちこちを探し回り、乞食のブランケットの下からお守りを見つける。こうして族長は乞食が自分の息子だと気づき、妻たちを返す。(284)

もうひとつの選択肢である系——ミミズクにさらわれる男の子の系——について論じたとき、シュスワップ族では神話が貧しくなっていること、チルコーティン族では、神話を逆転させることで、豊かさが取り戻されていることに注意をひいておいた。ここでは、きわめて衰弱したチルコーティン族のヴァージョンには兄弟のたくらみがまったく見られず、シュスワップ族ではすでに逆転が始まっていることからして、事態がまったく逆になっている。おそらく、ふたつの系の対立の痕跡は保持されてはいる。すなわち、一方の系では、主人公が女たちのなかを動き回り（母、姉妹、妻だが、妻は同郷人のこともあれば、異郷人のこともある）、もう一方の系では、主人公が男たちのあいだを動き回る（家族構成は、父および、トンプソン族のヴァージョンではふたり、シュスワップ族のヴァージョンでは三人で、チルコーティン族のヴァージョンでは何の役割もないが、「多くの」と言われている兄弟たち）。シュスワップ族のもたらした逆転は、別の平面において現われている。主人公と同盟して、風のように走る——隠喩的な関係——ことができるようにされたコヨーテは、風を中傷し風に連れ去られる——換喩的な関係——ことになる。チルコーティン族のヴァージョンでは（カラスという名の登場人物が同じ役割で一瞬だけ現われるが）コヨーテはまったく姿を現わさない。主人公が飢えた人々のために食べ物を与える（魚でいっぱいの）水を噴出させてやるという、シュスワップ族のヴァージョンにある挿話は、主人公が地面を蹴って、のどの渇いた人々のために渇きをいやす水を噴出させてやるという、「根の息子」の神話にある挿話と合流する（前出一五三頁）。ところで、わたしは前に、このような関係のもとでは、「根の息子」は、切り株を蹴って、凍えた仲間たちのために暖をとる火を噴出させてやるコヨーテの息子が逆転したものだということを示しておいた。

ここでもうひとつ注目すべきは、ミミズクにさらわれる男の子の神話のシュスワップ族のヴァージョン（そこでは、他のヴァージョンとは違って、男の子が、自分をしつけて、知識を分かち与えてくれる誘拐者のもとに喜んで居つづける）との厳密な平行関係において、風の捕獲をめぐる神話のシュスワップ族のヴァージョンで、主人公がみずからすすんで地下世界の大族長のところに赴いて、そこに身を落ち着けて彼の弟子になると語っていることである。さらに明確な平行関係は、一方の、上着を着て、煤に覆われた年寄りの男と、もう一方の、自分の姿を隠すために――風の征服者もまた、物乞いになりすますのだが――主人公が身をやつす血膿だらけの皮膚の年寄りの男とのあいだにも現われる。したがって、シュスワップ族のヴァージョンは、同じ神話の系に属する他のヴァージョンを完全に逆転したものではないにせよ、少なくともこの系を他の系とほとんど一致させるまで屈折させる反りが見られる。

シュスワップ族のこのヴァージョンには、トンプソン族のヴァージョンにもまして旧世界を彷彿とさせる民話的な色合いがある。このヴァージョンの筋立てを駆動するのはジャガイモの窃盗だが、ジャガイモはこの土地の作物ではない。おそらくセイリッシ族ならば（沿岸部で、一八世紀の終わりには、白人たち――スペイン人や英国人――と最初の接触をもっていたので）、五〇年から六〇年後には、ジャガイモの耕作は普通に行なわれていただろう。[285] だがそれでも、ジャガイモが外からやってきたものだとは自覚していた。チルコーティン族のヴァージョンで盗人の役回りをする「ニワトリ」にしても、同じことが言える。シュスワップ族の神話の主人公は、一発の銃撃でこの盗人に怪我をさせ、魔法の馬はナイフの刃の上を駆けるが、〔銃やナイフも〕白人たちから受け取った物である。* さらに、複数のインフォーマントによれば、お守りは紙切れの姿をとっている。

もう一歩進めてみよう。わたしは、ジェイムズ・テイトのトンプソン族の神話についての大著をつねに参照してきたが、彼はそのなかで、ヨーロッパ起源の話のために一節を割いている。テイトはそのなかにひとつの物語を収録している――トンプソン族において、主人公の名が、シュスワップ族のヴァージョンと同じスナナズであると明言されているのは、その物語だけである。この物語では、強力なシャーマンの娘が賞品となった競争に勝つために、スナナズはさまざまな動物に助けられる。彼は娘を妻にしていっしょに村に帰還する。その妻に横恋慕する兄弟の挿話では、スナナズが断崖の底に置き去りにされる（この挿話では、金塊を探すという口実で兄弟が彼を断崖の底へと降りさせる）。スナナズは、コヨーテに助けてもらい、再び地上に戻る。彼は兄弟たちの裏切りを暴き、妻を取り戻す(286)。

この物語はその本質的な部分では、わたしたちがすでに、原住民に由来するものかどうかを疑うこともなく検討した諸神話を複製したものである。ところが、スナナズはまた、トンプソン族およびシュスワップ族において、ひとりの若い娘をまさに呑みこもうとしている七つ頭（ときには八つ頭）の怪物の殺害者としても登場する。競争者がごまかしをして、勝利を横取りしてしまいそうになるが、

＊　ただし、チルコーティン族のヴァージョンでは、銃とナイフの両方が一本の槍に代わっている。

スナナズは悪を正し、その娘を妻にする。(287) 北アメリカのこの地方が、インディアンたちが知り、取り入れたフランスの民間伝承の物語に恵まれているだけに、この話のヨーロッパ起源についてはほぼ確実である。このようなちぐはぐな諸伝統の相互の組み込みから、避けては通れないひとつの問題が提起される。

第16章　インディアンの神話、フランスの民話

デュメジルは、一九四二年に刊行された著書でいくつかの考察に取り組み、一九六九年、一九八五年にも、少しだけ形をかえて再度とりあげている。これらの考察は、晩年になってもまだデュメジルがある符合に悩まされていたことを示している。インド＝イランの伝承と同じく、北アメリカの北西海岸においても、若年男性の加入儀礼には三つ頭の怪物が出てくるうえ、儀礼そのものも似かよっている。「この一致の説明はわたしたちにはできない」とデュメジルは書いている(288)。たしかに、この類似の理由は、互いに独立した創造か、遠い時代にまで遡る伝播以外には求められないだろう。

わたしたちが前の章で目を向けた新旧両世界の物語の類似の性質は異なっている。それは最近の時代に始まったもので、その起源に神秘的なところはない。一九世紀のあいだ、ハドソン湾会社に雇われ、当時「ヴォワヤジュール〔旅人〕」と呼ばれていたカナダ人たちは、インディアンたちときわめて密接な関係があった。彼らはインディアンたちから毛皮を購入するだけでは満足せず、インディアンと各地を巡り、狩をし、野営して、生活をともにしていたのである。

夜になると、「ヴォワヤジュール」たちは火を囲んで、おそらくはチヌーク・ジャーゴンで、*フランスの民間伝承から引いてきた数々の物語を語って聞かせた。カナダでとりわけ人口に膾炙した主人公の名であるティ＝ジャン（小さな《プティ》ジャン）の名は、後にインディアンの語り手の口から採集されたヴァージョンにも見いだせる。たとえば、シュスワップ族のビュセタカ、ネズパース族のラプティッサン、カラプーヤ族のプチッザ、クリー族のキコン、オジブワ族のティコンなど……。

ボアズの多くの実り豊かなアイディアのひとつが、カナダ人の若い研究者を励まして、その出身地で、当地では誰も見向きもしなかったフランスの民間伝承の名残りを採集させるというものだった。その収穫は眼を見張らせるものだった。(290) それはたしかに、一七世紀のフランスの民間伝承だったものが、そのまま凝固した像ではなかった。フランスの民間伝承は、新しい土壌に植えかえられると、さまざまなものを受け取り、影響もこうむったが、みずからすすんで進化もしたのである。それでも、その素材は、同時代のフランスの語り手たちの記憶のなかに生き残っていた素材よりもいっそうの豊かさをとどめている。インディアンたちが魅惑されたのは、自分たちの神話にもまったく引けをとらず、しかも自分たちが日ごろからよく知っている、醜くて軽蔑される主人公も出てくる、フランスの民話の生き生きとした語り、不思議な出来事、生彩に富んでいたり幻想的だったりするさまざまの細部だったことは想像に難くない。それゆえ、インディアンたちがスナナズに、風に勝利を収めた後で、七つ頭の怪物にも勝利を収めさせるとしても、驚くにはあたらない。トンプソン族では、ジャックという、名からしてヨーロッパ的な素性の明らかな登場人物が犯すのと同じようなへまが、シュスワップ族のヴァージョンでは、まだ性格がはっきりせず人の良さをからかわれるスナナズに帰せられる。(291)

インディアンたちはいち早く、フランスの物語と自分たちの物語とのあいだの類似点をつかんで、フランスの物語の多くの挿話を、自分たちの伝承のなかに取り込んだのである。

　このようにして、旧世界の民間伝承のふたりの主人公がスナナズという登場人物のうえに重ねあわされることになる。ひとりは、初めは才能が認められないが、やがて偉業をなしとげるフランス語で小さな《プティ》ジャンと呼ばれる男の子である。もうひとりは、スナナズがミミズクにそうされたように、野生動物に育てられる、さらわれ見つけられる男の子であり、フランス語ではクマのジャン《ジャン・ド・ルルス》と呼ばれている。要するに、スナナズの兄弟たちが、彼の妻もしくは妻たちを横取りするために、彼を断崖に突き落としたり、置き去りにしたりするという挿話は、実際にはドラリュの第三〇一話型「地下世界から助け出された王女」と同一のものであり、そのいくつかのヴァージョンはカナダにも存在している。

＊　おおよそ二〇もの原住民の言語から単語を流用して形成されたチヌーク・ジャーゴンは、白人たちが、フランス語や英語によって語彙を豊かにしながら、カリフォルニアからアラスカにまでその使用範囲を広げる前でも、部族を超えたコミュニケーションに利用されていた。太平洋岸に沿って、人口の少ない民族が、お互いに通じない（何十にもおよぶ）言語を話していながら、民族間では活発な交易が行なわれていた。わたしが前にも述べたように、ピュージェット湾以北でしか獲れないツノガイは、カリフォルニアでは大変な価値があった。ミミガイの虹色をした螺鈿は、南カリフォルニアで産出されて、ブリティッシュ・コロンビアやアラスカまで北上し、そこで宝飾品やその他の貴重な品物の一部となった。わたしは以前、『裸の人』のなかで（邦訳三三六―三四〇頁）、コロンビア川下流および内陸地域の部族を超えて行なわれる市をめぐるテイトの長いテクストを引用したことがあるが、そこには、ときには互いの距離がきわめて遠いこともある民族のあいだでの商業的交換の驚くべき光景が描かれている。それゆえ、共通の言語は不可欠で、フランス語や英語が母語の、毛皮の密売人たちも、その言葉の使用に精を出した。一九世紀のなかごろには、チヌーク・ジャーゴンに含まれる言葉は、英語よりフランス語の方が多かった[289]。

インディアンの神話の陰に隠れたそれらのヴァージョンを再発見するには、ジャガイモをリンゴもしくは（ときには黄金の）ナシに、「ニワトリ」をもっと大きな家禽に……、というふうに置き換えるだけで充分である。フランスやフランス系カナダ人の民話、さらにはアラブの民話が教えるところによると、一羽のワシは、自分の力が衰えるたびに一定量の肉（もしくは主人公が自分の腿からじかに切り出した肉）をもらうという条件で、主人公を断崖から上げてやるのを引き受ける。アメリカの神話の主人公もまた、自分を背中にのせて運ぶコヨーテをより速く走らせるためには、コヨーテに食べ物をやらなければならなかった（前出二三五頁）。ワシの挿話は、トンプソン族のヨーロッパ化された一ヴァージョンのなかに、そのままの姿で登場する。テイトはこのヴァージョンを採集し、出所の同じひとつのヴァージョンには、ためらうことなく「少年と意地悪な兄弟（クマのジョン）The Young Boy and the Wicked Brothers (John the Bear)」という題をつけ、この物語がフランスかスペイン起源であるという主張を裏付けている(292)。

シュスワップ族のヴァージョンは、血膿だらけの皮膚の年寄り（他のヴァージョンでは、スナナズがこの人物と一体化する）を、盗人ではあるが、後によき助言者となる、煤にまみれた年寄りに置き替える（前出二四一頁）。この人物に、フランス民話のなかで重要な役回りをする炭焼き、もしくは煙突掃除夫の反映を見ることができれば、このような置換にも説明がつく。* 七つ頭の怪物の話のフランス系カナダ人のヴァージョンのひとつによると、怪物を殺してきたと言い張って、王女との結婚を求めるぺてん師は、炭焼きである。地下世界から解放される王女の話の、これまたフランス系カナダ人のヴァージョンのひとつでは、森のなかで道に迷った主人公が、小さな炭焼きの小屋にたどり着く。

主人公は自分のマントを、その小屋の主人の「彼が五〇年前から身につけていてストーブのように黒くなった」マントと交換する。[293]

＊

それにしても、いまさら借用を引き合いに出す必要はあるのだろうか。前に見たように、オオヤマネコの物語の広汎な伝播が、一六世紀にさかのぼってたしかめられることは、北アメリカの北西部において見いだされる形態においてさえも、それがアメリカ・インディアンのもっとも真正な遺産であることを証明している。とはいえこの物語は、旧世界のあらゆる場所に分布し、インディアンたちがおそらく、カナダ人の「ヴォワヤジュール」から聞いていたであろう、フランス語で「しらくも頭のジャン」と呼ばれる民話と際だった類似をみせている。込み入ったもろもろの出来事（とりわけ、「青髭」の話と同じような禁忌の侵犯）の結果、主人公の毛髪は金色になるが、追跡者たちをまくた

＊　こうした場合に、アメリカ神話と旧世界の民話をときにぴたりと一致させる正確さには、当然ながら舌を巻くほかないだろう。アメリカの神話や儀礼のなかで、煤が表わしているのは、雨の運び手である黒い雲である。また、このことがマヤ族における吊り香炉の役割の根拠になっているとも考えられる。ラカンドン族の雨の神であるメンサバクも、「黒色の粉もしくは煤の作り手」である。北アメリカと同じく、南アメリカのバラサナ族やグアヤキ族にも同じ象徴体系がある。[294] 新旧どちらの世界においても、霧が、旧世界ではムギの、新世界ではトウモロコシの黒い粉を呈する黒穂病（ラテン名、*nebula*〔蒸気、気体、霧、雲などの意〕）と密接なつながりをもっている（『構造人類学』邦訳二四九頁）。したがって、アメリカ神話のコーパスでは、煤でできた着衣そのものが、外部との比較の必要なしに病んだ皮膚の組み合わせ上の一ヴァリアントとなしうるが、また、病んだ皮膚が霧の起源であることも見逃せない。

めに、自分の姿を変える。彼は、しらくもがあるからという口実で、自分の髪を松脂の帽子もしくは膀胱製の袋で隠し、有力者である登場人物――王であることがほとんどだが――に、家禽飼育場の召使もしくは庭師として召し抱えられる。ある日、王の娘たちのひとりがその金色の髪を目に留め、夢中になり、夫になってくれるように頼み込む。父は娘に譲歩するが、不釣合いな結婚に怒って、若夫婦を追い払ってしまう。いくつかのヴァージョンでは、主人公は、自分の義父が戦争を始めることを知って彼を助けに駆けつけ、敵を追い払う。王は主人公を自分の婿および後継者として認める。文学化され教訓話となったこの民話のヴァージョンである、「悪魔のロベール《ロベール・ル・ディアブル》の物語」は、一三世紀以降、一九世紀にいたるまで、ヨーロッパのあらゆるところで知られていた[295]。

　この民話とオオヤマネコの物語との類似点はあえて強調するまでもない。ふたつのヴァージョンで登場する主人公は、その醜く病んだうわべが、優雅さや美しさを隠している。そして、妻の親族によって、若い妻ともども追い出される。主人公はすぐれた狩人もしくは勇敢な戦士になり、飢えから、あるいは敗走から、義理の父である村の族長もしくは王や、人々を救い出す。人々はだれとの結婚もはねつけていた高貴な生まれのその娘を（ひとつの例では積極的に、もうひとつの例では消極的に）たらし込んだことで主人公に憤慨していたのである。

　しかしながら、単なる借用という仮説は、すでに述べた理由からのみならず、維持するのは難しいだろう。メキシコ中央部で、先行するトルテカ族にまで起源が遡るというアステカ族のある伝説が、いっそう「しらくも頭のジャン」と似かよっているように見えるからである。この伝説は、征服のすぐ後に収集されたので、ヨーロッパ起源ではありえない。アステカ族は、何世紀も前に、テスカトリポカ神がトルテカ族を根絶やしにしようと企てたと語っている。この神はかつて、ケツァルコアトルというトルテカの民族神を迫害し、追い出した。テスカトリポカ神の数ある手管のひとつに、この神が（ティトラカウアンという名前で）半裸の惨めなよそ者の姿をして、市場でトウガラシを売るというものがある。ある日、トルテカの王であるフエマックの娘がテスカトリポカ神を見かけ、ぼろ着だったためうまく隠しおおせていなかった男根の美しさに見惚れた。彼女は恋の病に落ちた。人々はその原因を探り、とうとう彼を見つけ出し彼女のもとへと連れて来た。彼は彼女と床をともにして病を癒やした。彼女は彼を夫にしたくなった。この不釣合いな結婚を恥じた王はふたりを置き去りにし、人々も王にしたがった。王は、トルテカ族がちょうど始めようとしていた戦争のさなかに、そのよそ者が命を落としてくれればと期待した。ところが、トルテカ族は旗色が悪く、大量の戦死者を出してしまったところに、よそ者が、兵としてはとうてい使いものにならず徴募されなかった小人やせむしや不具者たちを引き連れてはせ参じた。よそ者は勝利を収め、トルテカ族から首長と認められた。(296) これはおそらく、こうした状況を利用してトルテカ族を最後のひとりまで滅ぼしつくそうというテスカトリポカ神の罠だったのであろう。ただし、この伝説の最初の部分にとりわけ目を向け、身分を偽った召使の魅力的な髪を、身分を偽った貧乏人の誘惑的な男根に置き換えれば、主要な登場人物による軍事的手柄も含めたすべてがそろっている。

もろもろの類似を借用に帰すことのできないもうひとつの事例がある。わたしがすでにふれた（前出八八頁）、英語で「宿のある少年と捨て子」と呼ばれる巨大な神話群《サイクル》は、ひとりは親に育てられるが、もうひとりは自然のなかに打ち棄てられた双子が再会していっしょに偉業をなしとげる「ヴァランタンとオルソン」というフランスの物語《ロマン》を忠実に写したといわれるかもしれない。だがこの神話が汎アメリカ規模で伝播していることから、旧世界の民間伝承からの借用とみなすことは許されないし*、一五世紀のその物語の流布本には、騎士道文学から引用された月並みな常套句がちりばめられ、この物語の起源と思われる神話的素材にたどりついて輪郭をはっきりさせようとする努力をすり抜けてしまうのである。

原住民の物語とフランス民話とのあいだの関係の問題は、これまで見てきたように、初めに予想されたほど単純ではないのである。いくつかの場合――七つ頭の獣、助け出される王女、銃、ナイフ、魔法の馬――においては、借用に疑いの余地はない。ただ、それ以外のものについては、ためらわれる。インディアンたちは筋をそのまま取り入れたのか、あるいは細部だけを取り入れたのか。それに、フランスの物語といくつかのインディアンの物語とのあいだの平行関係も、メキシコの伝説と「しらくも頭のジャン」の民話については間違いなくそうであるように、偶然の一致によるものなのだろうか。宿のある少年と捨て子の神話もやはり、「ヴァランタンとオルソンの物語」に由来したはずはない。

忘れてならないのは、ヨーロッパの民話には、たっぷりと時間をかけて世界に広まった、きわめて古いテーマやモチーフが残されているということである。その多くは、少なくとも古代ギリシャや古代インドまで遡ることができる。また、そうしたテーマやモチーフは旧大陸の隅々にまで目にすることができる。それゆえ、北半球の太平洋沿岸に行き来があった太古の時代には、神話がそのまま、もしくは神話の要素が、アジアからアメリカへと伝わったと考えられないこともない。その共通の根を断ち切られても、こうした神話は、新世界が発見される（間大西洋的《トランスアトランティック》視点さえとらなければ、それは発見ですらないことはたしかだ）までの数千年にわたって見かけ上は隔離されていたために、もはや今ではわたしたちには思い浮かべることができなくなった過去の名残りとして、そこかしこに生き残っているのかもしれない。この点からして意味深いのは、宿のある少年と捨て子というアメリカの神話が、シベリア内陸部のモンゴル人や、ブリヤート族のもとに、痕跡の状態で存在するということである。(297)

それゆえ、その道筋や編年を再構成できなくとも、伝播という事実についてはほぼ確実だとみなしても問題はない。この事実が受け入れられるのなら、時代的にも空間的にもきわめてかけ離れた口頭伝承のこのような出会い、つまりは、わたしたちがいくつかの例をあげたこのような類似は果たして不可避ではないか、さらには、ある意味で必然的なものなのではないかという、もうひとつの問題も提起できる。なぜなら、そうした類似が、神話的思考の内在的特性、その創造的力能を限定し方向づける諸拘束から生じているかもしれないからである。

＊

＊　その物語の展開はそれでも、神話的変換についての申し分のない事例となるひとつの図式に沿っている。ヴァランタンは敬虔な人間としての人生を全うして、死後、聖人に列される。オルソンはギリシャの皇帝となる。そして、これを以下のように表記することができる。

文化：超自然：：自然：社会

神話的思考はさまざまの対立およびコードによって作動する。わたしはかつて二項対立《オポジション・ビネール》という概念の濫用をとがめられたことがあるが、それは比較や類比が帯びる変化きわまりない値の最小の共通分母としてのみ、神話分析に介入する。二項対立はそれゆえ、次に示すような、きわめて多様な様式をとって現われる。対称には、矛盾《コントラディクシオン》、相反《コントラリエテ》、相対的価値、さらに、比喩の次元に属する言葉や思考のさまざまな形象《フィギュール》などそれ自体に数々の種類がある。それぞれに異なるこのような対立の様式は、異種混交《エテロジェーヌ》した範疇に属している。しかも、これらの様式が抽象的な形態、言ってみれば純粋な状態で現われることは決してない。これらの様式はさまざまなコードにくるまれた具体的な姿をしており、このコードこそが、別のコードの項のなかに移し換えられるさまざまなメッセージを表現する働きをしているのだが、ひとたび違うコードのチャンネルを通してメッセージを受け取ると、それを自分固有の体系のなかに移し換えるのに用いることもできる。こうしたコードそのものも異種混交したものであり、空間的コード、時間的コード、宇宙論的コード、性的コード、経済的コード、修辞的コードなどがある。コードは分析の都合に合わせて工夫された道具なので、少なくとも理論的に言えば、コードの数には限りがない。それがどの程度まで現実に適合しているかは、事後的にしか検証できない。だが、研究の最初の段階では、諸対立を位置づける軸の選択と定義や、そうした対立に当てはめるもろもろのコードの選択と定義は、分析者の主観性に負うところが大きいため、それが印象主義的な性格をもってしまうことは認めざるをえない。

わたしは『神話論理』の冒頭からすでに、対称、逆転、等価、相同、同形などの用語をきわめて緩い意味で用いていることについては、他の誰よりも自覚があることを強調していた……（『生のものと火にかけたもの』邦訳四五頁)。わたしは困難をかわすために、「射《モルフィスム》」という概念、すなわち「その関係がどのようなものであるかにかかわらず、それによってふたつの事物を比較させたり、対立させたりすることができる関係(298)」の陰に身を隠すこともできたかもしれない。ところがそうすると、すべての神話を「射」の代数で処理しなければならなくなろうし、困難はただ移動したにすぎなくなろう。(少なくとも、わたしが手掛けた側面からは)これほど新しかった領域において、わたしは試行錯誤の方法をとった。さまざまの対立が現実にあったとしても、わたしが与えた形態をいつもとるとは限らなかったし、もしかすると存在しない対立もあったかもしれない。それなりの数の事例において、わたしの見通しが正しかったと認めてもらえれば、わたしとしては満足したい。

しかも、そこここで対立が帯びる特定の形態よりも、対立しているという事実のほうが重要なのだ。神話的変換の過程で、対立が変質するということは、たえず起こる。項のあいだの対立は矛盾から、相反へ、そして程度の差にとって代わられる。出発点における人間と非人間という対立は、変換によって、人間と動物との対立へと、さらに差異の度合いが乏しい、人間らしさ(もしくは動物らしさ)の程度の対立へと推移していく。この最後の対立は必要であれば、それまでの対立とは異質な項の共示義としてしめされることになる。節制を美徳とする社会での、小食と大食らいの対立がおそらくはそれにあたる。それでも、同じ対立が問われつづけているのである。

神話的形態のこのような流動性から、ひとつの帰結がもたらされる。分析が深まっていくにつれて、とりわけ時間や空間のなかで分析の領域が広がっていくにつれて、しだいに複雑になっていく関係のネットワークがくっきりとした姿を現わしはじめ、種々のコードや対立が交差点を増やしながら、交錯していく。そうすると、そのネットワークは、おのおのの結び目が他の結び目すべてとつながっているような理論的な状態に、危険なまでに接近していく。神話研究者はこのとき、二者択一の前に立たされる。あるひとつの結び目を別の結び目と結びつけるあらゆる経路に有意な価値を認めるか、どの結び目にも価値を与えないかの二者択一である。

第一の仮説では、コードの構造によってあらかじめ決定されているメッセージの諸相のことを冗長性と呼ぶ情報理論のいう意味で、神話は冗長性をもたない言語、したがって発信者の自由選択の余地のない言語であるということになろう。電報文の文体が、情報の深刻な喪失をもたらすことなくそぎ落とすのは、あらかじめ決定された統辞法の諸相である。音韻論的な諸拘束という角度から見るとき、冗長性をもたない言語とは、碁盤状の升目に文字をでたらめに書き入れても必ず実現されるクロスワードの言語のことかもしれない。

ところが、神話体系を上から見下ろすとき、それはこのような相で見えてくるのではないだろうか。人々の住むあらゆる土地で、何万年にもわたって、もしかするとさらに長きにわたって、人々がたゆみなく紡いできた莫大な言説は、どこかに行き着くでもなく、ただみずからを閉ざすだけで終わっているのではないか。世界の隅々で、さまざまな時代を通じて、この言説は、結合されたネットワークとしての形態、言い換えるならば、ある頂点が別のあらゆる頂点と、諸関係の鎖によって結びついているようなネットワークの形態を、少しずつ整えてきたのである。このような結合性は、神話学者の仕事を無効にすることはないにせよ、その仕事には限界があることを教える。この結合のために、一般神話学が挫折せざるをえないのは、これまでのもろもろの考察から、次のような避けがたいふたつの結論が導かれるからである。すなわち、立証されるか、もしくは単にその可能性があるだけのあらゆる展開について、一般神話学はつねに何らかの理論を提出することができる。さらに、調査領域が拡大すると、行き当たりばったりに選んだ展開から、すでに辿られた展開が再生産されてしまう確率が、いっそう大きくなる。領域を広げれば広げるだけ、類似もより多く見つかるが、その意味はだんだんと薄れていく。

一般神話学について正しいことでも、時間と空間を限定した神話体系の比較においては正しくないし、反対の命題がたしかめられる。すなわち領域を限定すればするほど、差異がより多く見いだされる。もろもろの意味作用は、こうした差異のあいだの関係に結びつく。したがって、インド＝ヨーロッパ神話、アメリカ神話、アフリカ神話の比較研究には妥当性があるが、普遍を僭称する神話学にはそれがない。

それゆえ、哲学者たちが、神話学を何ものも意味しない言説にした廉で構造分析をとがめるとき、彼らは藪蛇の愚を犯している。なぜなら、彼らの選んだ観測所――もっとも高い場所に置かれているため、神話が民族誌学的な現実とまったく触れ合わなくなってしまっている――からは、たしかに神話は何も物を言わないからである。構造分析は、神話が何ごとかを言うレヴェルを掘り起こすことによって、そのことを「反語的に《ア・コントラリオ》」証明するが、だからといって、構造分析は、小さなスケールで研究したときにすでに感知されていた神話的理性批判がもたらす帰結に目をつぶったりはしない（『蜜から灰へ』邦訳四〇八―四一四頁、『食卓作法の起源』邦訳二二一―二二二頁、『裸の人』邦訳八〇一―八〇三、八七〇頁を参照のこと）。要するに、解決すべきは、限定されない数の内容を受容できる形態とはどのような諸条件に応えなければならないかという問題である。だれもが諸神話のなかで、自分が神話のなかに捜し求めるものを見いだすということは、そこには何もないということなのだ。

逆に、それをどのように定義するにせよ、狭く設定された神話の場は、意味作用に満ちあふれており、その理由は理解できる。あらゆる分岐が結合しあい、冗長性がもはやない理論的に構想しうるネットワークについて、それぞれの文化もしくは文化集団は、つねにその一部をたどるにすぎない。つまり、それは無意識の戦略によって産出されたサブネットワークであり、おのおのの文化の独自性とともに、その限界もまた、そのなかにはっきりと現われてくる。もろもろの意味作用は、たとえこうしたサブネットワークが部分的に重なり合うことがあっても、そうしたサブネットワーク間の隔たりから生じてくるのである。

神話の構造分析はそれゆえ、ふたつのしかたで教えてくれる。初めに、ある地方の神話それぞれを、与件となる歴史や生態学的環境とつき合わせてみると、わたしたちはその神話が拠って来たる社会について多くのことを教えられ、信仰や慣習がもつ働き、意味、そして起源が明らかになるが、そうした信仰や慣習のいくつかは、場合によっては何世紀にもわたって解決がつかなかった問題を提起していることもある。ただしそれには、事実から決して離れないように、という条件がつく。すでに引用した数学者のフランソワ・ロラン〔二五七頁の注298〕は、アスディワルの武勲詩をめぐるわたしの研究（未邦訳『構造人類学II』第一〇章〔第九章の誤り〕）を批評して、わたしが対立させた諸項（天界と大地、大地と水、大地と地下世界など）を抽象的に考察しただけでは、もはや関心をそそらない体系のなかで、対立項相互を同一視してしまうことになる、ただし、わたしが行なったように、「神話へと立ち返って、「天界」を「大地」に、「天界」を「水」に、そしてその他についても同じように結びつけている質的に異なった多様な関係を正確に定義すること」をしないかぎりは、と指摘している。[299] たしかに神話に立ち戻ることではある。だが、とりわけ立ち返るべきなのは、特定の社会の慣行や信仰であり、わたしたちはそこからだけこうした質的な関係についての情報を得ることができる。そのため、民族誌的な文脈が得られなければ、ともかく神話そのものからは独立した文脈が得られなければ、ある社会の神話の構造分析の企てをあきらめなければならない。さもなければ分析は具体的な制御手段を失って空転することになろう。

それはまさに一般神話学がしたことである。一般神話学は神話を、自身の一般性そのもののために、そもそも近づくことのできないこうした支持体から切り離してしまう。中身を捨てられ、空ろな形式にされてしまった神話に、その代わりに入れられたのは、哲学者たちが神話に詰め込めると思い込んだ、もしくは詰め込まざるをえなくなった内容である。そうすることによって哲学者はつかみそこなった内容の代わりに、自分の空想もしくは願望をいれ込むだけのことである。*

ただし、地理的な地域や歴史的な時代の限定されている複数の特定の文化の集合に属する諸神話の比較であってさえ、あまりに一般的になる危険があるとしても、この運動によって神話的思考が次第

＊　「聖者の物語など、総じてありうるうちのもっとも曖昧な文学である。それに科学的方法を適用することなど、それ以外になんら典拠も手もとにないかぎり（強調は原文）、わたしにははじめから断罪されるべきことと思われる――たんに学者の暇つぶしであると……」（F・ニーチェ『反キリスト者』§28、邦訳、ちくま学芸文庫、原佑訳、二〇五頁）

にその形式へと還元されていくということに意識的でありさえすれば、失われるものはない。問題はもはや、神話が何を語るかを知ることにはなく、たとえ、こうしたレヴェルで把握すると、だんだん語ることが少なくなっていくとしても、神話がいかに語るかを理解することにある。このとき構造分析に期待されているのは、空虚な言説《ディスクール》を発しながら、他には見せるべきものが何もないために、みずからの作動メカニズムをさらけ出し、剝き出しにする――言うなれば、純粋状態における――精神の働きを明らかにすることなのである。

第17章　鳥の巣あさりの最後の帰還

これまでの考察は、わたしが『裸の人』（邦訳四五二頁）で提起はしたが後日を期すにとどめたある問題へと直接に反響する。インディアンたちがフランス系カナダ人のかなりの民話を取り入れ、その多くを自分たちの神話体系に組み込みさえしたことが確定できたとしても、地球上で遠く離れた地域に由来するこれほど発想のかけ離れた神話どうしがひとりでにぴたりと合うことを、どう理解すればよいのだろうか。トンプソン族の風の捕獲の神話を額面通り――それが土着起源のものであることを疑わないという意味で――信用していたなら、わたしたちは躊躇なくそれが汎アメリカ的な鳥の巣あさりの神話の純粋な逆転そのものとみなすこともできたかもしれない。それはまさに南北両アメリカの神話のコーパスを分節化してゆくのにもっとも適切だと思われたので、わたしが『神話論理』の全巻にわたって基準神話として採用したものであった。

『裸の人』でも示したことだが（邦訳一七七―一九〇頁）、今まさに検討している北アメリカの北西地域は、問題の神話が南アメリカのヴァージョンともっとも鮮やかに一致する地域であるだけに、このような解釈はいっそう説得力をもつことになっただろう。遠く隔たった新世界の諸地点における同一神話の再現は、論理的かつ意味論的な面からすでに認められたこの神話の鍵としての位置づけを、地理学や歴史学の証拠によって支えることで、ひとつの追加的な論拠を提供したのである。

ところで、トンプソン族の神話体系の内部そのもので、風の捕獲をめぐる神話が鳥の巣あさりの神話を逆転させている。まずそれは主人公が樹木の成長によって天界へと昇る代わりに、地下世界への落下で分離が起こるので、高低を転換している。このような分離は、主人公を亡きものにしようとした近親——いっぽうでは兄弟、他方では父親——が、主人公の妻あるいは妻たちを横取りしようとして、引き起こすのである。

トンプソン族の鳥の巣あさりの神話では、どのヴァージョンにおいても、主人公の父であるコヨーテが敵の役割をわりふられる（『裸の人』邦訳四五三—四六四頁）。逆に、トンプソン族ヴァージョンの風の捕獲の神話では、コヨーテはかけがえのない助手（自分の背中に載せて、ゆくゆくは結婚することになる土地まで主人公を運んでいく）であるばかりか救助者にさえなる。というのは、突き落とされた断崖からコヨーテが主人公を救い出したからこそ、自分の兄たちが横取りしようとした妻を取り戻すことができたのだから。

さらに、鳥の巣あさりのトンプソン族のヴァージョンで、主人公の父が息子の妻もしくは妻たちに横恋慕して横取りするのに対して、風の捕獲のトンプソン族のヴァージョンでは、同じ父が、他の兄弟のたくらみから主人公の妻たちを庇っている。妻たちが手つかずで夫のもとに戻れたのは、この父のおかげである。このような態度はアメリカの物語固有のものである（ドラリュが地下世界から助け出された王女と確認した九六の話のいずれにも見いだすことができない、前出二四九頁）。そして、この挿話を、鳥の巣あさりの神話で対応する挿話の逆転とみなさないかぎり、こうした態度には動機付けがないように見える。

そして、範　列《パラディグム》をわたしたちが検討を始めるときに取り上げた諸神話に拡張することさえできる。コヨーテを前景に置くオオヤマネコの物語の諸ヴァージョンでは、コヨーテは自分の息子の盟友として行動する。すなわち、コヨーテは、その息子が遠い妻の心をつかむにあたって、手助けをする。そればかりでなく、コヨーテは息子の側に立って破壊的な火の主と戦ういっぽう、息子は数あるなかでもとりわけ恵みの火を人間にもたらした――この点でも鳥の巣あさりと合同である――という長所をそなえている（前出三三三頁）。

したがって、よそからきた物語は受動的に取り入れられるどころか、聞き手たちは自分たちの伝統に適合させようとしてそれを改変したり、あるいは変形しさえする。借用を云々するのは単純に過ぎよう。問題が提起されるたび、背後にあるほんとうに借用されたものを見抜かなければならない。とりわけ、借用には動機などはないとか、物語としての魅力だけが動機だという幻想に欺かれていてはならない。なぜなら、その借用が何らかの機能を充足したり、それとなしに必要だと感じて何かしらの欠如を埋め合わせているかもしれないからである。もしかすると、借用という概念さえも放棄して、むしろ、その地方の精神が、異なった相のもとで自分たちのもとにすでにあるか、そうでありうる諸要素を、外から持ち込まれた素材のなかに見てとるのだと言うべきかもしれない。そのようにして、借用のおかげで潜在的な与件を明らかにし、不完全な図式を完璧にすることもありうるのである。

数ある事例のうちのひとつを考察してみよう。『裸の人』のなかで（邦訳五二五―五三〇頁）、コーダレン族のある神話が、（ワシ⇒ツル、高⇒遠、息子⇒娘、嫁への強い性欲⇒婿の料理への食欲などの）体系的なやり方で、隣の部族の鳥の巣あさりの神話を変形することを確かめた。これをいったん認めると、レイチャードのあとをうけて、(300) 長い旅でへとへとの女たちが空腹を我慢できずに、小屋の扉に掛けてある食用の球根をむさぼり食うという挿話を、ヨーロッパの民間伝承からの借用として取り扱うことができるだろうか。それとも、他の諸変換のまっすぐな延長線上で、この奇妙なモチーフは腹を空かせた鳥の巣あさりが引き抜いた球根がじつは星だったために満腹することができなかった平たい天界というモチーフを、垂直方向に立てたものと考えるほうが適切な判断ではないだろうか。自分を位置づけるパースペクティヴに応じて、同じモチーフが、借り物にみえることもあれば、ほとんどアプリオリに演繹することができるほど内的論理に忠実な変換の一状態にみえることもある。

アメリカの鳥の巣あさりの神話とヨーロッパの地下世界から助け出された王女の話のあいだの、もっとも明らかな違いのひとつは、つねに垂直軸上ではあれ、分離がアメリカ神話では主人公が低所から高所へと、ヨーロッパ民話では高所から低所へと生じることである。中間の世界に住まう主人公が活動の場を変える。つまり、主人公は天界まで昇るか、地下世界へと入りこむ。熱心さに差はあるが、いずれの場合も親切な動物たちが主人公が地上へ降りたり、地上に登ったりする手助けをする。

それならば、鳥の巣あさりの神話のあるヴァージョンが低所から高所ではなく、高所から低所へ向けて主人公を送りだすたびに借用を引き合いに出さなければいけないだろうか。それはすこしもあてにならない。サンポイル族、オカナゴン族のような、トンプソン族やシュスワップ族の近隣の内陸セイリッシの諸集団に由来する諸ヴァージョン（M665、M666のインデックスをつけたヴァージョン、『裸の人』邦訳四五二頁）からして、すでに迷いが生じうる。分離はまさに低い方向に向けて起こるのだが、主人公は羽根を獲ろうとしたワシたちが巣を作っている中ほどの高さで身動きが取れなくなる。いやいやながらも（というのも主人公はワシたちを捕らえて、自分の腕や脚に無理やりくくり付けたので）岩壁の下まで飛んで運ばせると、主人公はそこから、もっと容易であったと考えられる別のコースで自分の村へと帰りつく。

このヴァージョンには地下世界から連れ戻されたひとりもしくは数人の王女が展開に絡んでこないばかりか、その位相学《トポロジー》ももはや同じではない。これは、弱められ、見分けがつかないほどになったフランス民話の反映なのだろうか、あるいは、持ち込まれた民話と現地の神話とが何とか折り合いをつける前から、このような独特の構成がすでにアメリカに存在していたのだろうか。

これまでに検討してきた地域の南で見つかる鳥の巣あさりの神話の諸ヴァージョンはいっそう当惑をさそう。ウト・アズテック大語族の分枝のショショーニ語を話すパイユート族やユート族は、サハプティアン語族、特に、わたしたちがその神話にすでに取り組んだネズパース族とじかに隣り合っていた。つまりそこは最南部の沿岸セイリッシの一群のいるところから、二〇〇キロから三〇〇キロほど内陸に入ったところで、さほど遠くはないのである。

わたしはかつて、ユート族ヴァージョンの鳥の巣あさりの神話を検討したことがあるが（M774、M775というインデックスがつけられている。『裸の人』邦訳六五一―六五九頁）、ここでは本質的な論点に立ち返ることにしよう。パイユート族やユート族は、遊動的な小集団に分かれ、主として採集生活をいとなんでいた。彼らがあらゆる資源をたくみに活用していた半砂漠の環境は、一八世紀以降、スペイン人、つづいてメキシコ人の侵入をはばむことはなかった。神話や民話はその影響の痕跡をとどめている。その地方のたいへんよくできた鳥の巣あさりの神話の諸ヴァージョンで、コヨーテが自分の甥にして婿を深い穴に突き落とし、高所から低所に向かって分離するのを、この痕跡だけで充分に説明できるのだろうか。それならば、ヨーロッパの民話に典型的な挿話がなぜインディアンのもとでは逆転されたかたちで現われるのかも説明すべきではないだろうか。つまり、主人公は、引き上げてもらうあいだに肉を食わせて（ときには自分の身体の肉を食わせることさえある）親切な鳥の力を回復させてやるのではなく、身をあずける前に自分の強さを実演して見せるよう鳥に強く求めるのである。

この問題についてはふたつのことを指摘しておきたい。このヨーロッパ民話の挿話に合致するモデルが、垂直軸を水平軸へと置き換えるだけで、すでに要約した神話のヴァージョンのなかにある（前出二三五—二三六頁）。ところで、この挿話は、後者の形態で他のアメリカ神話に現われる。主人公が自分を運んでくれるヘビあるいはその他の水棲の怪物から約束をとりつけるため、その力が弱くなるたびに食べ物をやると約束するのは、傷つきやすい渡し守の話群《サイクル》の典型である（『食卓作法の起源』邦訳五〇一—五〇二頁）。この挿話は、ヨーロッパの民話の借用から生み出されたどころか、両半球に広がる巨大な変換の一状態なのである。（怪物に食べ物をやるのではなく、怪物を欺く）アメリカにも存在するこの状態で、日本においても、最古のテクストに書き記された因幡の白兎の物語に、傷つきやすい渡し守のモチーフが見つかる。そのモチーフは、インドネシアにも、メラネシアにも、そしてインドにも見つかる。[301] それゆえ、怪物が手助けと引き換えに食物を要求するというヴァリアントなどこの物語の諸要素が、南アジアに始まって、いっぽうではアメリカにまで広がり、もういっぽうでは、そのモチーフがたしかに見いだされるアラブ世界を仲立ちに、ヨーロッパにまで広まっているということは充分に考えられる。なるほど、断崖に突き落とされ、親切な動物の助けでそこから脱出する主人公が登場する物語は、普遍的な民間伝承である。それゆえ、フランス民話を耳にしたインディアンたちは、はるか昔から新旧両大陸が共有していたこの物語を借り受けたというより、むしろそれを認知したといえるだろう。*

もうひとつの指摘は、さきほど解説した逆転が唯一のものではないということである。たとえば、ユート族（ウインター族）は、北側に隣接するサハプティアン諸族やセイリッシ諸族において鳥の巣あさりの神話がとっている形態を以下のように体系的に逆転する。すなわち、ワシではなくカモという名の主人公が、よそ者であって近親者ではなく、夫ある女の誘拐者であって他人が寝取ろうとした女の夫ではない……。そして、ワシが巣を作る樹木もしくは岩壁が天界まで伸びていく代わりに、地面が下にくぼむ。まさしく岩が成長するのだが、その方向は下に向いているのである。

結局のところ、便宜上正の形と呼べそうな諸ヴァージョンで、動物の名をもち人の姿をした主人公

＊　この仮説に支えられて、そのモチーフも垂直方向へ戻せば、たしかに衰弱した形態ではあれ南アメリカにも存在しているという考えにも、一考の余地があるだろう。なるほど、ジャガーは、鳥の巣あさりを助けるにあたって、雛鳥を食べたいがために、投げてよこすように求める（『生のものと火にかけたもの』邦訳一〇二―一一五頁）。近年刊行されたあるヴァージョンによると、主人公を救うハゲタカは、死んだネズミを要求する。[302] こうしたすべては、どのような理由であれ、ヨーロッパの影響を問題にすることはできない。

を、動物たちが助けるのに対して、ウインター族のヴァージョンでは主人公に動物の名が与えられるいっぽう、手助けをする動物が人間たちに置き換わって、主人公は岸壁の高みから飛び降りるまえに、彼らに（近隣のヴァージョンでは動物に対してなされるように）その腕で自分を受け止めるに足る力があるかどうかを見せてくれるよう求めるのである。

ユート族の神話体系が、南側で隣り合うナヴァホ族の神話から影響を受けていることを考慮に入れるならば、ことはいっそう込み入ってくる。ナヴァホ族の神話はしばしばひとつの神学として現われる。にもかかわらず、ユート族の物語のなかの同じような挿話、とりわけ、手助けをする動物に課される力強さの実演がナヴァホ族の神話にも見られるのである。ナヴァホ族はアサパスカン語族に属し、時期は定かではないが、新大陸の発見よりも数世紀前に北方からやってきたということは確かである。ナヴァホ族の神話は、アメリカ最北部からニューメキシコまでの移動のさなかに、通り抜けてきた諸地域にあった文化と触れ合うことで豊かになり形を変えてきた。わたしたちが扱った神話はどれも、こうした諸文化の近年もしくは現在の表象に由来する。それゆえ、ヨーロッパの民話からの借用は新しいタイプの現象ではない。それは、諸部族のあいだのやり取りの長きにわたる歴史の一部をなし、神話的思考が自発的に遂行する変換は、すでに多くの効果を生み出していた。ヨーロッパ起源の民話が、このような効果を補完し、補強したからこそ、インディアンたちは取り入れたのである。

＊

いずれにしても、ひとつ確かなことがある。すなわち借用はまったく偶発的なものではない。借用は一定の領域に集中しており、そこは借用に浸透し尽くされているが、そのほかのところはかなり手つかずのまま残される。その例として、トンプソン族がシュスワップ族と同じように霧の起源と風の捕獲というふたつの大きなテーマを扱う異なったやり方を考察してみたい。

　主人公スナナズによる風の捕獲の挿話はヨーロッパの影響をまったく受けていない。それはおそらく、輪差を用いた太陽（もしくは月）の捕獲をめぐる神話の変換であり、そこでも問題なのはやはりブランケットもしくはマントである（『食卓作法の起源』邦訳四四九—四五七頁）。そのモチーフはむしろアメリカ神話とポリネシア神話の関係を考えさせるものである。いずれにせよ、トンプソン族やシュスワップ族が、たいへん重要な風の沈静化という出来事に与える、ごく小さな位置づけには驚かされる。彼らはその出来事を、筋書きや細部がフランスの民話の丸写しである長い物語、すなわちクマのジャンと地下世界から助け出された王女の物語の、言わば前菜《オードヴル》にしてしまうのである。霧の起源についてはこのようなことはまったく見られない。このことをもっと念入りに見ていきたい。

　一九七一年から七五年のあいだに採集されたシュスワップ族の神話のあるヴァージョンは、この神話が霧の起源と関係していることを裏付けている。[303] トンプソン神話の対応する挿話では、そのことは推論することしかできなかった（前出一二九頁）。わたしが『裸の人』のなかで、M_{738}のインデックスをつけたこの神話を別の角度から考察したのは（邦訳五八六—六〇四頁）、それが、この地域の神話のなかの、天界の火の征服に決定的な役割を果たすコガラという鳥の起源も扱っていたからである。M_{738}の語るところでは、ハイイログマ女は、さまざまな素材を使って四人の娘を作ったが、ちゃんと育ったのは末娘だけだった。サケ（もしくはマス）の美しさに心奪われたその娘は、彼を夫に迎えたいと願った。彼は人間の姿をして現われて彼女を娶り、水の底で暮らすことにした。彼らはふたりの子供に恵まれ、子供たちは自分の祖母に会いに行きたいと願った。この子供たちは、半分クマで、半分魚であった。老女は、コガラという名の男の子を人間の男へ変身させたが、女の子の方はうまくいかず、イヌになってしまった。男の子は彼女の本性が分からず、彼女を殴りつけた。彼女は逃げ出し、永遠に姿を消してしまった。それからというもの、コガラの悲しげな鳴き声は、いなくなった自分の姉妹を呼んでいるように聞こえる。

その後、男の子は祖母の言いつけを聞かず、木によじ登るとそれは天界に届くまでに成長し、男の子は天界へとたどり着いた。彼はそこで自分の祖父もしくは曾祖父と出会った。不具で盲目のこの老人は、男の子が、きれいな娘の心をつかむ手助けをすると約束するが、自分のなかに男の子が合体し、この肉の覆いから出るのは夜だけだという条件をつけた。こうして主人公は老人の知恵と魔術の力を得て、娘を賭けた射的の競争でもこの姿でミミズクを打ち負かすことができた。主人公は彼女にだけ、自分の本性を打ち明けた。他のだれもが、主人公が日がな、そのなかに入り込んでいる老人を彼だと思っていた。ついに人々が秘密に感づき、老人を殺して主人公を引きずり出して、皮を細かく切り刻むと、それは今でも見ることができる霧に変わった。(304)

この神話の示す注目すべき点は、連続する挿話が、他の神話の同じ挿話もしくは類似した挿話が登場するところでそのつど交差しているということである。まずは、オレゴン南部からブリティッシュ・コロンビア北部にかけて分布する、ハイイログマと結婚していることもしていないこともある女の神話では、インセストの罪を犯した自分の子供たち、もしくは孫たちを罰するために、彼女自身もハイイログマに姿を変える。わたしは『裸の人』で（邦訳一九六―二〇三、三一六―三三三頁）「序曲Ⅳ」と名づけたものを構成するこの神話と、鳥の巣あさりの神話との関係を長々と論じた。次の挿話は、天体の妻たちという巨大な神話群《サイクル》を参照しているが（『食卓作法の起源』邦訳二三五―二五五頁）、妻が星ではなく魚を夫にしたがるという点だけは相違している。イヌになった娘が人間になり損なうのは、イヌと番《つが》う女の神話群に属しているが、すべての子供のうちその娘だけが、ときには一部だけのこともあるが動物的本性を失わずにいる（前出二一四頁、二一七頁）。天界に届くほどに成長し、主人公を天界に導く木の挿話には、もちろん鳥の巣あさりの神話を見てとることができる。最後に、不具の老人と合体するか、もしくは（霧を生み出す）その皮の下に身を隠す主人公は、オオヤマネコの物語やミミズクにさらわれる男の子の物語を参照している。

それゆえシュスワップ族の神話は原住民のコーパスの走査とでも呼べそうなことを実行しているのである。* しかも、それだけではない。それぞれの挿話は、他の神話の対応する挿話を模倣すると同時に逆転させる。一般的には性的関係によって形容される（生理中であったり、淫奔であったり、ときにインセストを犯すこともある）ハイイログマ女は――鳥の巣あさりの神話のこの地方のヴァージョンにおけるコヨーテのように（『裸の人』邦訳四五三頁以下）――自然には何も負わない模造の子供をこしらえる。つまり、その子供は人工物なのである。天体ではなく魚にいだく一目惚れの感情では、地

＊　この種の構成についての他の例としては、ダイヤグラムが描かれている、『蜜から灰へ』邦訳四〇八、四三三―四三六頁を参照のこと（第一刷の p. 324 の下から七行目は「連辞的」ではなく「範列的」と読んでいただきたい〔邦訳では訂正済み〕）。また、『裸の人』邦訳八九、二〇四―二〇六、二八六頁も参照のこと。

／天の軸が地／水の軸へと回転されている。女の視点からすると、結合は、低所から高所へではなく、高所から低所へ向けて起こる。孫息子は人間に変身したが、孫娘はイヌになってしまったハイイログマ女の不手際により、実の兄弟姉妹であるふたりはインセストを犯すことができなくなるばかりか、その男の子は獣が自分の姉妹であることが分からず、彼女を手ひどく殴りつけてしまう。それに続く挿話では、主人公が、懇願されるのでも強制されるのでもなく、禁じられたにもかかわらず木に登るという意味で、鳥の巣あさりの挿話が逆転されている。最後に、ミミズクを射止めて得られる対価は若い娘であり、鳥に与えられているのは、さらわれる男の子の神話のような分離する役割ではなく、結合する役割である。そして、下から標的――若い女の隠喩的なイメージ――に向けて発射される矢は、上から若い娘に垂らした一筋の唾液もしくは尿により彼女を本当に妊娠させてしまうという、オオヤマネコのやり口（オオヤマネコも病んで不具な老人の姿をしている）を逆転したものである。

したがって、いっぽうで霧、もういっぽうで風と関係するふたつの神話の系は、どちらも気象現象と関係しているだけに、そのあいだには平行関係があるだろうと思いきや、分析をしてみると、対立的に構成されていることが分かる。いっぽうの系の構成は、フランス系カナダ人の民話の連辞的な連鎖の丸写しに見える。そして、もういっぽうの系は、範列的な軸のうえにアメリカ・インディアンの主要なテーマを組み合わせている。いっぽうの系から取り除かれたものは、もういっぽうの系で埋め合わせなければならなかったかのようにすべてが生じている。つまり、風の捕獲の神話が土着のモチーフには目もくれず着想を他の場所に求めれば求めるほど、霧の起源の神話はますます土着のモチーフ捜しにいっそう熱心になる。予想されうる平行ではなく、互いが直交するほど違う方向に向かうふ

図13

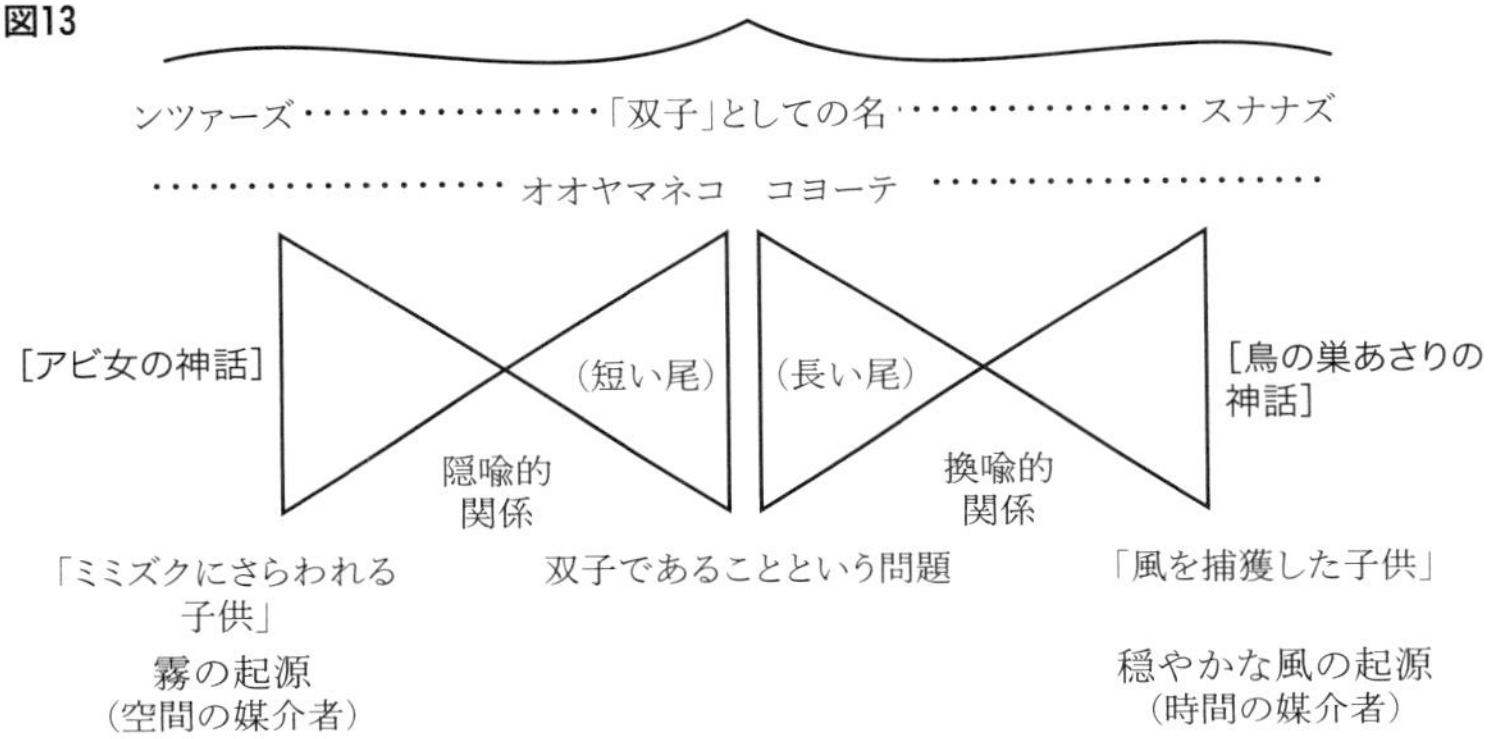

たつの構成には、神話が語る具体的な実体が本質的にはらむ不均衡の、形式の次元での反映が見てとれるのかもしれない。つまり、風と霧は、アメリカ・インディアンの思考が対にするのをあきらめた、他のあらゆる結合の候補と同じく、不可能な双子なのである。

＊

ところが、神話の構造におけるこのような違いがあっても、いくらかは土着でそれ以外は借用物であるという異種混交した素材が、ひとつの体系のなかで組織化されないということにはならない。その体系はしだいに整合性が明らかになってきた。わたしはまず、以下のような全体的な見通しをあたえてくれるダイヤグラムを描いたのちに、詳細を分析していきたいと思う。

ダイヤグラムの右側では、すでに見たスナナズの神話が（前出二六四頁）、鳥の巣あさりの神話の逆転となっている。風の主であるその同じスナナズは、コヨーテと隣接的関係、したがって換喩的関係をもっているが、ダイヤグラムの中央に目をやると、このコヨーテはまた、霧の主であるオオヤマネコと、相関しつつ対立する一対の項を形づくっている。この対は、全体系の中心的テーマ、わたしがつい先ほど名づけた不可能な双子というテーマを一身に具現している。

　オオヤマネコについては、ンツァーズ（上流のトンプソン族における主人公の名であり、下流ではその名はツァアウズになる）と隠喩的な関係をもっている。ミミズクにさらわれ、そのもとで育った子供は、妻に迎えたく思っている娘をもつ族長がいる村にいきなり現われるのではなく、老人のもとに立ち寄り、不健康で汚れた皮膚を身にまとって、哀れな人物に見せかける（オオヤマネコにかかわる物語では、オオヤマネコがじっさいに哀れな姿をしている）。いわば自然の覆い《クーベルチュール》〔次段落の「ブランケット」と同じ語〕であるこの病んだ皮膚と対称をなすのは、ダイヤグラムのもういっぽうの端に位置し、そのもとには滞在しないが、彼に魔術的な力を授け、妻にする娘の父である族長の住居へと彼を差し向ける老人が身につけている煤の黒い覆い――文化の所産――である。

　ダイヤグラムの左側に配された諸神話によれば、病んだ皮膚が燃やされると、大地と天界の空間的媒介物であるところの霧が生まれる。右側に配された神話によれば、文化に属する製造物であるところの主人公の上着もしくはブランケット《クーベルチュール》が風を捕まえるのに用いられ、それからは、風は季節のリズムに従うようになる。それゆえ、ブランケットは時間的な媒介物の役割を果たしているのである。

　オオヤマネコの息子、もしくはその分身であるンツァーズは、肯定的にであれ否定的にであれ神話によって文化の相のもとに sub specie culturae 特徴づけられる子供である。つまり、公的な儀式（父の認知のテスト）によって、身分をあたえられ、あるいは、彼が手に負えず、その反社会的な気質に皆が悩まされる。ダイヤグラムのもういっぽうの側では、スナナズという主人公が、やはり同じように肯定的もしくは否定的に、しかし今度は、あるときには超自然、またあるときには自然以下の属性によって特徴づけられる。トンプソン族のヴァージョンでは、驚異的なことをやってのける能力がそれで、シュスワップ族のヴァージョンでも、身体的に障害があったり、あるいはシュスワップ族の七つ頭の獣の話もやはり、間抜けな主人公であり、天賦の能力があらわれるまでは愚行に愚行を重ねる。

すでに見たように（前出二三三頁）内陸セイリッシ諸族はときおり、スナナズという固有名に、ミミズク（より正確には、アメリカワシミミズク）という意味《シニフィエ》をもたせる。その名をもつ主人公こそが、かつては風が原因で起こる損害、なかでも、数多くの人々の喪失に終止符を打つのである。その主人公は、風の体制を取り決めることで、人間の寿命を延ばしたのである。ところで、ミミズクにさらわれる子供の神話のあるヴァージョン（ダイヤグラムでは、風の捕獲をめぐる神話と対称の位置にある）では、子供たちをさらうミミズクは、間近に迫った死の前ぶれになると明確に述べられている。したがってミミズクは、わたしが『神話論理』のなかで短い生と名づけたモチーフを、意味《シニフィアン》するものとして共示しているのである。そのつながりは、トンプソン族の東側に居住するオカナゴン族ではもっとはっきりしている。その神話のオカナゴン族のヴァージョンによると、ミミズク女にさらわれたふたりの兄弟姉妹は、彼女が人喰いだったので、あたうかぎりすみやかにそこから逃げ出した。ふたりは助け手となった老人にカヌーで川を渡してもらった。老人は、人喰い女がやってくると、今度は彼女を溺れさせた。水に落ちた彼女は、歯が全部抜け落ち、その歯がカモに変わった。[305]『裸の人』のなかでM_{744}のインデックスがつけられたこの神話を引きながら（邦訳五九五頁）、わたしは、カモが春の主であることや、神話では歯の喪失は（この出来事の犠牲者を老人に変えるので）短い生の象徴となっていること、そして最後に、ネズパース族の諸神話が歯の喪失と風の周期性の起源を関連させていたことを想起した。わたしはそこで「こうして気象に関するコードは、天文学的コードと生物学的コードのあいだに、一種の妥協をはかる」と結論づけた。ここでとりあげている諸神話を分析しようとして、わたしたちは天文学的コードを引き合いに出さなければならなかった（前出、第12章—14章）だけに、別の文脈で風の周期性の諸神話と短い生を参照する別の神話とのあいだに対称性が出現するということは、三つのコードの照応をいっそう確からしくする。

ダイヤグラムのなかの双子《ジェメリテ》であることへの言及およびふたつの固有名を「双子」と形容することについては、前出のそれぞれ一二六頁、二三三頁を参照していただきたい。ダイヤグラムの両側で、風の捕獲の神話は、鳥の巣あさりの神話につきまとい、他方のさらわれる子供の神話は（したがって、それに先立つツノガイを盗む女の神話も）、アビ女の神話（前出一二四頁、一三一頁、後出二八二頁）につきまとい、この神話はまた、カリフォルニアの北部やオレゴンの鳥の巣あさりの神話——『裸の人』の邦訳一二一—一三五頁を参照のこと——がとっている形態を逆転させている。このような逆転がすべて同じ軸のうえに位置づけられることはなく、もし同じ軸上であればンツァーズの神話は鳥の巣あさりの神話を（逆転の逆転として）復元していたはずである。ただ、それにもかかわらずその体系の再構築の概要が正当化されるのは、ダイヤグラムのもういっぽうの端でわたしが鳥の巣あさりの神話とスナナズの神話のあいだに見いだしたのとは別の逆転の効果により、ンツァーズの神話から透かしを通したかのように鳥の巣あさりの神話が見えているということなのである。わたしたちは、この論点にしばし立ち止まることにしたい。

北アメリカの北西部では、諸神話が鳥の巣あさりの誕生を、真っ向から対立するしかたで語る。『裸の人』の冒頭で検討したカリフォルニアとオレゴンの隣接部のヴァージョンでは、母の手で薪に放り込まれようとしていた赤ん坊が造化の神によって助けあげられた。造化の神はその赤ん坊をどうすればよいか分からず、自分のなかに取り込んでしまった。人間を身ごもってしまった造化の神は、やむをえず、この息子を産み落とし、育てることになった。ブリティッシュ・コロンビアの内陸のトンプソン族は、それとはまったく別の物語を語る。息子が欲しいトリックスターのコヨーテは、息子をひとりでこしらえてみようと企てる。その企てに最適な原料が見つかるまで、コヨーテはさまざまな原料を試してみた（『裸の人』のM_{529}、邦訳二二―二三頁、M_{667}、M_{667a}、邦訳四五三―四五八頁、M_{670a}、邦訳四六一―四六四頁を比較していただきたい）。ところで、シュスワップ族の霧の起源の神話は、物語のなかの別々の時点それぞれでふたつの方策がとられるが、それはこの神話が他の神話と横断的に交差しているということを示す追加の証拠になる（前出二七三頁）。ハイイログマ女はまず手仕事でひとり娘をこしらえる。その後、彼女の孫は老人のなかに入り込むが、この老人はあえて言えば反復的に人間を身ごもるのである。つまり、昼間は主人公を身ごもり、夜ごと彼を出産する。シュスワップ族の神話はこのようにして、鳥の巣あさりのヴァージョンが主人公がどのように生まれたかを説明するにあたってどちらかを選ぶ、いっぽうは技術的でもういっぽうは有機的な子づくりのふたつの方法を、同じひとつの筋書のなかで結びつけるのである。

鳥の巣あさりの神話においても、それを逆転させたアビ女の神話と同じく、わたしが細胞《セル》と名づけ

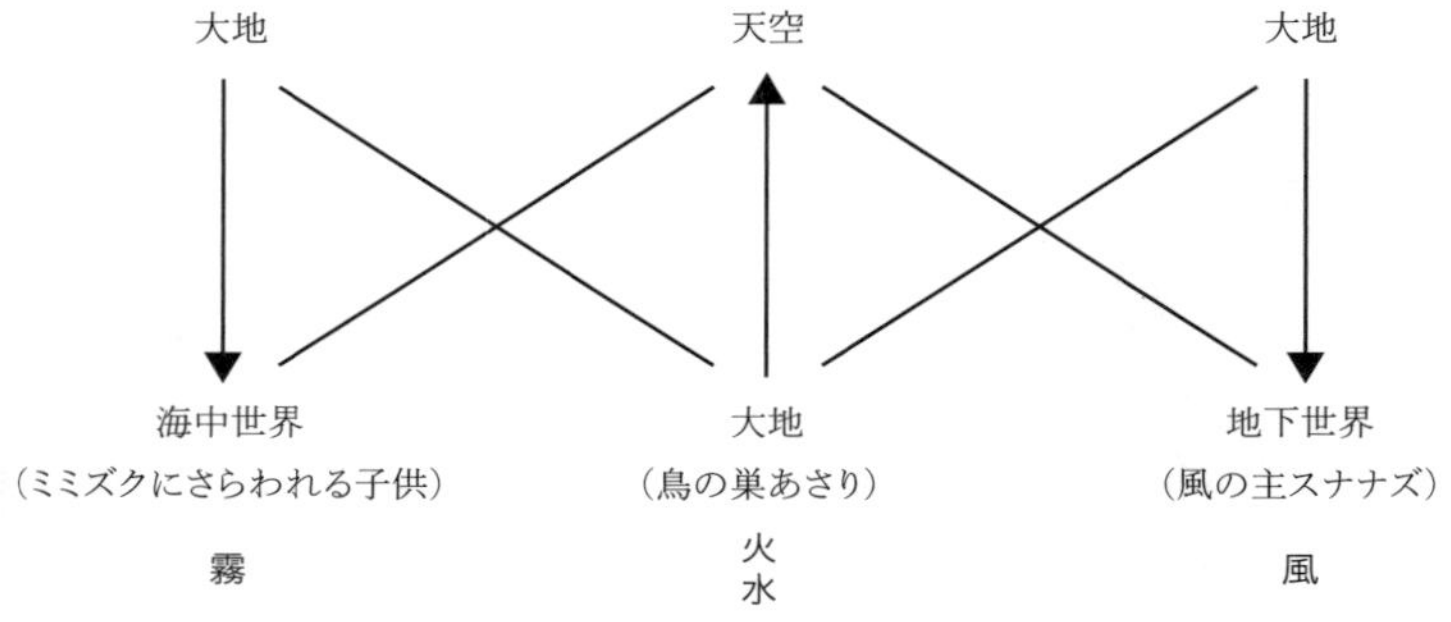

たものが見つかる（前出一二三頁）。寒さや飢えで死にかかっていたり、身体がかけらしか残っていないなど、ともかく哀れな境遇に追い込まれている主人公が、動物もしくは人間の姉妹に助けられ、手当てを受けて、身体を元の状態に戻してもらい、彼女たちを妻に迎える（たとえば、『裸の人』のM_{530}、M_{531}、M_{538}、M_{546}、M_{550}を参照）。この細胞が、適切な位置で見つかるのは、チルコーティン族のさらわれる子供のヴァージョンであり（前出一三三―一三四頁）、ここではトンプソン族やシュスワップ族のヴァージョンの霧のもととなる皮膚が、泥でできた皮膚に置き換わっている（たしかにチルコーティン族のヴァージョンも、この細部を除けばシュスワップ族のヴァージョンを忠実に踏襲しているという点で、やはり霧の起源が問題であるということは頭から否定はできない）。姉妹が介入する時点では、鳥の巣あさりが意に反して木あるいは岸壁の高みにいて身動きが取れないいっぽう、別の主人公は水の底で暮らすのを選んだことを考慮に入れれば、霧の起源の神話と風の捕獲の神話が鳥の巣あさりの神話の両側で保持する上のような対称の関係を示す、ある極小《ミクロ》構造が出現するのである。

　鳥の巣あさりの神話の少なくともひとつのヴァージョンは明らか

にこの極小構造を例示し、いわばその経験的な現実化を示している。セイリッシ諸族の信仰と神話を明確にするために、カリフォルニア北部のユーロク族のヴァージョンをクローバーに依拠して用いた（前出五七頁、一五八頁）。その神話のひとつでユーロク族が語るところによれば（M557a のインデックスがつけられている。『裸の人』邦訳一八一―一八二頁）、鳥の巣あさりを木から降りてこられないように、父は破壊的な風を呼び起こして太い枝を折ってしまう。そして、主人公はひとたび解放されると、救いの霧によって、逃げ去ったことを隠した。この逃亡の最中に、彼はツノガイの貝殻をまるごと全部、まんまと奪い取り、その唯一の持ち主になったということも付け加えておこう。ところで、身ごもる男というモチーフを含む鳥の巣あさりの神話をしめくくるのは、服飾品の起源である（この場合には、それはヤマアラシの針毛でつくられている）。ツノガイを盗む女の神話と、その続きであるさらわれる子供の神話もまた、まさしくツノガイ製の服飾品の起源と関係している（『裸の人』邦訳一八一―一九〇頁を参照のこと。また、二種類の服飾品を統御する変換については、『食卓作法の起源』邦訳三〇九―三一〇頁も参照のこと）。

それゆえ、いっぽうは水と火、もういっぽうは風と霧に関係するふたつの神話の体系がしっかり組み合わせられている意味論的な場のただなかで、一種のモチーフの交叉《シャッセクロワゼ》が見られる。そして、どのパースペクティヴをとるかによって、どちらかいっぽうがもういっぽうと包むものと包まれるものの役割を、代わる代わる入れ替わりながらつとめる。風と霧に関係する体系が、鳥の巣あさりの神話とアビ女の神話が形づくる極大体系《マクロシステム》のなかにあるということは、鳥の巣あさりの神話については先立つページに詳しく示した。アビ女の神話に関連することとして、その諸ヴァージョンのほとんどで

（M_{540}、M_{546}、M_{550}、M_{551}、M_{553}のインデックスがついているヴァージョン。『裸の人』邦訳一二八頁を参照）、姉妹のインセストの欲望の対象となる主人公は、オオヤマネコと名づけられている。そして、その神話のいくつものヴァージョンが、死者がそれ以降は蘇らなくなってしまったのはなぜかを説明するというので（M_{554}、M_{555}。『裸の人』邦訳一五〇―一五二、一五四―一五五頁）、この本においても、その結果として死者の蘇りが不可能になったというトンプソン族の兄弟姉妹のインセストの神話に紙幅を割く必要があったということだけは想起しておきたい（前出二二二頁）。ところで、このような事態をもたらした張本人の名がアビであることからして、そのつながりは明らかになる。

　ところで、火と水の起源の神話（『生のものと火にかけたもの』で検討した）が形づくる大体系は、逆に、風と霧の起源の神話の内部に、縮減モデルとも言えるかたちで映りこんでいる。コヨーテの息子もしくは婿には、足で蹴って、料理用ではなく凍えた仲間たちが暖をとるための火を噴き出させる才能がある（前出三三、三七頁。また『裸の人』邦訳四四二頁を参照のこと）。そして、「根の息子」には（すでに見たように、それはオオヤマネコの側に位置づけられるのだが）地面から渇きをいやす水を噴き出させるという、それとは対称的な才能がある（前出一五三頁）。どちらも他の神話でならもっと大きな役割を果たすために呼び出されるはずの元素《エレマン》〔火と水〕に、ふたつの控えめな機能が付与されている。同一の像を送り合い、ときに拡大されときに縮むこの鏡の戯れの理由は、結局のところ、宇宙論的スケールでなら火と水のあいだを支配する関係と同形の関係を、気象学という縮減されたスケールで風と霧が保持しているということなのである。火が天のものであることも、飼い馴らされたものであることもあるのと同じく、霧もまた、天地を結びつけることもあれば、そのあいだに割って入って、天地を切り離してしまうこともある。そして、天の水は火を消してしまって料理をできなくする一方、地上の水は料理に好都合なのだとすれば（なぜなら、魚をもたらしてくれるのはその水なのだから）、荒れ狂う風もやはり、地上のあらゆる生物を（アビ女の引き起こす全面的な炎上のように）破壊してしまうが、しつけを施せば、家の炉で火をあおってくれる。トンプソン族の言葉にあるように、コヨーテが初めの持ち主から火を盗み出して以来、「世界には煙と火があって、ふたつは切り離せない。煙はいつでも火の徴であり、風は火を起こしやすくしてくれる」[306]。

新世界の発見は、それに続く数十年のあいだに、ヨーロッパの意識を大きく揺さぶったとは思えない。他の精神史家と同じく、リュシアン・フェーヴルもその無関心をつぎのように強調している。「こうした宇宙形状誌学者《コスモグラフ》たちは、ヴェスプッチの航海記のフランス語訳が刊行されてから四〇年たっても、地球の記述を取り扱う自分たちの著作のなかで、南北両アメリカについてもっぱら沈黙を守りつづけた――わたしたちは普段、新大陸の発見が、全ヨーロッパにおいて、前例のない一種の知的かつ哲学的な革命を引き起こしたと思い込んでいる」。さらに、少し先では次のように続ける。「キリスト教が人の住む世界にあまねく広まっているどころか、航海者の手でいきなり旧世界にその存在を知らされた、たくさんの人々や民族［…］を、自分たちの支配下に入れることなく、善行やとりわけ救済の外に放置しているという議論さえも――コロンブス、コルテス、カブラル、マゼランらの同時代人が展開したものとみなされていると思しきこうした議論は、ラブレーの時代にさえ存在しない――この時代にはまったく見当たらなかった。［…］四つめの「世界の部分」、新世界の発見も、数十年のあいだ、たいした驚きを引き起こさずにいた。これが事実であり、ひとつの精神のありようを雄弁に物語っているのである」[307]。

だがモンテーニュはどうか。一五三三年生まれのモンテーニュが『エセー』を書きはじめたのは一六世紀も最後の四半世紀に入ろうかというころで、いくらか時代が下ったこともあって、新世界の事物や人々を前にした彼の態度は、『エセー』の有名ないくつかのくだりから考えさせられるよりもずっと複雑であるように思われる。たしかに、新世界は彼の著作のいたるところに姿をみせ、少なくとも、「食人種について」(第一巻、第三〇章)、「馬車について」(第三巻、第六章)および、「レーモン・スボンの弁護」の重要なくだり(第二巻、第一二章)の三つの章で正面から取り組んでいる。さほど直接な言及ではないにせよ、「習慣について」(第一巻、第二三章)をそこに付け加えてよいかもしれない。ところで、モンテーニュはそれぞれの章で新世界について同じことを述べてはいない、と言うかむしろそれぞれの考察が同じ次元でなされてはいない。

「馬車について」の章は、このうちではいちばんあとに書かれており(第三巻は一五八八年版で初めて姿をあらわす)、アメリカ大陸をめぐる見解は、今日わたしたちがメキシコやペルーの高文化と呼んでいるものに限られる。モンテーニュは征服のもっとも悲劇的な挿話を歴史家として検討する。そして、侵略者たちが明け暮れた虐殺、破壊、略奪ではなく、原住民と侵略者のあいだに実り多い協力関係を樹立することの理由となりえたかもしれない、これらアメリカの高文化をわたしたちの文化に近づけるものすべてを列挙し、悲劇的な挿話を弾劾している。「もしも向こうで示されたわたしたちの最初のお手本と行動とが、この人びとに徳性に対する感嘆と模倣の念を呼び起こし、彼らとわたしたちとのあいだに兄弟のような交友と理解を生んだとしたら、この全世界にとってどれほど大きな償いと向上をもたらしたことであろう[308]」。

「食人種について」の主題である低文化については、西洋の意識は同じ批難をみずからに対して行なってはいない。それは、まず――歴史の流れがこのような予想を裏付けていたらどんなによかったか――きわめて未開であった諸民族のほうが、「私が先に述べた食人種の証言するところ」では、「彼らの求める品物が見つからないところには、ほかにどんな利益があっても〔…〕」征服者たちの企てをうまく切り抜けたからである〔「食人種について」〕。彼らの命運が定まっているとしても、それはおそらく「驚くほど壮麗なメキシコやクスコの都市」を無に帰した破壊や虐殺のためではない。彼らは、「こちら側の堕落について知ることがあれば、自分たちの心の安らぎや幸福がどれほどの犠牲を強いられることになるか、また、こうした取引のうちの何が、自分たちの破滅を生み出すのか」を知らないまま、まったく受動的に、日ごと近づくみずからの終焉を生きている。なぜなら、メキシコやペルーには少なくとも萌芽期の文明があったとしても、ブラジルのインディアンたちは、「わたしたちのそれによって退化させられてはいない自然の法になおも支配され」るという、「とても純粋な状態」にとどまっているからであり、モンテーニュは、古代の人々にしたところで、「われわれがいま、あの民族に実見するような、あんなに純粋単純な素朴さを想像できなかったし、人間社会があんなに人為も人間的結合剤も用いずに維持されることも想像できなく」なっていたとしても[309]、この接触がもっとずっと早く、このような自然の法とわたしたちがおそらくはもっと近かった、ギリシャ時代から生じなかったことをしきりに悔やむ*。まさしく、自然の法則の近くにある文化とすべてを人為に任せているわたしたちの文化には共通分母がないがゆえに、モンテーニュは、キリスト教の魂に衝撃をあたえずにはいないような習俗や信仰についてみずから断定することは禁じて、きちんと裏付けられたトゥピナンバ族の民族誌の概要を読者に対して示すのである。あるいは、最初は見るに耐えない習慣も、お望みとあらばわたしたちの慣習からも事例を引くことのできるいくつかの慣習と比べて、さほどひどくはない——ましということもありうる——と指摘しようとしたのである。

　モンテーニュの立論には、理性への呼びかけがリフレインのように繰り返し現われる。「その事柄を真実と理性の前に照らし」てみなければならない（「習慣について」〔邦訳（一）二一九頁〕）。そして、「理性の声で判断しなければならない」（「食人種について」〔邦訳（一）三九三頁〕）。つまりは、「誰でも自分の習慣にないものを野蛮と呼ぶ」ということを忘れさえしなければ、たしかに、しかじかの民族を「理性に照らして、野蛮だ」と形容することはできる（同前）。その逆もまた然りである。なぜなら、モンテーニュが述べるには、「人間の想像に思い浮かぶどんなにとっぴな考えでも、どこかで公然と通用していないような、したがってわれわれの理性に根ざし、その支持を受けていないようなものはないと思う」からである（「習慣について」**〔邦訳（一）二〇九—二一〇頁〕）。

　理性の援用とは、二重のバネをそなえた武器であると、社会哲学は後になってから身をもって思い知らされることになる。『エセー』にすでに認められる両義性は、いまなお反省の妨げになったり、ときには反省を麻痺させることさえある。理性を基準として慣習を判断するなら、あらゆる社会は野蛮であったり粗野であるように見えるかもしれない。だが、同じ基準で判定しても、野蛮あるいは粗野な社会はひとつもない。というのも、うまく運用された言説はそれ自身の文脈に置き直されたあらゆる慣習に対してなんらかの基礎を見いだすことができるはずだから。いっぽうの展望が通じる先は、啓蒙の哲学《フィロゾフィ・デ・リュミエール》であり、言いかえれば、ついに合理的基盤を見いだすことのできた社会というユートピアである。もういっぽうの展望が通じる先は、文化相対主義であり、別の社会の文化に判断を下すためにある文化が拠りどころにするすべての絶対的基準の拒絶である。モンテーニュは、このようなふたつの暗礁のあいだを、思弁的ではないとしても実践的ではある理性の意見にしたがって航海する。つまり、善かれ悪しかれ、すべての慣習には価値があるのだから、叡智の勧めるところは、わたしたちが生をうけ、暮らしつづけている社会のさまざまな慣習に順応することなのである。

このような道徳が「レーモン・スボンの弁護」に染み込んでいるが、それがこの章でモンテーニュに民族誌学的データを他の章よりも徹底して使うことを妨げることはない。彼は、多彩な慣習もしくは信仰をすべて正しいとするか、あるいはある相対的な価値しか認めないために、そうした慣習や信仰を理性の裁判官のまえに出頭させるのではない。彼は、理性そのものの予審を行なうために、慣習

＊（二八七ページ）　同じように、「馬車について」の章のなかでも、モンテーニュは、新世界の征服がギリシャやローマの時代に生じなかったことを悔やんでいる。なぜなら、それぞれの武装が比較できるほどのものだったからである。それなら、より価値に乏しい粉砕と搾取を生じさせることになった「卑劣な勝利」に代わって、この勝利は「野蛮なところを少しずつ洗練して開拓する［…］人の手で行われる」ことになったはずだった。(310)

＊＊『悲しき熱帯』の第十章の冒頭を書きながら、このフレーズが思い浮かぶことはなかったが、モンテーニュを構造主義の先駆者のひとりにするために利用するつもりもなかった。

モンテーニュははじめ「理性《レゾン》」と書いた。彼は後にこの言葉にバツをつけ、言説《ディスクール》、すなわち理性の連なりに置きかえた。

や信仰を利用するのである。

＊

『エセー』のなかでも、ひときわ長い章である「レーモン・スボンの弁護」は、三七章を数える第二巻の三分の一を占める。民族誌学的データをめぐる議論には数ページが割かれているが、その議論は戦略的な重要性をもつ瞬間に不意をついて現われる。それは、その章の最後の三分の一の開始を告げる厳かなはしがきの少しあとである。思弁的な理性によって宗教を根拠づけてみせると言い張る人々を打ち負かすため、自分の著作の見知らぬ読者にと前置きをしてモンテーニュが繰り出そうと心に決めたのは、自身の説明によると「捨て身の一撃で、敵に武器を捨てさせようとすれば自分も武器を捨てなければなりません」[311]。つまり、それは、理性にあらゆる能力を認めないということである。彼は熟考するよりは権威を頼みにする同時代人たちのようなやり方はしない。なぜなら、「このような古代の精神の自由や活気が哲学や人文学のなかに、それぞれ意見を異にする多くの学派を生ぜしめた」〔邦訳（三）二四一頁〕時代からすでに、第一原因や諸原理に到達しえないことを自認して、それならばと、もっぱらその野心をもっともらしいことを言うことに傾ける考察がどれほど信用できようか。わたしたちの哲学よりずっとすぐれた古代哲学でさえ退却の陣地になりはしない。もっともらしさの概念は真実の概念を覆っていて、前者は後者なしには立ちゆかない。すなわち、「わたしたちは完全に判断できるか、全然判断できないかのいずれかである」〔邦訳（三）二四五頁〕。ものごとについての知覚が、それぞれの主体において状態に応じて変化し、また主体ごとに変化するとき、わたしたちはどうすれば、自分たちの自然の能力をよりどころとできるのだろうか。どのような知覚も、意見も、真実も、別の知覚、別の意見、別の真実によっていつの日か反駁されないものはない。そのことは、物理学、医学、天文学、そして、「諸学のうちでも最高度の確実性を担保するものと考えられてきた」幾何学においてさえ、確かめられている。プトレマイオスは自分たちの世界の境界を確定することができたと信じた。つまり、「宇宙誌《コスモグラフィー》［…］を疑うことは、千年前には「ピュロン流に疑う」ことであったろう」〔邦訳（三）二六一頁〕。だが、それにもかかわらず、「今世紀になって、一つの島とか一つの地域とかいうものではなく、わたしたちの知っている大陸とほとんど同じくらい広い、果てしもなく大きな大陸が発見されたではないか」〔邦訳（三）二六一頁〕。

モンテーニュは、理性に対して不受理事由をつきつけるために、哲学、心理学、諸学につぎつぎと助けを求める。しかしそれ自体もそれまで確実とされていたことを失墜させる最後の科学革命すなわち新世界の発見までくると、彼はこうした思考の対象を裏返しにするとともに尺度を変更する。彼が考慮に入れるのは、外側から眺めた発見という事実よりもむしろ、内側から拡大されて眺められた、その発見のなかに存在する特定の教訓なのである。ところで、その教訓が「西インドという新しい世界とわたしたちの世界とが、現在も過去も、こんなにも奇妙なさまざまの実例において一致し、類似することと」ではないとしたら何をわたしたちに明かすのか、そしてモンテーニュはさらに言葉を継いで、「時間と空間のきわめて大きなへだたりにもかかわらず、多くの奇妙な俗説や未開な風俗や信仰が、どこから見ても人間生来の理性とは何のかかわりもないと思われるのに、符合するのを見て、私はしばしば驚いた。人間の精神は奇蹟をつくる偉大な名人ではある［…］」と述べるのである。[312]

モンテーニュ自身も異種混交的《エテロクリット》なものだと形容する、新旧両世界に共通の、もしくは互いに相反する慣習や信仰の寄せ集めたリストがそれにつづく。異国の諸民族の慣習や信仰がわたしたちのものとまったく同じものだということや、そうした慣習や信仰がわたしたちのものの対蹠点にあるということがどちらも等しく重要だというかのように、モンテーニュは同一性と矛盾とを同じ平面に置いて、類似と同じくらい差異を強調することにこだわったということでなければ、人類学者が「文化の普遍概念」と呼ぶものの最初の一覧をそのリストに見てとれる、と考えたくなるかもしれない。似ている場合であれ似ていない場合であれ、また、いつであれどこであれ、たしかにこれらの慣習や信仰は恣意的なものだということが証明される。こうした慣習や信仰が似ているというのならば、両世界がお互いのことを知らずにきたので、合理的な説明であるはずの借用という仮説は問題外になる。慣習や信仰が異なり、互いに矛盾しさえするのなら、それらがそのまま自然の根拠を欠いているという証拠になる。

わたしたちはここで、「食人種について」の章や、その「結合剤」が人間ではなくほとんどそのすべてを自然法に負っている社会という概念から遠くにいるのがわかる。* なぜなら、「レーモン・スボンの弁護」では、モンテーニュは文化相対主義をその極まで押しすすめ、「それ自身の本質によって全人類に刻み込まれている固定した、永遠の、動かない」いくつかの法則が存在することを否定しようとしているからである。そして、ある者は三つ、ある者は四つ、「ある者はそれよりも多く、ある者は少なくあげているが、このこともまた、他のことと同じく、あやふやな目印といわなければならない」、なぜなら、「三つか四つの選ばれた法のなかにさえ、ただのひとつも、一国民から、いや、多くの国民から、反駁と否認を受けないものがないのである」[313]。そして、もろもろの意味もまた見せかけのものであるからして、自然の秩序同様、文化の秩序においても、「われわれは存在と何のかかわりもない」と認めざるをえない[314]。わたしたちが読むことのできるあらゆる哲学のなかでもっとも強いこの表現は、アミヨが翻訳したプルタルコスから書き写した長い一節のはじめに出てくる。そして、注目すべきは、これだけの言葉によって、モンテーニュが自分のお手本を離れたということなのである。アミヨは *Hēmîn mèn gàr óntōs toû eînai métestin oudén* を翻訳するにあたって、「わたしたちは真の存在にいかにしても参加できない」（なぜなら、存在は唯一の神格に属するのだから）と述べた。モンテーニュは、文面を修正することによって、どうやら問題をずらしたように思われ、この新しい定式のなかでは、問題は存在論よりは、認識の理論に属することになる。さらに正確にいえば、存在に照らしての人間の本性のこのような虚弱さは、わたしたちには何も知る力がない——モンテーニュも認めるように、神を通してなら別だが——という命題を支えるために、必ずしも必須ではない補完的な論拠として入ってくる。「天からわれわれに来るものだけがわれわれを説得する権利と権威をもち、真理のしるしをもっている」[315]。ところが、そこでなおも問題なのは、厳密に言えば認識という行為なのだろうか。

「レーモン・スボンの弁護」により哲学的ニヒリズムに至らしめられた懐疑主義から身を守ること

＊　「いまでも原始の掟を守りながら快適な自由を楽しんでいるといわれるあの民族」（「読者に」〔邦訳（一）九頁〕）。だが、第二巻、第八章にはすでに、「もし真に自然な何かの法則があるとすれば［…］（これには異論がなくはありませんが）」とある〔邦訳（二）三一八頁〕。

のできるただひとつの投錨地は、キリスト教の信仰と神の恩寵があたえるものである。とはいえモンテーニュはこの解決をつぎのような逆説的なやり方で導き出すのである。つまり、二ページにわたってプルタルコスの言葉を引き合いに出し、ついでにセネカをお払い箱にし、自分自身はといえば「レーモン・スボンの弁護」冒頭の詳細な考察を六行に要約して語るだけなのである。したがって、予見された啓蒙の普遍主義と、現象学の超越論的思い上がりの双方を背中合わせにして廃棄し、合理的知識のあらゆる様式を無に還元する、破壊的な批判の後の、リップサーヴィスのように繰り返されるだけのこのような帰依には、熱意はほとんど失われているのではないかと疑われるのだ。

モンテーニュに信仰があったかどうか、大いに議論されてきた。彼は本心からのカトリック教徒だったのか、それとも、おそらくは社会での勤めのために、念のため宗教的感情を掲げていただけなのだろうか。このようなあまりに単純な言葉づかいで問題を提起すると、西洋の哲学がときおりその徹底的な意図を正しく認めてこなかった（その哲学は、極東ではもっと理解されたのだが）ひとつの思考を安く見積もることになろう。デカルトやパスカルのような、モンテーニュの後継者たちは、いずれにせよ、このような思考の大胆さに戒められて、そうした哲学を迂回しうる手段の探求を、おそらくは、みずからの主要な任務に定めたのだ。

『エセー』、とりわけその著作全体を小宇宙のようにして反映している二〇〇ページあまりの「レーモン・スボンの弁護」がもたらす知をめぐる異議申し立てという――その後の版に加えられた訂正がそのさいの厳格さと細心さを物語る――途方もない企てを、モンテーニュの紆余曲折のなかにたどってみると、彼が完全な懐疑主義者だということは、見たとおり、動かしがたく思われる。すべては、飽かずに引用しつづけられているこの「われわれは存在と何のかかわりもない〔わたしたちは、存在と心を通わすことができない〕」という断固たる言葉のなかに要約されている。そして、この欠如に納得がいくのなら、わたしたちはみずからを否定するこの知がはたしてひとつの知なのかどうか、もはや分からなくなる。*

ただ、見方をかえれば、わたしたちのあらゆる思考や行為をこの徹底した懐疑主義に適合させなければならないとしたら、生きていけなくなりはしないだろうか。経験的な確認に達することがなければ、筋の通った懐疑主義が行き着く先は、自殺か、譲歩のない禁欲以外にはない。すなわち、人間は、別のしかたで正当化する必要もなしに、あたかも生に何がしかの意味があるかのように、生きるという感性的な満足感を見いだすのである、たとえ知的な誠実さが生の意味などないと保証したとしても。**

あらゆる哲学が矛盾の実在を認めてはいても、何らかの確実性に達するにあたって矛盾は乗り越えることができると信じているのだが、その確実性といっても同じ型紙に合わせて切り取ったものではないのである。モンテーニュの哲学は、すべての確実性がアプリオリに矛盾という形態をとり、その下には探求すべきものは何もないと仮定する。認識と行為は永久にいつわりの状態に置かれている。つまり、両者は、いっぽうの体系が生み出した一時的な確信それ自体がもういっぽうの体系の有効性を壊してしまう、互いに相容れない、しかも欠くことのできないふたつの参照の体系のあいだに挟まれている。しかしながら、わたしたちは、両方の体系がわたしたちそれぞれのなかで騒ぎ立てすぎず

---

* 「足なえについて」（第三巻、第一一章）〔邦訳（六）六四頁〕の終わりにある、いわゆるピュロン主義の放棄は、わたしに言わせれば、このような確認に行き着くのである。

共存できるように飼いならさなければならない。人生は短い。つまり、少しばかりの辛抱の問題なのである。賢人は、この精神分裂症《シゾフレニー》の透徹した管理のなかに、知性と道徳の健康法を見いだすのである。

懐疑主義は宗教信仰の表明を礼儀作法の問題に帰す。その見返りとして、（他にもあるうちで）実生活でのあらゆる行動にかかわってこの礼儀作法を尊重することで、世人の目には懐疑主義の表明が当人の性格の問題でしかないかのように見えるようになる。* かくして両者は相殺される。お互いに相容れないにもかかわらず、それらが避けがたいと知ることによって、どちらかに屈従させられることをまぬがれ、それはさして困難ではないが、日ごとに両者を調整せねばならないということはよりいっそう困難である。

ある種の後退によって示されるこの相対主義は、心底から過激だが、うわべは保守主義の色合いを帯びる。わたしたちの議論は、依然としてそのあいまいさに毒されている。そして、アメリカ・インディアンの習俗の考察で、決定的契機となる批判の危険に対して、モンテーニュが読者に提案する別の逃げ場所は宗教だけ――より正確には、カトリックという宗教――だということは事実である。モンテーニュいわく、「こうして私は神の恩寵によって、不安や良心の呵責もなく、［…］わがキリスト教の旧来の信仰に完全に踏みとどまっている」。また、「それゆえ、もっと慎み深く、思慮分別のあるキリスト教徒は、おのずから、なすべきことの選択と命令とが創造の神におのずから委ねられていると知っていたのである」。そして、最後に――これが「レーモン・スボンの弁護」の最後の言葉なのだが、「人間は神様から特別に手を貸していただけるなら上に登れるだろう。人間自身の手段を捨て去り、純粋な天の手段に身を任せて引き上げられ、高められるならば、上に登ることができるであろ

＊＊（二九五ページ）　マルセル・コンシュ氏は、モンテーニュをめぐる奥深い瞑想録および、その著作の全体において、形而上学的な偶像に対する妥協なき闘争を展開している。彼の企ての偉大さや健全さには驚かされるとはいえ、彼がその企てを押しすすめ、道徳に哲学的基礎を認めないというところまでは行かないことに気づかずにはいられない。これだけは守らなければならない一線だったようである。コンシュ氏にしてみれば、モンテーニュも道徳的認識の権利には手をつけず、理性の用法のなかで、それを用いてそうした諸権利が行使されるというのである。

わたし自身が、このような方向へと進みえたかもしれないテクストを引用したとはいえ（前出二八八頁）、それは、「レーモン・スボンの弁護」において、モンテーニュが、どれほど徹底的な態度をとり、道徳的意識を含めて理性にいかなる能力をも認めなかったかを強調するためだった。だからこそ、コンシュ氏は「レーモン・スボンの弁護」の射程を限定しなければならないと思っているらしく、「モンテーニュは、あらゆる手段に訴えて敵対者を打ち負かそうという狙いから、必ずしも自分の責任で取り上げたわけではない議論をさかんに行なった」と述べている（*Montaigne et la philosophie*『モンテーニュと哲学』p. 112）。

わたしはむしろ、モンテーニュは修辞によるごまかしに頼ったのだと思っている。モンテーニュは、論争のために必要だったので、仕方なく誇張して主張したのだと言い訳しているが、このような口実にかこつけて、彼は自分の思考の本質そのものをもらしているはずである。このような手管は、モンテーニュが実のところは破壊であるものを「弁護」と題する手管とまさしく同じものなのである。

モンテーニュには、世間に合わせる道徳の向こう側に、自分のためだけの別の道徳がたしかにある。すなわち自分の生まれた社会と折り合いをつけて暮らすことが賢いのと同じように、自分自身と折り合いをつけて暮らすのも賢い。だが、モンテーニュは、このようなふるまいについて、わたしが上で語ったような感覚的な満足以外の基礎を求めようとはしない。肉体的な快楽ですら、「知的に敏感で、感知できるほどに知的だという［…］二重のもの」なのではないだろうか（「経験について」第三巻、第一三章）。モンテーニュがなおも述べるには、「生まれついての快感」はそれゆえ、「わたしのなかのあらゆる部分の賛意によって、分裂も謀反もなしに」導かれることからして、理性の介入を受けることなく感じるものなのである（「後悔について」第三巻、第二章〔邦訳（五）四九頁〕）。

う。[316]

それゆえ、文字どおりに受け取ると、モンテーニュの答えは、アメリカの発見によって提起された問いについて、一六、一七世紀に探検者や宣教師たちと同時代人であるジョセフ・デ・アコスタからガブリエル・サガールまでの答えとかけ離れてはいない。その回答がまずもってわたしたちに突きつけるのは「わたしたちをクリスチャンの国に、そしてカトリックの親のもとに生まれさせてくれた、全世界の主たるこの神への感謝」なのである。[317] 実践の平面や思弁の次元においては、ただ「わたしたちの古い信仰」だけが、モンテーニュも言うように、異国の習俗との接触において感じた反発や、そうした習俗により芽吹くおそれのある哲学的な疑念の効果を相殺しうるのである。

しかしながら、アメリカ大陸の発見も一六世紀の人々に習俗の多様性を啓示したというよりは確認させたということは忘れてはならない。この発見は、彼らにとってもっと重要な他の発見、すなわち、古代の偉大な著者たちの研究がこの時代の人々に知らしめた、エジプトやギリシャ、ローマの習俗の発見にまぎれてもたらされた。あまりに多くの目新しいものに、碩学も思想家も眼がまわってしまったのだ。彼らが異国の文化に期待したのは、とりわけ、古代文学が人々に教えつつあったことを、同時代人の証言から明らかにすることである。たとえば、悪魔の実在とその働きのみならず、* プリニウスがリストに列挙したためにプリニウスの名を冠された異様な人種の実在にさえも期待がよせられた。風変わりなものに出会うと、それが何であろうと、似ているというだけで、彼らはためらうことなく、それが聖書のなかのエデンの園、古代の黄金時代、ヘスペリデスの園、アトランティス、若返りの泉、それに幸福の島々だと考えたのである。

そのころに発見された諸民族がしたのは、このような古代の伝承にさらなる裏付けを与えることでしかない。インディアンのおかげでものごとの秩序が取り戻されたのだから、インディアンの実在自体は自明のことだった。つまり、インディアンを知ったからといって、よく知られていなかったことが知られたわけではまったくない。人々が疑問を抱くようになるには、現地で暮らした旅行者たちの

＊（二九六ページ）「もしも皆から信じてもらえるのだったら、こんなに大胆には語らないであろう。だから、ある高貴のお方がわたしの勧告があまりに厳しく急であることに不平を言われたのに対して、こう返事をした。［…］たしかに、私は、もしも息子があったら、その息子に嫌ってもらいたいと思うような性癖と意見をいっぱいもっている」（「びっこについて」第三巻、第一一章〔邦訳（六）六一―六二頁〕）。

＊ このような信条の根は深い。一九世紀に、ポーニー族の人身御供や、スー族の手の込んだ復讐を目にしたスメットでさえ、「これほどの残酷さを目にして、人類の敵からの目には見えない影響力を認めずにはいられようか」という驚きの声をあげた。一九〇二年に、海岸セイリッシ諸族の民族誌のとある専門家が、ブリティッシュ・コロンビアでの出来事として、その地方の司教がシャーマンに悪魔の能力があると納得したという、次のような報告をしている。「原住民のシャーマンたちとその能力についての観察をめぐる長きにわたる経験から、その司教はシャーマンの超自然的な起源には疑いを抱かなくなり、エンドルの魔女と同じく、シャーマンたちにも親しい精霊の加護があることを納得させられたのである」。

　公正を期すためには、インディアンたちがカトリックの司祭たちに同じようなより節度ある返報をしていたことを付け加えておくべきだろう。シュスワップ族の語るところによれば、「彼らは大きな魔術力をもち、ときには善をなすにもかかわらず、彼らのもとでは悪がそれを奪い去ってしまう。コヨーテの子孫であり、それだけの力がありながら、コヨーテのようにありとあらゆる馬鹿な行ないを犯したり、嘘をついてまわるのである。彼らは、コヨーテが別の姿で地上に帰ってきたものとしか思えない」[318]。向き合ったふたつの文化は、それぞれがみずからに割り当てた能力に異議をさしはさむことはなかった。その超自然の性質を疑問視せず、他者の能力について自分自身の体系にそれを統合しうるイメージをつくりあげたのである。

初めての著作の公刊を待たねばならなかった。だが、長きにわたって、さらには語源から言っても、野蛮人（*silvaticus* 森の）と異教徒（*pagunus* 農民）のあいだには、わずかな程度の差異しか認められていなかったのである。

なるほど、ラス・カサスは好んで、インディアンの諸習俗と古代社会の諸習俗をあらゆる点から比較対照し目録を作っている。アコスタが、インディアンたちのさまざまな習俗や儀礼に驚かされる人々に対して、それとよく似たもの、ときにはもっとひどいものを見つけるために、カイサリアのエウゼビオス、アレクサンドリアのクレメント、キュレネのテオドロス、プリニウス、ハリカルナッソスのディオニシオス、プルタルコスのような著作を読むべきだと勧めている[319]。新世界の住民たちの習俗に、とりたてて人々の心を乱すようなものは何もない。これらのことはすべて、すでに目にした《デジャ・ヴュ》ことか、あるいは少なくとも、すでに知っていた《デジャ・シュ》ことだった。こうした自分自身への退却、引っ込み思案《フリロシテ》、自発的な無理解が、自分たちが完全であり人類の全体だと信じて疑わなかった人間が、ある日突然、自分たちは人類の半分でしかなかったという明白な事実に直面したときの最初の応答なのである。

＊

前章の終わりに、わたしはひとつの問題を提起した。オレゴンとブリティッシュ・コロンビアのインディアンの神話の大部分が、フランス系カナダ人の民話からの借用でできているという問題である。ただし、こうした神話にはもともとの状態ですでに空隙や空白があり、外からもたらされるものがそれを埋めて構造に仕上げをほどこすのを待っていたのではないかというほど、しっかりと組織されているようにみえる。

もうひとつの世界からの使者を前にして、南北両アメリカのインディアンたちが行なった――わたしたちがさきほど描写したばかりのヨーロッパの反応とはかなり異なる――反応の結果を、ぼんやりしたおおざっぱな状態であるにせよ、そこに見てとることはできないだろうか。第5章ですでに、わたしは互いに離れている諸部族は、部族どうしに関係がなくても、いとも簡単に、しかも、ほとんど同じ言葉づかいで、白人たちをみずからの神話に組み入れてしまったことを強調した。前にも述べたように、段階ごとに項を二分することを強いる二分法《ディコトミック》の原理に基礎づけられた思考の体系のなかで、白人の場所が空席として用意されていたと仮定しなければ、これは理解しがたい現象であると述べた。だからこそ、造化の神によるインディアンの創造にあたっては、それと同時に、非・インディアンの創造もまた不可避だったのである。

要するに、わたしたちが検討したささやかな現象――アメリカのあちらこちらの地域の神話は、外来の民間伝承からの借用という手段を使わないかぎり構造化された全体という性質を見せないという現象――は新世界の諸民族すべてに共通する精神的傾向のこだまないしは反射であるかのようであり、そうした傾向は征服の時代に、それがもたらした結果とともに、メキシコやペルーで観察されていた。

周知のとおり、アステカ帝国やインカ帝国が、征服者に有効な抵抗をなしえずに滅んだのは、彼らが征服者を聖なる伝承が予想したとおりの、さらにはその帰還が待ち望まれていた失われた神々とみなしたという事実から説明される。トルテカ族（一三世紀にメキシコ地域にやってきたアステカ族は、彼らの文化を取り入れた）の文明神であるケツァルコアトルは、競合する神から迫害を受けて、自分の民のもとを離れなければならなくなると（前出二五三頁）、いつか太陽の昇る海から、自分とよく似た者たちがやってくると予言しており、インディアンたちはこの神を、長くととのったひげを生やして背が高い、白い肌の男として思い描いていた。それゆえ、年代記によれば、インディアンはキリスト教徒を眼にしたとき、この者たちをケツァルコアトルの兄弟や息子たちとみなしたのだった。マヤ族にもそれと同じ予言があった。たしかに、マヤ族の聖典のひとつには「東の地からやってくる、ひげを生やした、おまえたちの客人をもてなすのだ」という一節がある。(320)

同じように、ペルーにおいても、一四世紀から一五世紀への転換期に誕生した第八代のインカ皇帝が、ヴィラコチャという神（皇帝の名はこの神からとられた）から受けた啓示は、ひげ面の見知らぬ人間が彼の帝国と宗教とを終わらせるというものだった。第一一代目でインカ最後の皇帝となったワイナ・カパックが新たに行なった予言のなかにも、二万人の軍隊が一六〇人のスペイン人を前にして身動きが取れなくなった理由のひとつが認められる。皇帝ヴィラコチャは、啓示の翌日すぐに、自分に現われたとおりの神の像を立てるよう望んだ。「その大きな男は、一ピエ〔一フィート＝約三〇センチ〕の長さのひげを生やし、地面まで垂れた法衣のような形のローブをまとっていた。その男が、鎖の先にくくりつけて引き回しているまったくなじみのない動物は、見知らぬ姿かたちをしており、ライオンの爪をもっていた」。ガルシラッソ〔デ・ラ・ベーガ〕の語るところによれば、原住民の彫刻家はまだ見たことのない種類の存在を表わすのに「このような姿の雰囲気をとらえているとは言いがたかった」。スペイン人はといえば、少しの困惑も感じることはなかった。彼らはそこに聖バルトロメオを認め、この聖人はペルーに福音を伝えたにちがいないと結論づけた。* そして、その下に財宝が埋められていると考え、彫像が据え付けてあった寺院を破壊することに何のためらいもなかった。[321]

このような予言は発見後のテクストからしか見つかっていない。それゆえ、年代記作者やその情報提供者が、自分たちが直接もしくは間接的に関わった前代未聞の出来事に、いっそうの一貫性を与えようと脚色した可能性もある。それでも、その出来事がくりひろげられた三〇年のちに人々がサアグンに語っている、アステカ族がコルテスやその仲間を用意のうえで迎え入れたということにまで疑いを差しはさむのはなかなか難しいだろう。ケツァルコアトル神が戻ってきたと確信したモクテズマは、トルコ石を象嵌した仮面、耳飾り、貴重な羽飾りのついた閲兵用の甲冑、金や翡翠の首飾りなど、神格を表わすあらゆる「レガリア」を使節にもたせて遣わした。使節たちはコルテスにこの聖なる衣装を着せてやり、惜しげもなく彼に崇拝の徽章を与えたのである。[322]

いくつかの北アメリカ北西部の神話でまず初めにわたしたちの目を引いた折衷主義《サンクレティスム》の究極の理由を、メキシコやペルーの高文明によってより明らかに例示される諸概念に見いだそうとすることに驚かれる人々には、そうした諸概念も含めて、わたしたちが取り扱ったあらゆる神話表象がアメリカ神話体系の母岩に属するものだということを思い起こしていただきたい。わたしたちの視線が遠くを見ているときでも、わたしたちは両足をこの台座にしっかりと据えている。すでに第4章において、ブラジルのかつてのトゥピナンバ族のところで採集された神話に照らしてみなければセイリッシ神話の構造

＊　スペイン人たちは同じようにして、アステカ族のケツァルコアトルやトゥピナンバ族のスメのうちには聖トマスを見てとったのである（前出六七―六八頁）。

が見通せないということを確かめている。すでにみたように、全体系の鍵である双子の概念についていえば、これらの神話をアステカ族と結びつけることができる。なぜなら、北アメリカの北西部の諸民族が双子と同列に置くのはクマやサケといった動物であるのに対して、アステカ族の言葉でも、「コアトル」という語には、「ヘビ」と「双子」の二重の意味があるからである。それゆえ、ケツァルコアトル神という名は、「羽根のあるヘビ」とも「すばらしい双子」とも解釈することができる——この「すばらしい双子」という意味はおそらく、天文学の領域ではケツァルコアトルが宵の明星と明けの明星というふたつの相で現われる双子の惑星である金星を象徴的に表わすという事実に由来しているらしい。

このようなふたつの意味のあいだには、ある弁証法的な関係をみてとることもできそうである。このそれぞれの意味は、いっぽうがヘビと鳥、もういっぽうが双子というように、どちらも二項をひとつにしたものである。ところで、これらの項は、いっぽうの場合には最大の（空と地下世界の）対立、もういっぽうの場合には最小の（双子どうしの）対立を喚起する。したがって、ケツァルコアトルという名には、そのふたつの意味で、対立というカテゴリーの上限と下限が暗に含まれているのである。いう名には、そのふたつの意味で、対立というカテゴリーの上限と下限が暗に含まれているのである。

ンツァーズ＝スナナズという対の名と同じく、それ自体ひとつの名であるケツァルコアトルは「双子の名」だと思われる。しかも、このような事例は中央アメリカやメキシコの神格の多くに見られる。マヤ族の神々もしばしば二重の名をもっている。アステカ族の神々の名にも、二本の葦、ふたりの主、ふたりの女など、内的に二重化《ルドゥブルマン》された事例が見つかる。ケツァルコアトルともうひとりの神であるゾロトルとのあいだに、同一性の関係か少なくとも親子の関係が——あるいは、もしかすると双子の関係が——存在するのであってみれば、ゾロトルが現われるときは、ふたつ分の二重になったトウモロコシの穂や、ふたつに分かれたマゲイの苗のような化身の姿をしており、双子の誕生という役割が負わされていることに強く印象づけられずにはいない。最後に、このような解釈に確証を与えてくれるアステカ族に隣り合うミクテク族の神話では、ふたりの兄弟神に重要な役割が与えられており、いっぽうがワシ、もういっぽうがヘビと、ケツァルコアトルの名がひとつにまとめている二種類の生物に変身することができる。(323) 自分たちのそれぞれの起源、異なった本性によってしだいに分岐を大きくしていくアメリカ・インディアンのあらゆる神話の双子と同じく、神も一体にしていわば分裂をはじめた双子を表わしているのかもしれない。

北アメリカの北西部およびメキシコにはまた、どちらにも太陽と月の創造の神話があり、それによると神々もしくは先祖が、仲間のなかからふたりを選んで試練にかける。クーテネイ族のヴァージョンでは、オオヤマネコの双子の息子が、オカナゴン族ではコヨーテのふたりの息子たちが、他の民族のヴァージョンでは、コヨーテとオオヤマネコが選ばれる、などなど。太陽の役割を果たすことにしくじった登場人物が月の役割を引き受けたり、あるいはその逆のことが起こったりする……。そこで思い浮かぶのは、サアグンがそのふたつのヴァージョンを詳しく書き記している、ある有名なメキシコの神話である（そのほかのヴァージョンも存在する）。そのふたつの天体がまだ存在していなかったたいへん古い時代に、神々はみずから焚火に身を投じることで大地を照らしてくれる天体を自分たちのなかから選び出そうと相談した。とある神が名乗り出たものの、志願者はもうひとり必要なのにだれも手をあげようとはしなかった。けっきょく選ばれたもうひとりは、もっとも小さくて控えめな神で、その身体は一面、疥癬で覆われていた。炎のなかに身を投げ出すとき、ひとりめの神はたじろいだ。もうひとりの神はためらうことなく飛びこみ、その仲間の神にも自分の後をついてこさせた。神々は、ふたつの天体がどこから昇るのかわからなかったので、あらゆる方角を見張っていた。結局は、太陽が東に現われ、月がそれに続いた。ふたりの神が放つ光の明るさに差をつけるために、後から身を投げた神の顔にはウサギが投げつけられた。もっと勇気をみせていれば、その神も太陽になっていたのだろう[324]。別のある伝承によると、最初はあまり明るくない半＝太陽しかいなかったのだという。ケツァルコアトルは自分の息子を火に投げ込み、その息子が太陽になった。トラロックというもうひとりの神もまた、自分の息子を投げ込み、その息子が月になったのだという。

第19章　アメリカ・インディアンの二分性イデオロギー

たしかに南北両アメリカの神話体系だけが、双子であること《ジェメリテ》を重くみているわけではない。全世界の神話が双子であることを重視している。インドのヴェーダでも、何世代にもわたって続く双子が登場する。また、ゾロアスター教も、アフラマズダとアーリマンという敵対する対に立脚する。そして、グリオールとディーテルランがマリのドゴン族において明らかにした、全アフリカで見られる双子に関する信仰と一致する豊かな双子の神話体系にはあえて触れる必要もない。

ただし、ふたつの方式は区別しておかなければならない。ときに性別が異なる双子は母胎内で隣り合わせていることがすでにそのことを予示しているとおり、やがてインセストを犯すよう運命づけられている。このカップルからはたいてい男と女の子供が生まれる。その子供たちによるやはりインセスト的結合が最初の人類を生み出す。このようなカップルはアメリカでも見られるが、この神話の図式がある特定の問題に答えるものなので、わたしはそれをいったん脇に置いておいた。それは、統一性《ユニテ》から、より正確にいうと、充分にあいまいな統一性のイメージから、二元性《デュアリテ》（性別の二元性や、その結果としての結婚による縁組の前提となる二元性〔双分性〕をどのようにして生み出し、そこから多様性が生まれると考えられるようにするかという問題である。『リグ・ヴェーダ』には讃歌（X.10）として、ヤマとヤミー、すなわち「双子の男」と「双子の女」が、男は偶数節、女が奇数節で語り合うという、その第一の事例が見られる。ふたりは、太陽の妻でその暑さに耐えられず逃げ出そうと空しく努力していた双子の片割れの女から生まれる（前出二〇五頁の注と比較していただきたい）。ところが、太陽はそれでも、この女にアシュヴィン双神という、自身も別の双子の親となる双子を生ませるのである。そのテクストからは、ヤミーが自分と交合するようヤマをうまく説得したのかはっきりしない。ただ、日本の古代神話では、最初の双子の女はあまりに積極的で（そのため初めての子供はうまくゆかない）あり、子孫には何対もの双子が生まれる。*

もうひとつの方式は、双子が――男もしくは女という――同性からなり、前述の方式を逆転させた以下のような問題に答えるものである。すなわち、二元性は、それを表わす統一性《ユニテ》の近似的なイメージに吸収しうるか、それとも、項のあいだの最小限の隔たりが不可避的に拡大する不可逆の性格を示すのか、という問題である。このような両極端の解決のあいだで、神話は一連のあらゆる中間的な形態を考案する。縮減できない場合には二元性は、反対命題のかたちをとる。双子のいっぽうが善人であれば、もういっぽうは悪人になり、いっぽうが生に結びつけられれば、もういっぽうは死に、いっぽうが空に結びつけられれば、もういっぽうは大地もしくは地下世界と結びつけられる。続いて、双子のあいだの対立が絶対的な性質を失い相対的な不平等になる体系、すなわち、賢さと愚かさ、器用と不器用、力の強さと弱さなどが登場する。アメリカの諸神話は、こうした漸進的な解決についての、みごとなサンプル集のおもむきがある。それはカリフォルニア南部の諸神話の善い造化の神と悪い造化の神が形づくる反対命題の対に始まり[325]、コーダレン族の神話が描き出す双子をへて、それぞれが凶兆や吉兆だとされるイロクォイ族の双子におよぶ。そのコーダレン族の神話は、女が、自分の双子の息子たちが隠れて議論しているところにふいに現われるという話である。双子のひとりは「生きている方がよい」と言い、もうひとりは「死んだ方がましだ」と言っていた。双子は母に気づいて黙り込み、それからというもの、ときどき人が死ぬようになる。だれか生まれた者があるといつでも、ちょうど同じときに他のだれかが死ぬ。その女が姿を見せず、息子たちの議論にけりがついていたなら、双子のいっぽうがもういっぽうを論破して、生と死のどちらかが存在しないということもありえた。セイリッシ族の、ただし沿岸のセイリッシ族の神話は双子のテーマを絵画的な雰囲気で扱っている。シャム双生児のように背中どうしがくっついているふたりは、いっぽうが前に進むときには、もういっぽうが後ずさりしなければならない。弓矢で武装した彼らはいつも、それぞれが反対の方向に矢を射るのである[326]。

＊　イザナギとイザナミは、天の御柱のまわりをイザナギが左から、イザナミが右から回って逆側で再び出会ったあとに結婚する。だが、イザナミは、自分のパートナーの男であるイザナギの主導権に任せるのではなく、自分が先に話しかけてしまうという失敗をやらかしてしまう。

チルコーティン族の神話にも、見事に平行した次の一節がある。「彼らは旅をして、高い山のふもとにたどり着く。男が、自分の姉妹に、ここで別れて、自分がいっぽうの側から、姉妹がもういっぽうの側から、山のまわりを回ろうと言う。彼はまた、自分たちが再び顔を合わせられれば結婚できるが、そうでなければ結婚できなくなるかもしれないと言う」（Farrand, 2: p. 22)。

南アメリカでは、双子の場合であれそうでない場合であれ、身体的もしくは精神的な資質を異にする仲間が、同じ冒険に挑み助けあう。知恵のある方、もしくは力の強い方が、もうひとりのへまや不器用さの埋め合わせをする。彼は無能なために死んでしまった仲間を生き返らせてやることさえある。たとえば、クラオ族のプドとプドレレ、バカイリ族のケリとカメ、ボロロ族のメリとアリ、トゥクナ族のジョイとエピ、カリブ族のマクナイマとピアなどがそうである。(327) アメリカの諸神話はたいていがせいぜいそこまでだが、それはまるで、いっぽうは人間でもういっぽうは神という別々の父をもつにもかかわらず、プルタルコスが「ふたりのあいだには不可分の統一がある」と言い、マルセル・ドゥティエンヌも「大いに平等な一組」だと強調する親密な友情によって名高い(328)、カストルとポルックスのような均質な双子になるのをあきらめたかのようだ。ディオスクロイ〔カストルとポルックスの別称〕は、そのいっぽうの死すべき運命と、もういっぽうの不死をふたりで分け持つことによって、最初にあった不均等を無効にする。彼らをとりまく状況は、異なる両親、少なくとも異なる父から生まれるアメリカ・インディアンの双子をとりまく状況と、はじめのうちは似ている（前出七二—七三頁）。だが、アメリカでは、そうした不均等が維持され、あらゆる領域にしだいに広がっていく。つまり、そうした不均等が、原住民の宇宙観《コスモロジー》や社会学に内蔵されるバネじかけをつくりだすのである。

双子であることの問題への対応として旧世界は、双子が正反対の性質をもっていたり、まったく同一であるという、極端な解決を好んできた。新世界はむしろ中間的な形態を好むのだが、たしかに古代人たちもそういう解決を知らなかったわけではない。プラトンの語り口からすると（邦訳『プロタゴラス』藤沢令夫訳、岩波文庫、四一—四四頁）、プロメテウスとエピメテウスの神話はブラジルの物語でありえたかもしれない。しかしながら、新世界の神話ではその方式が一種の胚細胞となっているいっぽう、旧世界の神話におけるその方式の、いわゆる「生産性」は、低いままにとどまっているように思われる。*

デュメジルは長いあいだ、インド＝ヨーロッパ語族の伝統における、双子の区別しがたさとまではいえぬにしても平等性を強調してきた。ヴェーダ讃歌はアシュヴィンもしくはナーサティアをひとつの実体として取り扱う。『マハーバーラタ』では、ナクラとサハデーヴァという彼らの双子の息子が目立たない登場人物になり、地味な役割しか果たさない。讃歌の著者たちは差異化の神学にはほとんど興味を示さなかったと、デュメジルは指摘する。さまざまな徴候が双子の差異は起源においてはもっと顕著だったことをしめしており、その後には、この差異を抹消するようインド＝ヨーロッパ語族の思考を後押しする不変の傾向でもあるかのように、すべてが進む。カストルとポルックスに与えられた才能（カストルは馬術に、ポルックスはレスリングに優れる）がきわめて衰弱したかたちで示し、

＊　C・ヴォワズナによれば（*l'Homme*, XXVIII, 1）、ギリシャ神話は双子を、汚れや度外れたものと同じものとみなすと言う。したがって、ギリシャ神話は双子に対して、否定的な含意を与えることになる。ところが、その論文からは、このような含意が、とりわけ「熱い」歴史の読み方にもとづいて引き出されたものだと理解される。つまりそれは、政治から神話への作用であり、その逆ではないというのである。スパルタの事例は意味深く思われる。なぜなら、現実に行なわれた二元的な王権が、遡及的に起源神話を生み出したことは明らかだからである（「ラトリアとアナクサンドラは［…］双子の姉妹であり、そのため、アリストデムスの息子である双子〔スパルタ二王朝の祖プロクレスとエウリュステネス〕が、彼女たちと結婚した」、Pausanias, III, 1, 7; III, XVI, 6）。ギリシャでも（Michell, p. 101–104）、また世界の他の地域においても、多くの事例が知られている政治組織の形態へと神話が延長されたというのは、とりわけスパルタにおいてはありそうもない。

別の領域でアシュヴィン双神のふたりの息子の属性――それぞれが知性と美しさ――が示している古代の諸概念の執拗さを、ロムルスとレムスの事例は明かし立てているのかもしれない[329]。

同一の状況を取り扱っていながら――双子の死ぬべき片割れは、みずからが埋葬されることを受け入れ、もうひとりの不死の片割れは発光体として天界に住まう[330]――、ギリシャ神話がこのような不均等を受け入れず、ふたりの条件を等しくしようとするいっぽうで、アメリカ神話はその不均等に満足し、それをまったく変えようとしない。ヨーロッパではどこでも、双子についての民衆的観念のために、その完全な同一性というテーマには尾ひれが付け加わる。たとえば、服装や化粧などの人工物に頼らなければ身体的には見分けがつかなかったり、同じ味覚や、同じ考え方、同じ性格をもっていたり、同じ女に夢中になったり、妻にもその兄弟の見分けがつかないほどよく似ていたり、同じときに病気にかかり、片方の死後、もういっぽうが生き残ることができなかったり、などなど。このような信仰については、『愛の妖精《ラ・プティット・ファデット》』〔ジョルジュ・サンドの小説〕がある種の典型を示している。

だが、アメリカ・インディアンの思考からすれば、ふたりのあいだを完全な同一性が支配するこうした双子の概念は認められない。（ディオスクロイの父であるゼウスとテュンダレオスのような）*双子の父たちであるオオヤマネコとコヨーテは、すでに引いた神話によれば（前出七三頁）、起源においてであるいは一時的には、同一であった。クーテネイ族やウィチタ族、シア族ほど言語も文化も異なる民族が、モンタナとニューメキシコやオクラホマ、テキサスとを隔てる大きな距離にもかかわらず、同じ表現をもちいてこの神話を語っていることを付け加えておくべきだろう[331]。ところが、このあいだにある地域では、かなりの数の類似したヴァージョンが見つかる。オオヤマネコはコヨーテに不満をもっており、コヨーテの口や両耳、両脚を長くする。コヨーテが仕返しにオオヤマネコの口や両耳、両脚を押し縮めたため、このイヌ科の動物とネコ科の動物はいまではほとんど似ていないのである。** おそらく、コヨーテとオオヤマネコがかつてはよく似ていたか、逆方向の変換をこうむることになったそれぞれの体つきが一致していた短い期間にはよく似ていた。これらふたつの仮説では、同一性は取り消し可能であるか、もしくは一時的な状態であって、持続しえないのである。

アメリカ・インディアンの思考はこのように、対称性に否定的でときに不吉な価値すらあたえる。『裸の人』でわたしは、たいていは垂直方向にふたつに裁断されたひとりの人物から生まれ、その後にインセストを犯すことになる双子の物語と関連づけられる、幻日の不吉な含意について論じたこと

＊　他の伝承では、彼らが、ゼウスだけの息子、あるいは神であると同時に人間であるという二重の本性をもったひとりだけの父の息子となっているということは見逃せない。

＊＊　少し脈絡は異なるが、ブリティッシュ・コロンビア北部のアサパスカン語族に属する小さな民族であるカスカ族は、オオヤマネコは氷の壁にぶつかって、鼻をぺちゃんこにしたと語る（Teit, 8: p. 455）。太平洋と大西洋の中間に位置する（したがって、本書でこだわった地域からかなり東ということになる）スペリオル湖の周囲の広大な領域に暮らすオジブワ族は、オオヤマネコの顔が醜く、ぺちゃんこで、しわだらけなのは、オオヤマネコが火傷で苦しんだからだと説明する。また、オオヤマネコの睾丸が身体の内部に入り込んでしまっていて、今でも、ネコの睾丸のようにあまりよく見えないのは、そのせいなのだという（W. Jones: II, p. 125, p. 705; Radin: p. 37; Speck: p. 67, p. 68）。このような内向的な身体つきから、オオヤマネコは、外向的な身体つきをしているコヨーテと対立するのである。

オオヤマネコの形態学のしめくくりとして、旧世界ではオオヤマネコが鋭い視線をもつとされる一方で、北アメリカではオブジワ族が、広大すぎるパノラマを一望に収めようとして以来、オオヤマネコが斜視に苦しむようになったとしていることは指摘しておきたい（W. Jones: II, p. 131）。

がある。* ハイダ族は、超自然の存在の頭を斬り落としても、その頭と身体とはまたつながるのだと語る。しかし、身体を垂直に割かれ、半分ずつの身体のあいだに挽き臼を置かれてしまうと、その超自然の存在は自分の身体を臼で挽いて粉になってしまう。このような方法でしか超自然の存在は殺すことができないのである。(333)

最後にもうひとつ、注目に値するのは、アメリカでは、双子の片割れがほとんどいつでもトリックスターの役割をすることである。つまり、対のなかに不均衡の原理が位置づけられているのである。古代ギリシャでは、ディオスクロイのあいだは調和でみたされ、その外側にしか不均衡の原理は存在しえない。トリックスターの役割はペレキュデースが「ディアボロス」（まさしくトリックスターを翻訳したもの）に喩えた第三の登場人物であるエウリュモスもしくはエウリュムノスに帰せられているが、残念ながら、この人物については、ディオスクロイを仲違いさせようとしたために、ポルックスの拳の一撃で殺されたということを除いては、たいしたことは分からない。(334)

したがって双子について、インド゠ヨーロッパ人は、アメリカ・インディアンにちかい古代的概念をつくりあげたが、それをしだいに遠ざけていったのである。デュメジルも述べていたことだが、インド゠ヨーロッパ人は、インディアンと違って、そこから「世界の説明を引き出そう」としない。(335) インド゠ヨーロッパ人にとって、完璧な双子という理念は、最初に反対の条件があったとしても、実現できるものであった。** アメリカ・インディアンの思考にとって哲学におけるある種のクリナーメンが欠かせないように見えるのは、宇宙ないし社会のどの部分においても、事物は最初の状態のままではいられず、また、どのような次元でとらえようと不安定である二元論が、いつも別の不安定な二元論を生みだすからである。わたしたちが本書でたどり、いっぽうではインディアンと白人の双子、他方では霧と風という、それぞれが双子であることの不可能性というテーマに思いがけず通じていた平行するこのふたつの道のりのあいだじゅう、わたしたちの供をしてくれたのはこうした哲学であり、アメリカ・インディアンの神話体系の宇宙を小宇宙のように映り込ませた霧の起源の神話と、インディアンがヨーロッパの民間伝承から学んだすべてを要約した風の体制の神話の（前出二七四—二七五頁）、形式としては異種混交的な構成から、このふたつの歩みが収斂するという証拠がもたらされよう。

＊

アメリカのこの地域の諸民族が霧や風にあたえる重要性は、おそらく、客観的な根拠から説明がつく。山のふところまで数々の海峡、湾、フィヨルドが穿たれ、温和で多雨な気候にも恵まれたこの沿岸地帯では、霧は経験上の与件として重きをなす。沿岸の山脈が障壁になって海風が入れない内陸の高原でも、その程度はさがるとはいえこのことはやはり正しい。そこには、夏と冬の気温に著しく差

＊　ある中国の神話はそれとは逆の手続きをとる。その神話が語るのは、死んでから、ふたつの頭と四つの手足が与えられたひとりの人物の姿でよみがえる、近親相姦を犯した実の兄弟姉妹である。(332)

＊＊ギリシャのディオスクロイには、分身と同時に敵対者である、一対の兄弟がいるが、彼らは父方イトコであり、その名をイーダースとリュンケウスという。アメリカで、わたしたちを双子へと導いたのはオオヤマネコという名の人物だということ、そして、ギリシャでは、双子の方から、オオヤマネコ lynx の語から派生した名の人物へと導かれたということ、ここに見られるのはひとつの偶然であって、比較神話学には他にもこうした事例があるが、そこから引き出されるのは、いつでも、詩的な満足感でしかない。

のある半砂漠の気候が横たわっている（年間平均降水量が、ヴァンクーヴァー島太平洋岸で二七五センチなのに対し、トンプソン川の峡谷では二五センチしかない）。内陸から沿岸に向かうと、平年でおよそ二〇日という濃霧の日数も、四五日以上にまではね上がり、なかでも三月と十月のふたつの時期には、もっとも濃霧の日が多くなる。[336] この霧はすべて同じ種類ではない。気象学者は、輻射によるものと移流によるもの、冷たいものと蒸し返されたものなど、霧をいく通りにも区別する。オオヤマネコが、狩猟を妨げ飢えをもたらす冬の霧を引き起こすとすれば（前出一四頁）、別の神話は、あらゆる動物のうち、雄イヌの兄弟だけが、冬の厳しさと食糧の欠乏を終わらせる魔術的な能力をもっていると語る。雄イヌたちによれば「おれたちがうまくやったら、夜が明けるころには、靄の覆いも山の方にめくれ上がっていくだろう。それで、雪や氷は解けて、大地がまた暖まり、雨も降ってきて、シカたちは谷に降りてくる。おれたちは腹いっぱい食えるだろう。もうだれも飢えなくていい。春になるのだから」[337]。したがって、寒い時期から穏やかな時期への、穏やかな時期から寒い時期への、季節の移ろいそれぞれが、かたやオオヤマネコ、かたやイヌという、ふたりの登場人物に依存している。オオヤマネコとイヌが登場する神話の構造はすでに個別に検討してあるが、その両者もまた、相関しつつ対立しているのである（前出、第14章）。

風については、アメリカ・インディアンの思考におけるその重要性を、たとえば、ピュージェット湾のトゥワナ族が風配図《ローズ・デ・ヴァン》〔羅針盤の意もある〕を使って空間内での方向を定義するという事実から推し量ることができよう。「広義の用法において、これらの用語は基本方位を意味する。だが、そうした用語が第一に、風と関連していることは明らかである」[338]。この地域に数多くある風どうしの諍いの神話が語るのは、おもに冷たい北東風と、熱い南西風との諍いである（『裸の人』M754、M756、M780、M783、M785を参照のこと）。フラッテリー岬のインディアンたちは「ほとんど気圧計《バロメートル》ほどの正確さで時化《しけ》や凪《なぎ》を予測するすぐれた気象学者」であり、北風、南風、東風、南西風、西風、北西風の六つの風を見分ける。(339) 神話の物語のなかでは風たちが家族をつくる。西風婦人と東風殿下には、北風と南風というふたりの息子がいるという具合である（前出一八一―一八二頁）。あるいはまた、雨の風（南西風）は、寒い風（北風）の娘を妻に迎えるが、北風は自分の婿を殺してしまう。死んだ父親の息子である嵐の風は、北風に復讐する。(340)

（コロンビア川の河口部の民族が）チヌークと呼ぶ南西風は、その名がほのめかすとおり、海に由来するという。一月から二月に沿岸にたどり着いたときには嵐を呼び、雨を多く含んだその風も、海岸山脈やカスケード山脈、さらにはロッキー山脈が形づくる山々の障壁を横切ると、湿気を失う。その風はそうして、熱っぽく乾いたフェーンとなって吹きつけ、大平原地方の気温を劇的に高める。カスケード山脈とロッキー山脈のあいだでも、すでにかなり温度は上昇し、今世紀初めのある観察者は、かつては「オレゴン地方」と呼ばれ、わたしたちが用いた神話の多くが由来する（現在のオレゴン、ワシントン、アイダホおよび、モンタナの一部が含まれる）地域を次のような叙情的な言葉で描写した。「あらゆる自然のうち、チヌークの光景ほど人を驚かせるような風景はなかなか想像しがたい。寒暖計がほとんど零度〔華氏〕まで下がり、分厚い霧がのしかかる雪の下に埋まった大地は、死にいたるほどにしめつけられる。あたかも強力に吸引されたかのように、突然に霧が四散すると、雪がすでに半分くらいいなくなった山々の頂が見えるようになる。熱い南風が、唸りをあげて、軍隊のように吹きはじめる。スポンジを握ったときのように、雪からしずくが滴りはじめると、寒暖計は六〇度まで跳ね上がり、二時間もすれば、南カリフォルニアのような気候になる。インディアンがこの風を擬人化しても、だれも驚きはしない。この風ならわたしたちでも、擬人化する」[341]。

漁業をいとなむ沿岸の諸民族にとっては、しかしながら、南風は恐るべきものだった。彼らが語るところでは、動物たちは風に戦争を仕掛けて、打ち負かしたという。ところが、動物たちは風を殺さなかった。それゆえ、風は、何日かのあいだ、途切れることなく吹くだけで、その後は穏やかになるのだという[342]。ある別の神話によると、造化の神は、北東風の兄弟とチヌークの兄弟とが諍いをやめるように、そのあいだに割って入らなければならなくなる。彼は、チヌークに利するようにしたまま、双方をそれぞれなだめる。「そんなわけで、いまでは、天の海の絶えまない満ち干においては、北風が荒れ狂うと、カナダ北方から始まりコロンビア盆地にまで到るその通り道ではあらゆるものが一掃されるが、北風の卓越は一時的なものでしかない。なぜなら、何時間かすると、もしくは、長くてもせいぜい何日かすると、深い青色の筋が南の地平線に現われるからである。山々の稜線を覆っていた雪がすぐさま剝ぎ取られる、それはいわば解放なのである。翌日の朝には、怒号をあげて襲いかからんばかりの、祝福されたチヌークが南からやってきて、北風が凍らせた氷は、猛火が吹き付けるかのごとく溶けていく。その諍いは短く、チヌークの勝利は確実である」[343]。

熱い風が冷たい風に仕掛ける諍いは、他の主題の領域で地上の人間が火を勝ちとるために天界の人間に仕掛ける諍いとぴたりと対応する（『裸の人』、第七部IIを参照のこと）。なるほど、熱い南西風が海から、つまり低い所からやって来るのだとすれば、冷たい北東風は天界に暮らしているといえる[344]。この平行関係はシュスワップ族のヴァージョンでははっきりしている。かつて動物たちは（火の欠如ではなく）寒さに苦しめられていた。野ウサギとキツネは、チヌークの風と熱い天気の主たちが暮らす南の方へと探検に出かけた。ふたりはそこに着き、風が入っていた袋を破いた。南の人々は、逃げ出したふたりを捕らえようとして灼熱を引き起こし国中が燃え上がったが、ふたりはさらに速く走った。「それからというもの、熱い風が北の方まで吹いてきて、雪を溶かし、大地を干上がらせるようになったのである。もはや寒さの民だけが天気をつかさどることはなく、その厳しさは和らいで人間たちをそれほど苦しめなくなった(345)」。

ただし、ふたつの世界のコミュニケーションの切断という、取り返しのつかない結果を引き起こす他の話群《サイクル》とは違って、ここでは何らかの妥協がその諍いに決着をつける。どちらの陣営も決定的な勝利を収めることはなく、冷たい風と熱い風が入れ替わりでやってくるようになる。コーダレン族は、「わたしたちは「寒さ」が自分の兄弟に殺されるのを見る」という、断定的な調子でおだやかな季節の到来を描写する。そして、「春がくるたびに」と言葉を補い、この表現をすぐさま限定するのである(346)。

＊

たえざる不均衡にある二元論《デュアリスム》というこの根本概念は、なにもイデオロギーだけに透し見られるわけではない。北アメリカにせよ（わたしはかつてウィネバゴ族におけるそれを明らかにしたことがある(347)）、南アメリカにせよ、かなりの数の民族集団の社会組織にそうした概念が反映している。中央部および東部ブラジルのジェ語族の諸部族と隣接する諸部族が、その例証となる。

　最近刊行されたある論集の著者たちは、わたしへの献辞を掲げるという度量をしめしてくださったが（同時にW・H・R・リヴァーズにも捧げられていることが、名誉をいっそう重々しいものにしている）、その本は二元論についても数多くの新たな事実と鋭い分析をもたらしてくれる。ウリ・アルマゴール氏とともに編者をつとめたデイヴィッド・メイブリー－ルイス氏は、その本で、ジェ諸族の社会組織について、わたしにはあらゆる意味で妥当と思われる見解をくりひろげている。「ブラジル中央部の双分組織《オルガニザシォン・デュアリスト》は［…］宇宙と社会を統一する包括的な社会理論（comprehensive social theories）であり［…］なにか特定の制度に依存しているわけではない。その理論は、その必要が生じた時や所に、新たな制度的な編成（new institutional arrangements）を生成させることができるのである」[348]。この文章の著者がわたしから距離をとったと思い込んでいるのは、わたしが四〇年以上も前から、双分組織一般についても、とくに中央部ブラジルの双分組織についても、たえずこのことを言いつづけ、書きつづけてきただけに不思議でならない。

　すでに『親族の基本構造』で、わたしは双分制の社会が半族体系に、そしてその体系が婚姻交換の均衡を担保する手法のひとつに還元できるという命題（わたしがその命題を主張しているとさえ言われたが）を反駁している。「双分組織はまず、［…］何らかの制度ではない。それは、何よりもまずは、ひとつの組織原理であって、そこには、きわめて多様な応用、とりわけ、多かれ少なかれ徹底した適用を受け入れる余地が残されている。いくつかの場合では、その原理がスポーツのような競争にだけ適用される。別の場合には、その原理は［…］政治生活まで延長される。また別の場合にはさらに、宗教および儀式の生活まで延長される。そして最後に、それを婚姻の体系まで延長することができる」（邦訳一七〇頁）。わたしの結論としては、この章に集められた事実のすべては、「双分組織を、正確な諸特徴によって判定できる制度としてよりは、さまざまな問題の解決に応用できるひとつの方法として表現することに符合するのである」（邦訳一八〇頁）。

同様に、メイブリー・ルイス氏が「イエラルシー（位階秩序）は論理的にも、社会学的にも、堅固で永続性のある（throughgoing and persistent）双分組織と相容れないというわけではない」と書くとき[349]、わたしもある論文で（氏の論文の文献表にはこれも、さらには、わたしのその論文の延長線上で執筆されたと本人が明言するJ・クリストファー・クロッカーの論文も掲示されていない）、互酬性と位階秩序の関係について問題を提起したことがあるだけにいっそう彼には賛同したくなるのである[350]。わたしはその論文で、ボロロ族において、半族どうしが互酬的な権利や義務のネットワークによって結び合わされているのだとしても、各半族はそれでもなおもう一方の半族に対する動的な不均衡の状態にあるということを示した。* わたしはまた、南アメリカの半族が「オーストラリアの諸体系とはまったく比較にならないのは、アメリカの場合、半族の対のうち、婚姻クラスの役割を果たしているもの

＊　わたしは、かつて直径的な双分制が本質的には静的だと述べたことがめられている（Maybury Lewis, p. 110–113）。しかし、わたしが先行者の見解とは逆に、直径的な双分制はそれだけでは双分組織の働きを理解するための充分なモデルとはならず、その働きの動態は、他の原理への参照を必要とすると結論づけることができたのは、まさに、形式的次元についての議論に立脚して、そのことを証明したからなのである（『構造人類学』邦訳一六〇―一六一頁、『構造人類学II』p. 91）。一九四四年の文章全体がすでに、ボロロ族の社会のような社会は互酬性と位階秩序のあいだのゲームから力動《ディナミスム》を引き出すというわたしの見解を示している。

がひとつもないからだ」ということも強調した（L. S. 1, p. 268）。結局のところ、わたしは同じこの論文で次のように述べていたのだから、わたしはメイブリー・ルイスの考察に先んじようとしていたことになる。「双分組織についての、おそらくは一方的な考察は、その原因および［…］主要な帰結として、互酬性の原理を持ち出すことが多すぎた。だが、半族体系は、互酬性のメカニズムのみならず、従属の関係をも表現しうることを忘れてはならない。*ただし、このような従属の関係においてさえ、互酬性の原理は作動している。なぜなら、従属そのものが互酬的だからである。つまり、ある次元で優越性を獲得するいっぽうの半族が、別の次元では、その優越性をもういっぽうの半族に譲り渡すのである」。そしてわたしは、つぎのように結論づけた。「南アメリカにおける双分組織に典型的な、相互に交錯しあう半族からなる、多様な対をもった諸体系は［…］、このような矛盾を乗り越えようとするひとつの試みとして説明される」（同前）。

したがって、南アメリカの諸民族の広大な全体においては、「形而上学的な諸理念と密接に対応した」（同前）ひとつの社会組織それ自体もまた、項のあいだにある動的不均衡のモデルにもとづいて概念化されると思われる。それらの存在、要素、社会集団といった項は、一見するとそしてふたつずつ検討されると、ときには完全に同一ではないとしても等価で平等に見えるため、対として分類するという誘惑には抗しがたかったのである。わたしたちはこうして再び、本書を通じて展開してきたテーマへと戻ってくる。

このような種類の社会組織が、南アメリカのいわゆる「低」文化のなかでも、ジェ諸族に固有であるようにみえるのは事実である。シーガーはユーモアを交えながら、そのことを指摘している。「南アメリカの低地地方で研究をした多くの民族誌学者がする最初の反応は、ジェ諸族において記述されたような二元性が、彼らの研究している集団には適用できないということだった。「それはトゥピ族ではない」と彼らは異議を唱える。だれかひとりが、一群の社会を分析するための一般的な枠組みを提起するとすぐに、他の人類学者がそれに食ってかかって、このようなものは他のどの場所にも存在しないと言い立てる（ブラジルでは、この「他の場所」にはトゥピ族やアラワク族、カリブ族が含まれる）」。続けてシーガーは言う。「おそらくは、その「それはトゥピ族ではない」という議論はまさ

＊　しかしながら、このような考察の射程をブラジル中央部に限定したことは、いささか見通しが甘かったかもしれない。一九八三年に琉球列島の小さな島々を訪ねたときわたしが目にしたのは、いっぽうが東、男、俗なる世界に、もういっぽうが西、女、聖なる世界に結びつけられた半族のあいだに交互に訪れる、同じような不均衡だった。政治や社会の次元においては、男性原理が優越する。宗教の次元においては、女性原理が優越する。わたしが訪れた村では、ふたつの半族が対立する綱引き儀礼が、両義的な感情をひき起こす。というのも、東の陣営に優越性が認められるのだが、人間の多産さや耕地の繁栄にとっては、西の陣営が勝利するほうが都合が良いと判断されるからである（「シナ海のヘロドトス」邦訳七五頁。また、Yoshida: 65-66も参照のこと）。

さらに南に位置する琉球列島のとある島でも、C・アウエハントが（p. 26, 34, 197）それと類似した、体系に内在する矛盾に気づいた。どちらの陣営が優位にあるか合意に至れず、綱引き競争があきらめられることさえあるが、それはおそらく、東の陣営が太陽を、西の陣営が月をそれぞれ象徴とし、太陽が月に対して優位だとみなされるためである。

吉田禎吾とA・ダフ＝コッパーの論文（*Cosmos*, 5, 1989）は、沖縄のみならずバリ島についても、つぎのような対立の体系のあいだにある弁証法的な関係をうまく照らし出している。南／北、東／西、男／女、海／山、外／内などの対立について、それぞれの対にあてがわれる相対的な値は、聖の圏域から世俗の圏域へ、生者の世界から死者の世界へなどの通過に際して逆転する。他の場所と同じく、ここでも二元論は、互酬性と位階秩序のシーソーゲームとして表現される。

しくそのとおりである。トゥピ族には、区別を拠りどころとせず、それを否定し反対物を統合したりする傾向がある。森林のトゥピ族においては、ジェ諸族では目にすることができた複雑な社会組織も、社会組織の交錯も見つからない。その代わりに見つかるのは（何百というたくさんの）霊魂だが、必ずしも二項様式《モード・ビネール》にもとづいて整序されているわけではないのである」[351]。

以上のことはすべて事実である。だが、トゥピ族では、社会組織にも、霊の世界にも、二元論にあたえられた場所がないにもかかわらず、その神話体系は二元論によって整序されている。わたしは、4章と、5章の終わりで、そのことを示しておいた（前出九〇―九三頁）。このような関係のもとでみれば、アラワク族やカリブ族にもまた双子の話群《サイクル》があって、トゥピ族と何ら変わるところがないのである。そして、わたしたちはまた、トゥピ族の神話体系からジェ族の神話体系へと変換によって移行できることを確かめてもいる（5章）。最後に、新大陸発見の時代には、アンデス文明の社会組織にも、ボロロ族やジェ諸族ではまだ消えずに残っている社会組織と驚くべき類似が見られたのである[352]。

わたしはシーガーが思い描いているように[353]、双分組織を人間の思考の二項的性質が生み出す普遍的な現象だとみなしているわけではない。わたしが証明したのはただひとつ、たしかに広大ではあるが、あくまで一定の地理的領域を占める諸民族が、世界を説明するにあたって、その継起する諸状態が互いに入れ子になった、たえざる不均衡にある二元論というモデルを採用するということなのである。その二元論は、あるときは神話に、またあるときは社会組織に、またあるときは双方に、一貫したしかたで表現されている。

わたしにとって、この独特な形の二元論について図式的な例証となったのは、ギリシャ＝ローマに伝わるディオスクロイとアメリカの双子との対比である。このふたつの事例において出生の事実によって不平等な双子は、前者においては相似するように変化し相似したままにとどまる。後者においては、地上およびその彼岸での生がつづくかぎり、ふたりのあいだに存在していた隔たりがひたすら拡大されていく。したがって、双子であることについては、熱い社会は冷たい哲学に甘んじていられるが、冷たい社会は――おそらく冷たい社会であるからこそ――熱い哲学への欲求をいだくのだと考えてみたくもなる。とはいえ、わたしとしてはこの点についてはほどほどにしておきたい、というのも別の側面では神話がこの仮説に背反する可能性も大きいからである。意味作用が生まれるには、緊密に結びつきすぎたネットワークを形成する一般神話が理念的に構成するこのひと続きの領野では、その交差点がときに一瞬、あえかな燐光を放つことがある。光に驚かされて、人々は立ち止まり、好奇心にとんだ視線を向け、すべては消え去り、人々は通り過ぎてゆく。双子の神話は、この種の夢想を誘いやすい領域なのである。

ギリシャのディオスクロイの数ある聖なる表象のひとつに、シルフィウムという植物があるが[354]、古代人たちはこの植物に並みはずれた効能を見た。この植物は、いくつかの薬用の用途のみならず、食用にするためにも、野生状態で生育するリビアの地から船で運ばれてきたのである。カエサルがローマの国庫の財産を奪い取ったとき、そこには莫大な量が貯蔵されていたというほど、シルフィウムはたいそう貴重なものと考えられた。シルフィウムが自生していた地域では（それを栽培することはできなかったので）、少なくとも紀元前六世紀以降、その収穫量は厳重な規律に従って決められていた。紀元前一世紀の終わりごろに、地方行政官が怠慢のせいか利益追求のせいかその取締りをゆるめたため、シルフィウムは五〇年ほどで採り尽くされ、姿を消してしまった。[355] 一世紀の初めのローマ人たちにはもはや、その名前と名声だけが知られていただけだった。[356]

シルフィウムとは、古代以来ヨーロッパでよく知られ、使われてきた薬用のカワラボウフウ属（Peucédan）の植物ではなく（前出一五五頁注）、ハーンによると、ペウケダネ（Peucédanée）とのことだが、[357] いずれにしても、脂のような樹液を生じさせるよく似た属のセリ科の植物のようである。

シルフィウムをディオスクロイと結びつける信仰の背後にあるのは、おそらく、シルフィウムの積み出し港であったキュレネの町にふたりの主人公が立ち寄ったことについての暗示にほかならない（あるいは、信仰それ自体にいっそうの信憑性を与えるため、この訪問が案出されたのかもしれない）。そして、ゴムを分泌するアメリカのキク科のとある植物（通り名では、松脂草（Rossinweed）とか、コンパス草（Compass Plant）という）[358] を科学の用語で命名するにあたって、（かつてどのような植物を指していたか分からなかったために）空いていたシルフィウム属という語が流用されたということは、とりわけ逸話的な興味をそそる。リンネも、そうとは知ることなしに、学術用語に束縛された選択の結果として、* その地域に存在しないカワラボウフウ属の代わりに同じ特性をもつよく似た種族のキク科植物を儀礼のなかで用いるという、インディアンがした選択を繰り返すことになった（前出一五六頁）。シルフィウムの幽霊があたりをうろついた徴候が見つかるとは、なんと気のきいためぐり合わせだろうか。

最後に、ペウケダネ（それ自体はペウケダヌム・オフィキナレ（*Peucedanum officinale*, L.）とも異なっている）に対して北アメリカの北西部で与えられた、食用としての価値と同じく魔術的で宗教的な価値に目を向けるとどうだろうか。初物サケの儀礼の支度にはセリ科のある植物もしくは前出のキク科のある植物を用いなければならないという決まりごと、そしてインディアンの思考が行なう双子とサケとの同一視。いくぶんか心が騒ぐのを禁じえないのではなかろうか。嚙み砕いてから吐き出したペウケダヌムの種子は、クワキウトゥル族によれば、海の怪物たちを遠ざけ、トンプソン族によれば、風や嵐を追い散らすという。つまり、古代人がディオスクロイに与えた長所と同じである。北アメリカで樹脂を生じさせる植物を儀礼での調理に用いることは、おそらく、原初の火への暗黙の参照として説明がつく（前出一六一頁）。古代人たちはディオスクロイを火とも関連づけたほかに、[359]よく知られているように、光り輝く流星とも関連づけている。

こうしたすべての事実が明らかに一貫しているので、これまでわたしたちが見落としてきた何かの

＊「[…] 本来の「シルフィウム」について言えば、リナエウス〔リンネのラテン語による表記〕が、ルイジアナに由来する、散房花序シルフ〔花序とは花の付き方、花の配列の仕方のことを言うが、散房花序の場合、すべての花がほぼ一平面上または半球面状に並んでいる〕の科のとある属に対してその名を当てるという過ちを、おそらくは犯してしまったのは、この属の葉もやはり、葉どうしの間隔が狭く、下の方ではひとつにまとまっていたからである」（*Dictionnaire des Sciences Naturelles* [...] *par plusieur professeurs des jardin du roi*, etc. Tome XLIX, art.〈Silphium〉, Paris-Strasbourg, Levrault, 1827）。とはいえ、インディアンの思考においても、セリ科のペウケダヌム＝ロマティウム属と、シルフィウムの近縁の属であるキク科の植物とのあいだには、いくらかの用語法上のあいまいさが存在するのではないだろうか。

ミズーリ地方に定着したスー語族の、オマハ族やポンカ族は、ある種（シルフィウム・ラキナトゥム *Silphium lacinatum*, L.）に畏敬の念を抱いていた。これらの人々が、その植物の育つ場所に野営しないようにしていたのは、彼らによると、そこには落雷がよくあるためだという。反対に、その植物の乾燥させた根から起こした火の煙には、雷を遠ざける力があると信じられている。五大湖の地域に暮らすウィネバゴ族は、シルフィウム・ペルフォリアトゥム（*Silphium perfoliatum*）を、儀礼的浄めのための吐剤として用いる（Gilmore: 80）。

理由があって、新旧両世界でいくつかのセリ科の植物と双子とが同じように結合させられると考えてみたくもなる。もしかすると、それは錯覚にすぎないかもしれない。ただし、錯覚にも魅力はあるのであって、脱却できるのであれば、錯覚に心を動かされることも許されよう。

構造分析というこの強力な手段が、数少ない機会をとらえて、間近にとらえたわたしたちの世界の極限をどうにか突破し、天体物理学者の語彙を借りて、特異点《サンギュラリテ》とでも呼べそうなものを、神話の天空の最遠点に判別するということがあってもよいのではなかろうか。電波望遠鏡が明かす謎の物体が、初期の天文学者が裸眼で観察した天体とは無関係であるように、それらの特異点も、かつての比較神話学がそれで満足した表層的な類似の数々とはもはや何の関連ももたないかもしれない。

今述べたような種類の事実を前にすると、ふだん用いる思考の範疇が揺らぎはじめる。自分たちの捜し求めているものが、もうよく分からなくなってしまうのである。その証拠となるだろう痕跡があまりに微細なために証明不可能な、起源の共通性だろうか。相次ぐ一般化によってかぼそい輪郭にまで切り詰められたため、把握することが絶望的にむずかしくなった構造だろうか。あるいは、物理学者たちが大無限と小無限について述べたように、尺度の変更によって空間と時間と構造とが互いに溶けあう精神世界の一側面をかいま見させてくれるのかもしれない。その世界は、そこに入り込もうという願いをあきらめ、その実在をはるか遠くから理解するにとどめなければならない世界なのである。

一九八九―一九九〇

監訳者あとがき

本書は一九九一年に刊行されたクロード・レヴィ＝ストロースの *Histoire de Lynx*, Plon の全訳である。二〇世紀後半の人類学的知をリードした著者レヴィ＝ストロースは、一九六四年から七一年まで、七年をかけライフワークである四巻の大著『神話論理』（みすず書房、二〇〇六〜二〇一〇）を完成した。そのあとに書かれた、七五年の『仮面の道』、八五年の『やきもち焼きの土器つくり』、そして本書『大山猫の物語』を、四巻の「大神話論理」に対比して「小神話論理」と戯れに呼んでいる。ヨーロッパ近代の自己意識のドラマの脚本を書いたと言えそうなヘーゲルの「大論理学」と「小論理学」の対を念頭に置いているのだろうか。

いずれにせよ一九〇八年に生まれた著者が、一九三〇年代後半にブラジルに赴いて先住民たちに接し、一九四一年ニューヨークに亡命してアメリカ人類学の泰斗、晩年のフランツ・ボアズの謦咳に接して（四二年一二月二一日のボアズの突然の死に立ち会ったことはエリボンとの対談『遠近の回想』（増補新版、竹内信夫訳、みすず書房、二〇〇八）にも印象的に語られている）、とりわけその弟子たちの収集した新大陸先住民の膨大な神話テクストのアーカイヴを知り、そこに繰り広げられるもう一つの未知の新しい豊饒な世界を直観して神話研究を構想してから、ほぼ半世紀にわたる作業がこの『大山猫の物語』によって大団円を迎えたといえるだろう。それは三〇代から八〇代までの著者の半生を賭けた仕事であった。この最後の「小神話論理」が、着想から完成までひときわ作業が難航し試行錯誤を繰り返したことは「序言」の末尾で、草稿を、重ね書きされた「錯綜した羊皮紙」に例えていることに端的にしめされている。そして本文においても何箇所かで探求の軌跡をしめす講義要録や論考に言及して試行錯誤の行程を振り返っていることは、読者も確かめられたとおりである。

かつては似た者同士だった大山猫とコヨーテは諍いを起こして、コヨーテは相手の鼻面と尻尾を押し縮め、大山猫は相手の鼻面と脚を引き延ばし今の姿になったという印象的な挿話が引かれている（本書七三頁）。この対の形象を軸として「双子であることの不可能性」を主題としてこの小著は展開される。その探究の困難の一端はおそらく、第二部で興味深く探求される、ヨーロッパ出身の毛皮獣の猟師を通じた、ヨーロッパとりわけフランス民話の先住民神話への浸透とも呼べそうな現象そのものの複雑さにあった。それはこの現象に象徴される、先住民の思考に映し出されたヨーロッパの分身の姿をどう捕らえるかという主題からくるものだったのだろう。相互に代替可能な、限りなく同一者に近い双子の形象にこだわる古典古代の神話的思考に対して、瓜二つではありえない不可能な双子の形象にこだわる南北アメリカ先住民神話の対比に密接に関係している。この主題は第二部の後半では、新大陸とその住民の「発見」をほぼ同時代の出来事として生きたモンテーニュを証人に呼び出すことでさらに深められている。思いもかけない未知との遭遇であった新大陸先住民をめぐる考察を繰りひろげつつ、キリスト教の弁神論から根底的な懐疑主義の方向へと踏み込み、危ういバランスを回復することで中庸の処世術とするというモンテーニュ理解は、想像以上に、著者レヴィ＝ストロースの日常に対処するときの思考の身振りを問わず語りにしめしているようにも思われる。ただ、本書をどう読み解くかは、いずれにせよ読者にゆだねられており、読者の自由におまかせしたい。

以下には、監訳に当たって筆者の脳裏から離れなかった補助線を二、三提示することで、本書の読解のバイアスがどのようなものでありえたかを、やや手前味噌なとりとめない連想と感想に堕すことを恐れつつも書き記しておきたい。

＊

一本目の補助線は、同時代の歴史的文脈とも呼ぶべきものである。

原著が一九九一年に刊行されていることは冒頭にふれた。その翌年がコロンブスによる新大陸「発見」五〇〇周年で、さまざまな記念行事が各地で予定されていたことを記憶している読者はすでに少ないかもしれない。それにふれてレヴィ＝ストロースは刊行後のインタヴューで以下のように述べている。

この本を書き始めたころたまたまコロンブスによる「発見」の五〇〇周年が近づいてきました。[…]その意味を考えることになったのです。[…（神話論理の）]研究を終えるにあたって、アメリカ・インディアンの人々の哲学と倫理の思想から私たちが何を学んだかを問うたのです。[…]そのような問いは、昨年［一九九一年］、カナダで起こったモホーク族の蜂起に刺激されて考えさせられたということを言うべきでしょう。モホーク族の人々はあらためて、侵略者と土着の人々の関係という、この問いを提起したのです。

カナダ東部のケベック州、アメリカ合衆国との国境オカの街でモホーク族の墓地がゴルフ場として開発されるという計画が公表されたのをきっかけにして、「戦士」である若者が中心となって蜂起した経緯にふれる余裕はない（拙著『闘うレヴィ＝ストロース』、平凡社新書、二〇〇九参照）が、レヴィ＝ストロースの人類学的思考の背景にこうした「侵略者と土着の人々の関係という」同時代の現実への視線があることを見逃してはならない。こうした視線は、一九九三年が国連の定めた「国際先住民年」であり、それに先立って九二年には、ブラジルのリオ・デ・ジャネイロでサミットが開催されたこととも関連し、「地球サミットは先住民族の集団の声に耳を傾けた。先住民族は彼らの土地、領土、環境が悪化していることに懸念を表明した」（国連広報センターホームページ）という、二〇世紀末に高揚した「先住民」の「承認」の動きとも関連している。この地球市民社会の構成員としての「承認」が、たとえばブラジル社会の文脈においていかに両義的なものであったかについては、後にも触れるブラジルの人類学者ヴィヴェイロス・デ・カストロの『インディオの気まぐれな魂』（近藤宏・里見龍樹訳、水声社、二〇一五）に付された訳者解説に簡潔に提示されているのを読んでいただければと思う。

この、コロンブスによる「発見」という「一四九二年問題」と称すべきものは、分野を越えて同時代の世界をどう考えるかという課題でもあり、人類学のみならずさまざまな分野でも提起されていた。たとえば経済史と政治地理学にまたがる *POLITICAL GEOGRAPHY* 誌の Vol.11,No.4 で歴史地理学のJ・M・ブロートは「一四九二年の意味」という表題の特集の主論文「一四九二年」を寄せ、それに経済史のA・G・フランク、S・アミン、R・A・ドジソン、R・パランが答え、それに対して再度ブロートがコメントするというかなり大掛かりな特集が組まれている。それぞれ「一四九二年再び」（フランク）、「ジム・ブロートの一四九二年について」（アミン）、「初期近代世界システムにおけるヨーロッパの役割：寄生か創生か」(ドジソン)、「資本蓄積のヨーロッパの奇跡」(パラン)という表題、とりわけ最後の二つには、経済史研究のどのような文脈で「一四九二年問題」が提起されていたかをうかがうことができる。問題提起の役を担ったブロートが、翌年に刊行した『植民者の世界モデル』(*The Colonizer's model of the World*, The Guilford Press, 1993)という著作で再度論じているように、七〇年代から八〇年代にかけてマルクス主義と非マルクス主義との違いを越えてなされていた「資本主義の発展における西欧の先進性・中心性」の主張を再審に付すこと、マルクス主義の二人の先鋒ともいえる「産業化以前のヨーロッパにおける農村の階級構造と経済発展」(七六)のR・ブレナー(『所有と進歩』長原豊監訳、日本経済評論社、二〇〇三)と『近代世界システムI』(七四)のI・ウォーラーステイン(川北稔訳、名古屋大学出版会、二〇一三)、非マルクス主義の先鋒と思しい『西欧世界の勃興』(七三)のD・C・ノース(速水融他訳、ミネルヴァ書房、一九八〇)や『ヨーロッパの奇跡』(八一)のE・ジョーンズ(安元稔他訳、名古屋大学出版会、二〇〇〇)等をいかに論破するか、がブロート等の主要な動機だったと理解される。

論理の共有ではないにせよ、こうした動機をブロートと共有していたフランクは、数年後の九八年に大著『リオリエント』を刊行した(山下範久訳、藤原書店、二〇〇〇)。冷静な評価者でもある訳者はその主題を簡潔に要約している。すなわち「一四〇〇〜一八〇〇年の世界において銀が地域間交易の決済通貨[…]の機能をもったということ、その銀の地域間フローの連鎖によって近世にひとつのグローバル・エコノミーの次元が存在したということ、そしてその[…]バランスは、ヨーロッパに対して西アジアの、西アジアに対して南アジアの、南アジアに対して東アジアの入超を基調としていたということ、言い換えれば、中国は近世のグローバル・エコノミーの巨大な経済的中心であったということ」をしめすことになる(「ポスト・リオリエント」『at』、インスクリプト、二〇〇八年十一号)。決済通貨となった大量の銀は、南米のとりわけポトシ銀山の発見の後、新世界からヨーロッパに供給されたことはよく知られている。

こうした経済史の領域における西欧中心主義と脱西欧中心主義の対峙の場に、レヴィ゠ストロースの人類学の探求はおよそ無縁のようにも思える。しかし果たしてそうだろうか。

第二次世界大戦後、亡命したニューヨークから博士論文『親族の基本構造』をひっさげてフランスに帰還したレヴィ゠ストロースは、おそらく帰還者として生活の資を確保するという必要もあって高等実習研究院の教授職と同時に、ユネスコの人文社会科学分野の事務局長の職を得る。ナチスの崩壊からまだ間もないヨーロッパで科学分野におけるユネスコのその最初の仕事は、反人種主義の世論形成の基礎を作る作業であり、その文脈で書かれたのが一九五二年刊の『人種と歴史』という小冊子だった（荒川幾男訳、みすず書房、一九七〇）。そこではヨーロッパにおける人種主義の基礎を、世界に冠たる歴史の主導者と自認するヨーロッパの歴史意識にまで遡って解体するという徹底した思考がしめされている。その思考を、今風にいえば「自虐史観」として論難したのが、鋭敏な批評家ロジェ・カイヨワだった。レヴィ゠ストロースはカイヨワを、当時アメリカを席巻していたマッカーシーになぞらえて辛辣に切り返した（拙著『レヴィ゠ストロース――構造』、現代思想の冒険者たちSelect　講談社、二〇〇三参照）。

西欧に対して歴史の主導者としての権利要求を禁ずるために、レヴィ゠ストロースは「累積的歴史」と「停滞的歴史」を区別したうえで、西欧もその一例である前者の累積性（進歩）を偶然性の連鎖に還元する。たとえば「産業革命」は人類史で二度だけ偶然に生起した連鎖的な技術革新の一例（最初のそれは「新石器革命」である）にすぎない。世界に冠たる西欧資本主義は偶然の産物である。いずれにせよ、『人種と歴史』の主題は一九七一年のユネスコでの講演「人種と文化」に引き継がれるいっぽう、レヴィ゠ストロースの人類学の基礎におかれた脱西欧中心主義は一般向けの「ユネスコ通信」に掲載された多数の小文や、ユネスコの内部討議資料として書かれた論文に表明されてゆく。なかでも一九六一年の「社会経済的発展と文化的不連続性」（*Anthropologie structurale deux*, Plon,1973所収）にはいくつかの重要な論点がしめされている。すなわち、人間社会はもともと労働による余剰が発生する土地に居住することによって可能となったのであってみれば「人間による人間の搾取はその後にくるものであり［…］植民者による被植民者の搾取のかたちで、いいかえれば、原始人がまったき処分権をもっていた剰余価値の過剰部分を前者が奪取するというかたちで出現した」のであり「［…］結果として、植民地支配は論理的・歴史的に資本主義に先行すること、そして資本主義体制は、それに先立って西欧の人間が土着の人間を扱ったやり方で西欧の人間を扱うことにある、と結論される」。そしてさらに「マルクスにとって資本家と労働者の関係は植民者と被植民者の関係の一特殊例にほかならない。この視点からすれば、マルクス主義の思想においては経済学と社会学は、民族誌学の一部として誕生したとほとんど言えそうである」とつづく。西欧の内部に屈折し退縮した植民地支配体制としての資本主義……。むしろ古代から中世にいたる資本主義に先行する農業社会がすでに、しばしば異民族支配になぞらえられた植民地的搾取の体制ではなかったのだろうか。

その後のレヴィ＝ストロースの仕事をたどると、植民者と被植民者の社会経済的関係「にもかかわらず」搾取の構造に組み入れられる以前、あるいはその内部で、そこから独立した後者の思考と世界観はどのように再構築しうるか、という問いが探求されているように思える。先に言及したブロートは「一四九二年問題」を論じつつ、やや性急に「先住民の敗北を彼らの非合理性や迷信［…］（メキシコ人がコルテスを神だと見なしたといった神話）に帰す必要はもはやないのだ」と結論する。この主題はM・サーリンズの一九八五年の『歴史の島々』（山本真鳥訳、法政大学出版局、一九九三）に対して、もう一つの西欧の

「神話」をとりあげ、まさに一九九二年に論争をしかけたG・オベーセーカラの『キャプテン・クックの列聖』（中村忠男訳、みすず書房、二〇一五）にも共有されている。この論争は、交わされた言葉の厳しさの割に微妙ながらも大きなすれ違いというか、むしろ批判されたサーリンズによる韜晦という印象を筆者には残した。『大山猫の物語』は、こうした同時代の論争に、ある独自の距離をおいて、応えていはしないだろうか。

*

ヨーロッパと南北アメリカ先住民における「自己と他者」をめぐる『大山猫の物語』へのさらに二本の補助線を手短かに引いてみたい。

何気なく読めば見過ごしそうなことだが、レヴィ＝ストロースは自と他の対関係の多岐にわたる顕現のありようを考察したこの著作のしめくくりで、自らのもっとも初期の文章に立ち戻って原点を確認している。それは一九四四年に*American Anthropologist*誌に掲載されたReciprocity and Hierarchyというわずか二頁ほどの短い論文である（本書三二一〜三二三頁）。記憶は少しあやふやになっているとはいえ、レヴィ＝ストロースに関心をもって業績を遡って読み進めていったとき、いわば構造主義以前のこの論文に、当時（一九八〇〜九〇年代）英国社会人類学のフィルターを通して日本で受け止められていたレヴィ＝ストロース的「二項対立」（それはたとえば「右と左」といった対称性をもった平板な二項関係に要約される）とはきわめて異質で動的な対関係の形象が提示されていることは、筆者にとって驚きであるとともに戸惑わせるものがあった。今振り返れば、ここには言語学の音韻論における弁別特性の二項対立の概念によって整理される前の、混沌とした豊かさを内包したレヴィ＝ストロース固有のアメリカ先住民の「二分性イデオロギー」の直観的な把握があったのだろう。対関係の相互性と位階秩序はセットとなっていて、しかも反転不可能で不均衡な対関係は、土着の観念と社会関係においては、矛盾をはらむ形で重層化されている。この小論文でレヴィ＝ストロースは、人類学的探求の起点となったブラジルのボロロ族の民族誌の細部に即してそのことを確認していた。「大神話論理」の第一巻『生のものと火にかけたもの』がボロロの神話から出発していたのに対して、「小神話論理」の末尾にはふたたび、目立たない形ではあれ起点としてのボロロの民族誌への目配せが想起されていた。

ここで議論する余裕はないが、レヴィ＝ストロースがその後展開することになった構造主義人類学において正面から取り上げることのなかった社会関係における「従属」と「位階秩序」の問題は、インドのカースト制を主題として取り組んだルイ・デュモンによって独自に探求された。一九六六年に初版が刊行されたデュモンの主著『ホモ・ヒエラルキクス』（田中雅一・渡辺公三訳、みすず書房、二〇〇一）における主題と、この小論のモチーフを相関させたうえで、二〇世紀後半のフランス人類学の展開を見直すことは、果たして可能だろうか。

＊

もう一本の補助線は、すでにふれたブラジルの人類学者ヴィヴェイロス・デ・カストロの『インディオの気まぐれな魂』である。著者は、レヴィ＝ストロースが差し出した問いを受け止めて、ドゥルーズなどポスト構造主義から学び人類学を刷新しようとする、次世代のリーダーとして認められつつある研究者である（最初の主著『食人の形而上学』はすでに訳されている（檜垣立哉・山崎吾郎訳、洛北出版、二〇一五））。『インディオの気まぐれな魂』に付された詳細な訳者解説によれば、この興味深い本の最初のヴァージョンは一九九二年、『大山猫の物語』の刊行に踝を接して、それへの応答として書かれたという。ただこのきわめて濃度の高い小著に描かれたブラジルにおける先住民とヨーロッパ人の自と他の関係の「場」の感触は、獣を追う日々のなかで自然観察者としての先住民からおそらく多くを学び、夜の焚き火を囲んで幼い日におぼえた伝承を語り聞かせるヨーロッパ系の狩人と、それに耳を傾け、お返しに自分たちの物語を語る「土着の人々」とが分かち合った場とはおよそ異なっている。それは、地団駄を踏む宣教師とわれ関せずの先住民の緊迫したすれ違いとでも言えばよいのだろうか……。

合わせ鏡のように二章からなるこの本で著者は、最初の「一六世紀ブラジルにおける不信仰の問題」には、イエズス会宣教師たちの眼に映った、改宗してキリスト教に熱心に帰依したかと思わせながら、ふとしたことでやすやすと信仰以前の悪習に復帰してしまう「気まぐれな」インディオたちに苛立ち、恨みごとを並べ、罵倒する宣教録の摘要を簡潔で的確な評言を加えながら次々に並べてゆく。そして「トゥピナンバはいかにして戦争に負けた／戦争を失ったか」と題された第二章では、「気まぐれな」インディオにおいて、精神（精神衛生とも言いたくなる）の常数をなしていたインディオにとっての「戦争」の意味を、宣教師たちの罵倒のディスコースから裏返しの解読によって読み解いてゆく。そこに示された「他者」としての宣教師の冷静さを失った、時にはヒステリーすれすれの言葉を、表と裏から重層的に読み解く著者の解読は冴えているとしか言いようがない。

インディオにとっての「戦争」の「内面的な」意味を他者の記した宣教録から読み取るという作業は、故意なのか引用されていないピエール・クラストル（夫人のエレーヌ・クリストルの著作は批判的に参照されている）のインディオ社会＝戦争機械論との対比においても興味深い（たとえば『国家に抗する社会』渡辺公三訳、水声社、一九八七、原著は一九七四）。他者の神話から読み取られた北アメリカ太平洋岸の「霧と風」の森におけるヨーロッパと他者の出会いと、南アメリカのブラジルの森でヨーロッパ出身宣教師の記録から読み取られた他者の世界。この対比には「他者へ開かれ」た世界の意味をめぐるさまざまな形象が幾重にも重ね合わされている。

*

最後にもう一点老婆心として付記したい。

この神話論理をめぐる最後の著作でレヴィ＝ストロースは、一九五〇年代の神話研究の出発点としてその方針を提示した「神話の構造」（初出は一九五五、『構造人類学』、荒川幾男他訳、みすず書房、一九七二所収）に提起した神話の基本定式の有効性を何度か（本書一四〇、一四四、一八三頁）検証している。

$$F_x(a) : F_y(b) \simeq F_x(b) : F_{a-1}(y)$$

この基本定式を説明した本文には「上の式の意味は、フロイトの場合ノイローゼを構成する個人的神話が生まれるためには、二つのショック（非常にしばしば信ぜられがちなように一つだけではない）が必要とされることを想起することによって、完全に理解されるだろう」（訳書、二五二頁）と注釈なしで説明されている。一九八九年に刊行された『レヴィ＝ストロースを読む』（*Lire Lévi-Strauss*, Odile Jacob）で著者スキュブラは、この一節がフロイトの「科学的心理学草稿」におけるいわゆる「事後性」の問題の提起への言及であると指摘している。この草稿の再発見が一九五〇年ごろであることを考え合わせると、興味深い事実ではある（拙論「冷戦期における「構造」の生成——レヴィ＝ストロースの探究」『精神医学史研究』19‐

1、二〇一五参照)。

本書での基本定式の表記とその日本語版での組版の技術的な制約から定式の逆数の表記がたいへん分かりにくくなっていることをお詫びしたい。神話の複数のヴァージョン間での二重の捻じれを指摘するこの表記は重要である。最初に提示されたときの定式を参照して、この点を確認いただければ幸甚である。

どのような経緯でこのレヴィ゠ストロースの神話研究のしめくくりの著作の翻訳にかかわることになったか、無責任の誹りを免れないが記憶が定かでなくなってしまった。当初は前半の9章までを福田素子氏、後半を私の二人で分担して訳すことになっていたが、私に翻訳作業に当たる余裕がなくなり、後半は泉克典氏に翻訳をお願いして、全体の統一を私が行なうという行程になった。その作業も大幅に遅れ、原著刊行からすでに四半世紀を経てしまった。故レヴィ゠ストロース教授はもとより読者各位、訳者のお二人、そしてみすず書房にお詫びしたい。

二〇一六年一月三一日

渡辺 公三

クロード・レヴィ＝ストロース
大山猫の物語
渡辺公三監訳
福田素子・泉克典訳

2016年 2月29日　印刷
2016年 3月10日　発行

発行所 株式会社 みすず書房
〒113-0033 東京都文京区本郷5丁目 32-21
電話 03-3814-0131（営業） 03-3815-9181（編集）
http://www.msz.co.jp

本文組版 キャップス
本文印刷所 精興社
扉・表紙・カバー印刷所 リヒトプランニング
製本所 松岳社

ISBN 978-4-622-07912-5
［おおやまねこのものがたり］

著者略歴

(Claude Lévi-Strauss, 1908-2009)

ベルギーに生まれる．パリ大学卒業．1931 年，哲学教授資格を得る．1935-38 年，新設のサン・パウロ大学社会学教授として赴任，人類学の研究を始める．1941 年からニューヨークのニュー・スクール・フォー・ソーシャル・リサーチで文化人類学の研究に従事．1959 年コレージュ・ド・フランスの正教授となり，社会人類学の講座を創設．1982年退官．アカデミー・フランセーズ会員．著書『親族の基本構造』（番町書房 1977-78，青弓社 2000）『人種と歴史』（みすず書房 1970）『悲しき熱帯』（中央公論社 1977）『構造人類学』（みすず書房 1972）『今日のトーテミスム』（みすず書房 1970）『野生の思考』（みすず書房 1976）『神話論理』（全 5 冊，みすず書房 2006-2010）『仮面の道』（新潮社 1977）『神話と意味』（みすず書房 1996）『構造・神話・労働』（みすず書房 1979）『はるかなる視線』（みすず書房 1986，1988）『やきもち焼きの土器つくり』（みすず書房 1990）『遠近の回想』（共著，みすず書房 1991）『レヴィ＝ストロース講義——現代世界と人類学』（平凡社ライブラリー 2005）『みる　きく　よむ』（みすず書房 2005）『ブラジルへの郷愁』（みすず書房 1995）他．

監訳者略歴

渡辺公三〈わたなべ・こうぞう〉 1949 年東京に生まれる．東京大学大学院博士課程修了．現在　立命館大学大学院先端総合学術研究科教授．専攻は文化人類学．著書『レヴィ＝ストロース——構造』（講談社 2003）『司法的同一性の誕生——市民社会における個体識別と登録』（言叢社 2003）『アフリカのからだ』『西欧の眼』（言叢社 2009）『闘うレヴィ＝ストロース』（平凡社新書 2009）ほか．共編著『レヴィ＝ストロース『神話論理』の森へ』（みすず書房 2006）．訳書　レヴィ＝ストロース『やきもち焼きの土器つくり』（みすず書房 1990）『神話論理Ⅲ　食卓作法の起源』（共訳，みすず書房 2007）『神話論理Ⅳ-2　裸の人 2』（共訳，みすず書房 2010）『レヴィ＝ストロース講義——現代世界と人類学』（共訳，平凡社ライブラリー 2005）ほか．

訳者略歴

福田素子〈ふくだ・もとこ〉 1947 年に生まれる．東京大学教養学部教養学科卒業．翻訳家．訳書　レヴィ＝ストロース『神話論理Ⅲ　食卓作法の起源』（共訳，みすず書房 2007）『神話論理Ⅳ-2　裸の人 2』（共訳，みすず書房 2010）ジャンメール『ディオニューソス』（共訳，言叢社 1991）アンジュー『皮膚－自我』（言叢社 1993）ドリュモー『告白と許し』（言叢社 2000）ほか多数．

泉　克典〈いずみ・かつのり〉 1978 年に生まれる．立命館大学大学院文学研究科修士課程修了．翻訳論文　レヴィ＝ストロース「過去に立ち戻る」「女性のセクシュアリティと社会の起源」（『みすず』No.507, 509, 2003）「人間の数学」「われらみな食人種」（『思想』No.1016, 2008）「神話はいかにして死ぬか」（『現代思想』38-1, 2010），エナフ「『神話論理』——言語学と音楽のあいだで」（『レヴィ＝ストロース『神話論理』の森へ』みすず書房 2006）．

索　引

ア　行

カ　行

カワガラス　49n., 50, 51, 53, 60
カワラボウフウ属　*Peucedanum/Lomatium*　154-158, 162, 183, 326, 327n.
ガン　201
ガンサー　Gunther, E.　162
カンゾウ　158

木　34, 40, 41, 49, 50
ギアナ　141, 143
飢饉　21-25, 29, 47, 51, 52, 68, 71, 112
キク科のある植物　156, 157, 326, 327
気象学　37, 104, 142, 165-167, 179-185, 274, 278, 282, 315-319
季節　190
キツツキ　53, 158, 208
キツネ　17, 319
木に巣くう虫　50
キノールト　Quinault　126, 174
キパーズ　Kuipers, A. E.　157n.
基本定式　140-146, 182-184, 193, 202, 203
キャリアー　Carrier　57n., 117, 140, 219n., 227n.
キャンドルフィッシュ　*Thaleichtys*　172
キュレネ　326
魚卵娘　194, 195, 197-199, 202
霧　14, 16-24, 36, 52, 104, 110, 111, 124, 130, 136, 142, 146, 166, 167, 179-181, 185, 199, 227, 228, 234, 251n., 272-282, 315, 316
ギリシャ　254, 287, 298, 312, 314, 324
ギリヤーク　Ghiliak　160, 176
キリュート　Quileute　179-185
ギルモア　Gilmore, M. R.　327n.
儀礼，儀礼的　58, 95, 98, 99, 102, 107, 116-120, 156-163, 172-177, 247, 326, 327
グアヤキ　Guayaki　251n.
グアラニ　Guarani　66, 69, 78
グアラユ　Guarayu　72
クイナ　69
クェークェー鳥　104
クサクサ　212
クジラ　86
クーテネイ　Kutenai　21, 29, 41, 50-53, 58-61, 72, 85, 87-89, 98, 123, 133, 154, 190, 196, 197, 203, 206-209, 218, 305, 312
首飾り　54, 224, 227
クマ　17-19, 51, 150, 159-163, 172-177, 194, 195, 203n., 239, 271, 272, 279, 304
クマのジャン　249, 250, 271
クラオ　Kraho　80, 310
クラーク　Clark, W.　18
クララム　Klallam　173, 179-185
クリー　Cree　141, 248
グリオール　Griaule, M.　307
クリキタット　Klikitat　19, 22, 195, 196, 199, 203, 205, 206
グリズリー　→「クマ」「ハイイログマ」をみよ
グリーンランド　216
クロッカー　Crocker, J. Chr.　321
クローバー　Kroeber, A. L.　158, 281
クワキウトゥル　Kwakiutl　20, 105, 107, 152, 156, 166, 169-173

ケツァルコアトル　Quetzalcoatl　253, 302-306
ケット　Ket　160, 174, 176
ケネディ　Kennedy, D. I. D.　127n., 153n.
煙　54, 111, 127, 158, 283
幻日　204, 313

睾丸　111, 128, 129, 188, 189, 193, 198,

200, 202, 203, 213n., 227, 313n.
氷　34, 37, 182, 190, 221, 240
コガラ　*Parus* sp.　47, 271, 272
黒穂病　251
仔ジカ　50
ゴダード　GODDARD, P. E.　57n.
コーダレン　Coeur-d'Alêne　21-24, 52, 58-61, 123, 124, 138-140, 152, 168, 199n., 224, 238, 266, 309, 319
コテ　CÔTÉ, A.　145n.
コード　255, 256
ゴドフリー　GODFREY, W. E.　127n.
コノハズク　126, 130
コマツグミ　*Turdus migratorius*　55
コヨーテ　各所
コルテス　CORTEZ, F.　303
コンシュ　CONCHE, M.　297n.

サ　行

サアグン　SAHAGUN, B. de　161n., 303, 305
細胞　123, 159, 279
サガール　SAGARD, G.　298
サケ　*Onchorynchus*　39, 40, 57, 101, 112-114, 159-163, 172-177, 194, 203, 271, 304, 327
サハプティアン　Sahaptian　188, 189n., 267, 269
サハプティン　Sahaptin　13, 51n., 85
サンド　SAND, G.　312
サンポイル　Sanpoil　24, 25, 47, 156, 222, 238, 266

シア　Sia　312
ジェ　Gê　70, 79-93, 112, 113, 320-324
シカ　*Cervus canadensis*　37, 38, 46, 47, 98, 103, 107, 110, 114, 221n.
シカ（オジロシカ属　*Odocoileus*）　47, 51n., 103, 173, 175n., 195, 203
シーガー　SEEGER, A.　322-324
シシウド属　*Angelica*. sp.　158, 159, 162
シベリア　150, 160, 162, 174, 176, 219, 255
シマリス　*Tamia* sp.　225
射　257
ジャガー　110, 142, 269n.
ジャガイモ　240, 242, 244, 250
借用　251, 252, 265-275
斜視　313n.
シャリヴァリ　171
シュスワップ　Shuswap　25, 37, 38, 99, 105, 115-117, 133, 152, 158, 173, 183, 190, 243-245, 248-250, 266, 271-273, 279, 280, 299n., 319
小説　36
冗長性　258
ショショーニ　Shoshone　85, 267
ジョーンズ　JONES, W.　313n.
しらくも頭のジャン　251, 252, 254
白子　195, 198, 202
シルフィウム　*Silphium*　325, 326, 327n.
シロイワヤギ　*Oreamnos americanus*　→「ヤギ」をみよ
シロザケ　*Oncorhynchus keta*　101

スー　Sioux　299n.
スカジット　Skagit　104, 167, 204, 206, 229n.
スカーフェイス　205
スキコミッシ　Skykomish　104
スクォーミッシ　Squamish　99, 157n., 167, 225
煤　241, 244, 250, 251n., 276
スツック　236, 237
スナナズ　SNAŃAZ　126, 187, 227, 233-245, 246, 249, 271, 275, 277, 304

スノホミッシ　Snohomish　26, 29
スパルタ　311n.
スペイン　250, 268
スペック　SPECK, F. G.　313n.
スペンスブリッジ　234, 237
スメ　SUMÉ　67, 76, 303n.
スメット　SMET, J.-J. de　299n.
スライアムン　Slaiamun　225
スワン　SWAN, J.　30n.

精液　32, 39, 71
聖書　299
生態学　40
セイリッシ　Salish　各所
ゼウス　ZEUS　312
セネカ　SÉNÉQUE　294
セリ科　154, 326-328
繊維（動物，植物）　52, 86

造化の神　73-75, 81, 82, 203, 206, 279, 301, 309
相対主義　289-298
双分組織　organisation dualiste　9, 319-325　→「二元論」もみよ
ゾロアスター　ZOROASTRE　307
ソンギッシ　Songish　156

タ　行

大洪水　67, 75
太陽　24, 25, 37, 38, 52, 61, 71, 72, 75, 89, 153, 154, 190-195, 201-209, 220, 224-229, 271, 305, 306, 308
太陽の踊り　207-209
唾液　23, 33, 212, 274
タカ　218, 221n.
高い，低い　21, 167n., 211-213, 264-274
滝沢馬琴　219
竹馬　50
タケルマ　Takelma　194
助け出された王女　249, 250, 254, 264-267, 271
タタウパ　73n.
ターナー　TURNER, N. J.　153n., 155n., 157n.
ターニー＝ハイ　TURNEY-HIGH, H. H.　207n.
タヌキ　129
ダフ＝コッパー　DUFF-COOPER　323n.
ダマジカ　50
タメンドナレ　TAMENDONARE　67
暖をとる　33, 37, 154, 160, 161, 180, 213, 265, 282

血　51, 53, 221n., 223n.
小さなジャン　248, 249
チェハリス　Chehalis　130-132, 138-140
チヌーク　Chinook　67n., 85, 86, 225
チヌーク（南西風）　181n., 317, 318
乳房　92
チャコ　Chaco　71, 92, 143
中国　219, 315n.
朝鮮　161n.
チリワック　Chilliwack　112
チルコーティン　Chilcotin　86, 117, 133-136, 138-140, 242-244, 280, 309n.

ツァアウズ　TSA'AU'Z　129, 130, 145n., 187, 233, 276
ツァクウェス　131, 132
ツィムシアン　Tsimshian　20, 85, 105, 140, 167n., 173
ツィルケウク　Tcilquéuk　→「チリワック」をみよ
杖　14, 20
ツェツァウト　Tsetsaut　21
ツガ　180, 182　→「カナダツガ」もみよ

月　24, 29, 52, 61, 128, 129, 154, 187-199, 201-209, 211-229, 271, 305, 306
ツグミ　55, 225, 227
ツグミ科　*Turdus migratorius*　23 →「コマツグミ」もみよ
土の竈　17-19, 41, 156, 159-162
ツノガイ（*Dentalium* 属）　45-64, 85, 86, 96-98, 105, 109-124, 127, 130, 132, 146, 149, 152, 158, 159, 199, 204, 249n., 281
ツル　266

ディオスクロイ　DIOSCURES　310, 312, 315n., 325, 326
ディーテルラン　DIETERLEN, G.　307
テイト　TEIT, J. A.　24, 129, 153n., 157n., 193n., 236, 249, 250
ディドロ＝ダランベール（『百科全書』）DIDEROT-D'ALEMBERT（*Encyclopédie*）157
ティミミノ　Timimino　76
テヴェ　THEVET, A.　65-78, 90, 142
デカルト　DESCARTES, R.　294
テキサス　312
テスカトリポカ　TEZCATLIPOCA　161n., 253
デネ　Déné　215
デネ・フラン・ド・シアン　Déné flan de chien　215
テネテハラ　Tenetehara　111, 129
デュトゥール　DUTOURD, J.　33n.
デュメジル　DUMÉZIL, G.　247, 311, 314
テュンダレオス　TYNDARE　312
テンベ＝テネテハラ　Tembe-Tenetehara　69
天文学　187-229, 278, 304 および各所

銅　217
トゥクナ　Tukuna　310
ドゥティエンヌ　DETIENNE, M.　310
トゥピ　Tupi　70, 74, 80-82, 89-91, 142, 171, 323, 324
トゥピナンバ　Tupinamba　65-77, 81, 82, 88-91, 111, 303
トゥワナ　Twana　26, 202, 316
尖った杭のような脚　193n.
ドゴン　Dogon　307
トバ＝ピラガ　Toba-Pilaga　92
トマス（聖）　THOMAS, St.　303n.
ドラリュ　DELARUE, P.　249, 264
トラロック　TLALOC　306
鳥　96, 113, 114, 149, 218, 220, 223n., 225 および各所
トリックスター　73, 74, 75n., 81, 82, 206, 208, 209, 279, 301, 309
鳥の巣あさり　38, 263, 273, 278, 279
トリンギット　Tlingit　20, 85, 105, 107, 108, 167, 177, 217n.
トルテカ　Toltèque　253, 301
泥　135, 136
トンプソン　Thompson　21, 25, 37, 38, 43, 45-48, 58, 84, 126-130, 133, 136, 138, 139, 145n., 150-156, 173, 187, 193-201, 203, 204, 211-218, 227, 233-246, 248, 263, 264, 271, 276, 277, 282, 283
トンプソン，L. C. & M. T.　THOMPSON, L. C. et M. T.　155n., 157n.

ナ　行

内婚，外婚　39, 179, 181, 213n., 217, 218
ナヴァホ　Navajo　270
長いペニス　39
ナーサティア　NĀSATYA　→「アシュヴィン」をみよ
七つ頭の怪物　245, 248
ナマケモノ　*Bradypus*　68

ニヴヒ　Nivx　160

肉　96-98, 108, 110, 118
二元性　dualité　93, 307-311
二元論　dualisme　10, 314, 319-325
→「双分組織」もみよ
二項対立　opposition binaire　41, 75-78, 93, 194, 256, 260, 266, 281, 282, 304
虹　143, 228
二重化　dédoublement, redoublement　175, 304
ニーチェ　NIETZSCHE, F.　261n.
二分割　bipartition　91-93, 175
二分法　dichotomie　78, 79, 93, 301
日本　129, 219, 268, 308, 309n., 323n.
ニムェンダジュ　NIMUENDAJU, C.　66
ニューメキシコ　73, 270, 312
尿　16, 23, 49, 51, 130, 131, 156, 218, 274

ヌートカ　Nootka　26, 172-174

ネズパース　Nez-Percé　13-23, 152, 154, 188, 189n., 190-196, 203, 206, 238, 248, 267
ネスペレム　Nespelem　156
ネットワーク　145-147, 149, 257-262, 325

野ウサギ　32, 46-51, 175, 218, 221n., 268, 319
野ブタ　96, 108-112

ハ　行

ハイイログマ　51, 173, 176, 194, 271-274, 279
バイソン　103
ハイダ　Haida　177, 217n.
パイユート　Paiute　267
パウサニアス　PAUSANIAS　311n.
バカイリ　Bakairi　310
バク　150
ハゲタカ　269n.
ハシボソガラス　26, 127, 129
パスカル　PASCAL, Bl.　294
ハチドリ　32
ハツカネズミ　34
発情期　101, 117
ハートランド　HARTLAND, S.　166
バーネット　BARNETT, H. G.　169
歯のある女陰　193n.
パラグァイ　70, 73n., 89
バラサナ　Barasana　251n.
バリ島　323n.
バルサモルヒザ（バルサム・ルート）　Balsamorhiza　155-158, 326, 327
バルトロメオ（聖）　BARTHELEMI, St.　302
ハン　HUNN, E.S.　155n., 189n.
バン　53
ハーン　HAHN, L.　326
ハント　HUNT, G.　169, 170
ハンノキ　217
範列的，連辞的　191n., 193n., 205, 274

ヒキガエル　51, 61
ひげ　16, 17, 20, 51
人喰い（鬼）　33, 36, 37, 53, 54, 59, 61, 88, 89, 133, 188-199, 203, 206, 277
独り身　204
ビーバー　113, 114, 160, 196-198
ヒマワリ　156, 158, 162
ヒメシギダチョウ　*Crypturus tataupa*　73n.
病気　142, 143, 165
ビリモッド　BIRIMODDO　142
ヒル＝タウト　HILL-TOUT, Ch.　57n., 132, 163n.

フェーヴル　FEBVRE, L.　285

マ　行

ヤ　行

ラ　行

ワ　行

ン

文　献

照合が必要になった場合の便宜のために，すでに『神話論理』の文献表に掲げた文献については，できるかぎりその番号のままにした.〔文献中，邦訳のあるものは末尾に記した.〕

略号

AA	*American Anthropologist*.
ARBAE	*Annual Reports of the Bureau of American Ethnology*, Washington, D.C.
BAMNH	*Bulletins of the American Museum of Natural History*, New York.
BBAE	*Bulletins of the Bureau of American Ethnology*, Washington, D.C.
CUCA	*Columbia University Contributions to Anthropology*, New York.
JAFL	*Journal of American Folklore.*
JRAI	*Journal of the Royal Anthropological Institute of Great Britain and Ireland.*
MAAA	*Memoirs of the American Anthropological Association.*
MAFLS	*Memoirs of the American Folk-Lore Society.*
MAMNH	*Memoirs of the American Museum of Natural History*, New York.
RBAAS	*Reports of the British Association for the Advancement of Science*.
UCPAAE	*University of California Publications in American Archaeology and Ethnology,* Berkeley.
UWPA	*University of Washington Publications in Anthropology,* Seattle.
L.-S.	*Claude Lévi-Strauss*.

ABRAMS, L.:

Illustrated Flora of the Pacific States, 4, vol., Stanford University Press, 2nd ed., 1950.

ACOSTA, J. P.:
Historia Natural y Moral de las Indias [1590], Mexico, Fundo de Cultura Economica, 1940.
ADAMSON, Th.:
Folk-Tales of the Coast Salish (MAFLS XXVIII), 1934.
ANDRADE, M. J.:
Quileute Texts (CUCA XII), New York, 1931.
ANDREWS, A. C.:
« The Silphium of the Ancients: a Lesson in Crop Control », *Isis*, t. 33, 1941 : 232-236.
ANTONI, K. J.:
Der weisse Hase von Inaba. Vom Mythos um Märchen (Münchener Ostasiatische Studien, Band 28), Wiesbaden, Franz Steiner Verlag, 1982.
AVILA, F. de:
Dioses y Hombres de Huarochiri. Edicion bilingüe, Lima, Museo Nacional de Historia y Instituto de Estudios Peruanos, 1966.
BAILEY, Th.-N.:
« The Elusive Bobcat. » *Natural History*, October 1972.
BALLARD, A. C.:
(1) *Mythology of Southern Puget Sound* (UWPA, 3-2), 1929.
(2) *Some Tales of the Southern Puget Sound Salish* (UWPA, 2-3), 1927.
BARBEAU, C. M.:
(3) « Contes populaires canadiens », *JAFL*, 30, 1917; 32, 1919.
(5) « Contes populaires canadiens », *JAFL*, 53, 1940.
BARNETT, H. G.:
(1) *Culture Elements Distribution: VII, Oregon Coast* (Anthropological Records, 1), Berkeley, 1937-1939.
(2) *Culture Elements Distribution: IX, Gulf of Georgia Salish*, id.
(3) *The Coast Salish of British Columbia* (Univ. of Oregon Monographs. Studies in Anthropology, 4), 1955.
BENT, A. C.:
Life Histories of North American Diving Birds, New York, Dover Publications [1919], 1963.
BOAS, F.:
(2) *Tsimshian Mythology* (31st ARBAE, 1909-1910), Washington, D.C.,

1916.
(3) *The Social Organization and the Secret Societies of the Kwakiutl Indians* (Reports of the United States National Museum), Washington, D.C., 1895.
(4) ed.: *Folk -Tales of Salishan and Sahaptin Tribes* (MAFLS XI), 1917.
(5) « Zur Mythologie der Indianer von Washington und Oregon », *Globus*, 65, 1893.
(7) *Kathlamet Texts* (BBAE 26) Washington, D.C., 1901.
(8) *The Eskimo of Baffin Land and Hudson Bay* (BAMNH 15) New York, 1901–1907.
(9) *Kutenai Tales* (BBAE 59) Washington, D.C., 1918.
(13) *Indianische Sagen von der Nord-Pacifischen Küste Amerikas* (Sonder-Abdruck aus den Verhandlungen der Berliner Gesellschaft für Anthropologie, Ethnologie und Urgeschichte, 23–27), Berlin, 1891–1895.
(16) « Second General Report on the Indians of British Columbia », *RBAAS*, 60, 1890.
(20) « Current Beliefs of the Kwakiutl Indians », *JAFL*, 45, 1932.
(27) *The Religion of the Kwakiutl Indians* (CUCA X), 1930.
(28) *Tsimshian Texts* (BBAE, 27), Washington, D.C., 1902.
(29) « Notes on Mexican Folklore », *JAFL*, 25, 1912.

BOAS, F. (and G. HUNT):
(1) *KwakiutlTexts* (MAMNH, 5, 1902–1905; 14, 1906).
(2) *Ethnology of the Kwakiutl* (35th ARBAE, 2 vol.), Washington, D.C., 1921.

BORDEN, Ch. E.:
(1) *Origins and development of early Northwest Coast Culture to about 3000 B. C.* (Archaeological Survey of Canada, Paper n° 45), Ottawa, National Museum of Man, 1975.
(2) « Peopling and Early Cultures of the Pacific Northwest », *Science*, vol. 203, n° 4384, 1979.

BOUCHARD, R. and D. I. D. KENNEDY:
(1) *Knowledge and usage of land mammals, birds, insects, reptiles and amphibians by the Squamish Indian People of British Columbia*. (mimeo.), Victoria, *British Columbia Indian Language Project*, 1976.
(2) eds: *Shuswap Stories*, Vancouver, CommCept Publishing Ltd, 1979.

(3) « Shuswap Indian Use of the Squilax Area », Appendix I in *Archaeological Excavation Sites* 1...] *near Squilax, B. C.* (mimeo.). Areas Consulting Archaeologists Ltd., Coquitlam, B.C., March 1990.

BRASHER, R.:

Birds and Trees of North America, 4 vol., New York, Rowman and Littlefield, 1961.

CADOGAN, L.:

(4) *Ayvu Rapita. Textos míticos de los Mbya-Guarani del Guairá*. (Antropologia, y; Boletim 227), Universidade de São Paulo, 1959.

CARDIM, F.

Tratados da terra e gente do Brasil, n. ed. São Paulo, Bibliotheca pedagogica brasileira, 1939.

CARLSON, R. L. ed.:

Indian Art Traditions of the Northwest Coast, Burnaby, B.C., Archaeology Press, Simon Fraser University, 1983.

CARNEIRO DA CUNHA, M.:

(1) « Logique du mythe et de l'action. Le mouvement messianique Canela de 1963 », *l'Homme,* XIII, 1973/4 :5-37.

(2) *Antropologia do Brasil. Mito, História, Etnicidade*. São Paulo, Editora da Universidade, 1986.

CHAMBERLAIN, A. F.:

« Report on the Kootenay Indians of South-Eastern British Columbia », *RBAAS*, 62, 1892.

CHILAM BALAM:

Libro de Chilam Balam de Chumayel [...] por Antonio Mediz Bolio. Mexico, Ediciones de la Universidad Nacional Autonoma, 1941.

CLINE, W. and al.:

The Sinkaietk or Southern Okanagon of Washington. (General Series in Anthropology, 6), Menasha, 1938.

CODICE CHIMALPOPOCA:

Anales de Cuauhtitlan y Leyendas de los Soles, trad. por P. F. Velasquez, Mexico, 1945.

CONCHE, M.:

Montaigne et la philosophie. Villers-sur-Mer, Éditions de Mégare, 1987.

CROCKER, J. C.:

« Reciprocity and Hierarchy among the Eastern Bororo », *Man*, 4 (1), 1969.

CURTIS, E. S.:

The North American Indian; vol. 9, Norwood, Mass., 1903.

DAHLGREN DE JORDAN, B:

La Mixteca. Su cultura e historia prehispanica, Mexico, Imprenta Universitaria, 1954.

DA MATTA, R.:

« Mito e autoridade doméstica: una tentativa de análise de un mito timbira em suas relações com a estructura social », *Revista do Instituto de Ciências sociais*, IV, I. Rio de Janeiro, 1967 : 93-141.

DAREMBERG, Ch. et E. SAGLIO:

Dictionnaire des antiquités grecques et romaines, 9 vol., Paris, Hachette, 1877-1912.

DAWSON, G. M.:

« Notes on the Shuswap People of British Columbia », *Proceedings and Transactions of the Royal Society of Canada*, 9 (1891). Montréal, 1892.

DELABY, F.:

« A Propos d'un plat sibérien du Musée de l'Homme », *Objets et Mondes*, XV, 4, 1975.

DELARUE, P.:

Le Conte populaire français, Paris, Éditions Erasme, 1957.

DETIENNE, M.:

L'Écriture d'Orphée, Paris, Gallimard, 1989.

DICTIONNAIRE DES SCIENCES NATURELLES [...] *par plusieurs professeurs du jardin du roi*, 72 vol., Strasbourg-Paris, Levrault, 1816-1830.

DORSEY, G. A.:

(3) *The Mythology of the Wichita* (Carnegie Institution of Washington, Publ. nº 21), 1904.

DRUCKER, Ph.

The Northern and Central Nootkan Tribes (BBAE 144), Washington, D.C., 195 1.

DUFF, W.

The Upper Stalo Indians of the Fraser Valley, British Columbia (Anthropology in British Columbia, Provincial Museum, Victoria).

Reprinted by Indian Education Resources Centre, Vancouver, Univ. of British Columbia, 1972.

DUMEZIL, G.:

(1) *Horace et les Curiaces*, Paris, Gallimard, 1942.

(2) *Mythe et épopée*, 3 vol., Paris, Gallimard, 1968-1973.

(3) *Heur et malheur du guerrier,* Paris, P. U. F., 1969.

(4) *La Religion romaine archaïque*, Paris, Payot, 1974.

(5) *Heur et malheur du guerrier*, Paris, Flammarion, 1985.

(6) *Entretiens avec Didier Eribon* (Collection Folio/Essais), Paris, Gallimard, 1987.

EELLS, M.:

(4) *The Indians of Puget Sound. The Notebooks of Myron Eells. Edited by G. P. Castile*. Seattle-London, Univ. of Washington Press, 1985.

(5) « The Chinook Jargon », *AA*, VII, 3, 1894: 300-312.

EHRENREICH, P.:

Die Mythen und Legenden der südamerikanischen Urvölker und ihre Beziehungen zu denen Nordamerikas und der alten Welt (Zeitschrift für Ethnologie XXXVII, Suppl.), 1905.

ELLIOT, W. C.:

« Lake Lilloet Tales », *JAFL*, 44, 1931: 166-181.

ELMENDORF, W. W.:

The Structure of Twana Culture [with] Comparative Notes on the Structure of Yurok Culture [by] A. L. Kroeber (Research Studies, Monographic Supplement 2), Pullman, 1960.

FABRE, D.:

« Recherches sur Jean de l'Ours », *Folklore. Revue d'ethnographie méridionale*, 21, n°s 131/132, 1968 et 22, n° 134, 1969.

FARLEY, A. L.:

Atlas of British Columbia, Vancouver, The Univ. of British Columbia Press, 1979.

FARRAND, L.:

(1) (Assisted by W. S. Kahnweiler) *Traditions of the Quinault Indians* (MAMNH, 4), New York, 1902.

(2) *Traditions of the Chilcotin Indians* (MAMNH, 4), New York, 1900.

FARRAND, L. and Th. MAYER:

« Quileute Tales », *JAFL*, 32, 1919.

Febvre, L.:

Le Problème de l'incroyance au 16e siècle. La religion de Rabelais, n. ed., Paris, Albin Michel [1942], 1988.

Frachtenberg, L.:

(1) *Coos Texts* (CUCA, I), New York-Leyden, 1913.

(2) « Shasta and Athapascan Myths from Oregon. Collected by Livingston Farrand », *JAFL*, 28, 1915.

(3) *Lower Umpqua Texts* (CUCA, IV), New York, 1914.

(4) *Alsea Texts and Myths* (BBAE 67), Washington, D.C., 1920.

Garcia, G.:

Origen de los Indios del Nuevo Mundo y Indias Occidentales, etc. [Valencia, 1607], Madrid, 1729.

Gayton, A. H. and S. S. Newman:

Yokuts and Western Mono Myths (Anthropological Record, 5, 1), Berkeley, 1940.

Gibbs, G.:

Alphabetical Dictionary of the Chinook Language, New York, Cramoisy Press, 1863.

Gilmore, M. R.:

Uses of Plants by the Indians of the Missouri River Region [1919], Lincoln-London, Univ. of Nebraska Press, 1977.

Gleason, M. A.:

Illustrated Flora of the Northeastern United States and adjacent Canada, 3 vol., The New York Botanical Garden, 2nd ed., 1958.

Goddard, P. E.:

Life and Culture of the Hupa (UCPAAE, I), Berkeley, 1903.

Godfrey, W. E.:

Les Oiseaux du Canada (Musée national du Canada, Bull. 203, Série biologique, 73), Ottawa, 1967.

Golder, F. A.:

« Tlingit Mythos », *JAFL*, 20, 1907.

Grande Encyclopedie (La):

Inventaire raisonné des sciences, des lettres et des arts [...] sous la direction de MM. Berthelot, etc., Paris, Société anonyme de la Grande Encyclopédie, s.d. (1885–1903).

Grinnell, G. B.:

(3) *Blackfoot Lodge Tales*, New York, Ch. Scribner's Sons, 1892.

GUNTHER, E.:

(2) Klallam Folktales (UWPA, 10, 1), 1945.

(5) *A Further Analysis of the First Salmon Ceremony* (UWPA, 2) 1928.

HAEBERLIN, H. K.:

(1) « Mythology of Puget Sound », *JAFL*, 37, 1924.

HAINES, F.:

The Nez Perces. Tribesmen of the Columbia Plateau, Norman, Univ. of Oklahoma Press, 1955.

HALL, E. R. and K. R. KELSON:

The Mammals of North America, New York, Ronald Press Company, 2 vol., 1959.

HALLOWELL, A. I.:

« "John the Bear" in the New World », *JAFL*, 65, 1952: 418.

HAMAYON, R.:

La Chasse à l'âme. Esquisse d'une théorie du chamanisme siberien, Nanterre, Société d'ethnologie, 1990.

HILL-TOUT, Ch.:

(2) « Ethnological Report on the Stseélis and Sk.aúlits tribes of the Halōkmēlem Division of the Salish of British Columbia », *JRAI*, 34, 1904.

(3) « Report on the Ethnology of the Stlatlumh of British Columbia », *JRAI*, 35, I 905.

(5) « Report on the Ethnology of the Southeastern Tribes of Vancouver Island », *JRAI*, 37, 1907.

(6) *The Natives of British North America*, London, 1907.

(7) « Notes on the Sk.qómic of British Columbia », *RBAAS*, 70, 1900.

(8) « Report on the Ethnology of the Okanak. ēn of British Columbia », *JRAI*, 41, 1911.

(9) « Ethnological Studies of the Mainland Halkōm'ēlem, a Division of the Salish of British Columbia », *RBAAS*, 72, 1902.

(10) « Notes on the N'tlakápamuQ of British Columbia, a Branch of the Great Salish Stock of North America », *RBAAS*, 69, 1899.

HOFMAN, W. J.:

(2) « Selish Myths », *Bulletin of the Essex Institute*, 15 (1883), Salem, Mass. 1884.

HUGH JONES, St.:

The Palm and the Pleiades. Initiation and cosmology in Northwest Amazonia, Cambridge Univ. Press, 1979.

HUNN, E. S. (with James Selam and Family):

Nch'i-Wána « The Big River ». Mid-Columbia Indians and Their Land, Seattle and London, University of Washington Press, 1990.

HUXLEY, F.:

Affable Savages, London, Rupert-Hart-Davis, 1956.

IHERING, R. von:

Diccionario dos Animaes do Brasil, São Paulo, 1940.

JACOBS, M.:

(1) *Northwest Sahaptin Texts* (CUCA, 19, 1–2), New York, 1934.

(4) *Kalapuya Texts* (UWPA, 11), 1945.

(6) *Coos Myths Texts* (UWPA, 8, 2), 1940.

(7) « Notes on the Structure of Chinook Jargon », *Language*, 8, 1932.

JENNESS, D.:

(2) « Myths of the Carrier Indians », *JAFL*, 47, 1934.

JONES, C. F.:

A Study of the Thlingets of Alaska, New York, 1914.

JONES, W.:

Ojibwa Texts (Publications of the American Ethnological Society, VII), 2 vol. Vol. II, New York, Steichert, 1919.

JOSSELIN DE JONG, J. P. B. de:

(2) *Blackfoot Texts* (Verhandelingen der Koninklijke Akademie van Wetenschappen te Amsterdam, Afdeeling Letterkunde Niewe Reeks, Deel 14, 4), 1914.

KERR, A.:

« Chinook Winds Resemble Water Flowing over a Rock », *Science*, vol. 231, 1986: 1244–1245.

KOJIKI:

Translated with an Introduction and Notes by Donald L. Philippi, Univ. of Tokyo Press, 1968.

KRAUSE, A.:

The Tlingit Indians, transl. by E. Gunther. Seattle, Univ. of Washington Press, 1956.

KREJNOVIC, E. A.

(1) « La Fête de l'ours chez les Ket », *l'Homme*, XI, 4, 1971.
(2) « La Fête de l'ours chez les Nivx », *l'Ethnographie*, n.s., 74-75, 2, 1977.

KROEBER, A. L.:
(1) *Handbook of the Indians of California* (BBAE, 78), Washington, D.C., 1925.
(14) *Yurok Myths*, Berkeley-Los Angeles, Univ. of California Press, 1976.

KROEBER, A. L. and E. W. GIFFORD:
World Renewal. A Cult System of Native Northwest California (Anthropological Records, 13) Berkeley-Los Angeles, Univ. of California Press, 1949.

LAS CASAS, B. de:
Historia general de las Indias [1552], Mexico City, 1951.

LÉVI-STRAUSS, C.:
(1) « Reciprocity and Hierarchy », *AA*, 46, 1944 : 266-268.
(2) *Les Structures élementaires de la parenté*, Paris, P.U.F., 1949 ; n. éd. Paris-La Haye, Mouton, 1967.
(3) *Anthropologie structurale*, Paris, Plon, 1958.
(4) *La Pensée sauvage*, Paris, Plon, 1962.
(5) *Le Cru et le cuit*, Paris, Plon, 1964.
(6) *Du Miel aux cendres*, Paris, Plon, 1967.
(7) *L'Origine des manieres de table*, Paris, Plon, 1968.
(8) *L'Homme nu*, Paris, Plon, 1971.
(9) *Anthropologie stucturale deux,* Paris, Plon, 1973.
(10) *La Voie des masques*, n. éd. Paris, Plon, 1979.
(11) *Le Regard éloigné*, Paris, Plon, 1983.
(12) *Paroles données*, Paris, Plon, 1984.
(13) *La Potière jalouse*, Paris, Plon, 1985.
(14) « De la Fidélité au texte », *l'Homme*, XXVII (1), 1987: 117-140.
(15) « Hérodote en mer de Chine », in *Poikilia*, Études offertes à. J.-P. Vernant, Paris, éd. de l'École des hautes études en sciences sociales, 1987: 25-32.

LORRAIN, F.:
Réseaux sociaux et classfications sociales. Essai sur l'algèbre et la géométrie des structures sociales, Paris, Hermann, 1975.

LOWIE, R. H.:

(4) « Shoshonean Tales », *JAFL*, 37, 1924.

LYMAN, W. D.:

« Myths and Superstitions of the Oregon Indians », *Proceedings of the American Antiquarian Society,* XVI, 1904: 221–251.

MCCORMICK COLLINS, J.:

Valley of the Spirits. The Upper Skagit Indians of Western Washington, Seattle-London, Univ. of Washington Press, 1974.

MCKENNAN, R. A.:

The Upper Tanana Indians (Yale University Publications in Anthropology, 55), New Haven, 1959.

MARX, J.:

La Légende arthurienne et le Graal, Paris, P.U.F., 1952.

MATHIEU, R.:

Anthologie des mythes et légendes de la Chine ancienne, Paris, Gallimard, 1989.

MAYBURY LEWIS, D. and U. ALMAGOR, eds.:

The Attraction of Opposites. Thought and Society in the Dualistic Mode, Ann Arbor, Univ. of Michigan Press, 1989.

MERRIAM, C. Hart:

« Transmigration in California », *JAFL*, 22, 1909.

MÉTRAUX, A.:

(1) *La Religion des Tupinamba*, Paris, Ernest Leroux, 1928.

(2) « Mitos y cuentos de los Indios Chiriguano », *Revista del Museo de La Flata*, 23, Buenos Aires, 1932.

(3) *Myths and Tales of the Matako Indians* (Ethnological Studies, 9), Göteborg, 1939.

(5) *Myths of the Toba and Pilaga Indians of the Gran Chaco* (MAFLS, XL), Philadelphia, 1946.

(6) « Twin Heroes in South American Mythology », *JAFL*, 59, 1946: 114–123.

MICHELL, H.:

Sparta, Cambridge Univ. Press, 1952.

MONTAIGNE, M. de:

Les Essais. Édition de Pierre Villey (1930). Collection Quadrige, 3 vol., Paris, P.U.F., 1988.

MORICE, A. G.:

« The Great Déné Race », *Anthropos*, 1-5, 1906-1910.

MYERS, J. N.:

« Fog », *Scientific American*, 219, n° 6, 1968 : 74-82.

NIETZSCHE, F.:

L'Antéchrist. Suivi de *Ecce Homo,* trad. Jean-Claude Hémery, Paris, Gallimard (Folio/Essais), 1990.

NIMUENDAJU, C.

(1) « Die Sagen von der Erschaffung und Vernichtung der Welt als Grundlagen der Religion der Apapocúva-Guarani », *Zeitschrift für Ethnologie*, 46, 1914.

(8) *The Eastern Timbira* (UCPAAE, 41), Berkeley-Los Angeles, 1946.

OLSON, R. L.:

(2) *The Quinault Indians*, Seattle-London, Univ. of Washington Press, 1967.

OUWEHAND, C.:

Hateruma. Socio-religious aspects of a south-ryukyuan island culture, Leiden, E. J. Brill, 1985.

PACKARD. R. L.:

« Notes on the Mythology and Religion of the Nez Percé », *JAFL*, 4, 1891.

PAULY-WISSOA:

Real-Encyclopadie der classischen Altertumswissenschaft, Stuttgart, 1927. Zweite Reihe [R-Z] : 103-114.

PAUSANIAS:

Description of Greece. Translated with a commentary by J. G. Frazer, 6 vol., London, Macmillan [1897], 1913.

PEARSON, T. G.:

Birds of America, Garden City, N.Y., G. C. Publishing Co., 1936.

PETITOT, E.:

Traditions indiennes du Canada nord-ouest, Paris, Maisonneuve Frères et Ch. Leclerc, 1886.

PHERECYDE:

« Pherecydis Fragmenta », in: *Fragmenta Historicum Graecorum*, ed. Theod. Muller, Vol. I. Paris, Didot, 1841.

PHINNEY, A.:

Nez Perce Texts (CUCA, 25), New York, 1934.

PLINE L'ANCIEN:

(1) *L'Histoire du monde* [...] mis en françois par Antoine du Pinet, etc., 3e éd., Lyon, Antoine Tardif, 2 vol., 1584.

(2) *Histoire naturelle*, L. XIX et XXII, trad. et comm. par J. André, Paris, Les Belles Lettres, 1964 et 1970.

PLUTARQUE:

(1) Les Œuvres Meslées, translatées [...] par J. Amyot 2 vol., Paris, G. de la Nouë, 1584.

(2) *Plutarchi Scripta Moralia*, ed. F. Dübner, vol. II, Paris, Firmin Didot, 1890.

(3) *Plutarch's Moralia in Fifteen Volumes*, with an english translation by Frank Cole Babbitt, Cambridge, Mass.- London, Harvard Univ. Press-W. Heinemann Ltd, vol. V, 1962.

POPOL VUH:

The Sacred Book of the Ancient Quiché Maya. English version by Delia Goetz and Sylvanus G. Morley from the translation of Adrian Recinos. Norman, Univ. of Oklahoma Press, 1950.

RADIN, P.

Some Myths and Tales of the Ojibwa of Southeastern Ontario (Canada Department of Mines. Geological Survey. Memoir 48, n°2, Anthropological Series), Ottawa, Government Printing Bureau, 1914.

RAY, V. F.:

(1) *The Sanpoil and Nespelem* (Reprinted by Human Relations Area Files), New Haven, 1954.

(2) « Sanpoil Folk Tales », *JAFL*, 46, 1933.

REICHARD, G. A.:

(2) « Literary Types and the Dissemination of Myths », *JAFL*, 34, 1921.

(3) *An Analysis of Cœur d'Alene Indian Myths* (MAFLS, 41), 1947.

RELATIONS DES JÉSUITES

6 vol., Montréal, éditions du Jour, 1972.

ROHRLICH, F.

« Facing Quantum Mechanical Reality », *Science*, vol. 221, n° 4617, 1983 : 1251-1255.

ROSCHER, W. H.

Ausführliches Lexicon der griechischen und römischen Mythologie, 7 vol., Leipzig, Teubner, 1884-1924.

RYAN, M. T.:
« Assimilating New Worlds in the Sixteenth and Seventeenth Centuries », *Comparative Studies in Society and History*, 23, 4, 1981: 519–538.

RYDBERG, P. A.:
Flora of the Rocky Mountains and adjacent Plains, New York, Hafner [1922], 1954.

SAGARD, G.:
Histoire du Canada [1636], 4 vol., Paris, Tross, 1865–1866.

SAHAGUN, B. de:
*Florentine Codex. General History of the Things of New Spai*n, in 13 parts. Transl. by A. J. O. Anderson and Ch. E. Dibble, Santa Fe, N. M., The School of American Research and the University of Utah, 1950–1963.

SAPIR, E.:
(1) *Wishram Texts* (Publications of the American Ethnological Society, 2), Leyden, 1909.
(2) *Yana Texts* (UCPAAE, 9, 1), Berkeley, 1910.
(5) *Takelma Texts* (Univ. of Pennsylvania, The Museum Anthropological Publication, 2, 1), Philadelphia, 1909.

SCHULTZ, H. e V. CHIARA:
« Mais lendas Waura », *Journal de la Société des Américanistes*, LX, 1971: 105–136.

SMET, R. P. de:
Voyages dans les montagnes Rocheuses et séjour chez les tribus indiennes de l'Oregon, n. ed., Bruxelles, Devaux-Paris, Repos, 1873.

SMITH, M. W.:
(2) *The Puyallup Nisqually* (CUCA, 32), New York, 1940.

SPECK, F. G.:
Myths and Folk-lore of the Timiskaming Algonkin and Timagami Ojibwa (Canada Department of Mines. Geological Survey, Memoir 71, n° 9, Anthropological Series), Ottawa, Government Printing Bureau, 1915.

SPINDEN, H. J.:
(3) *The Nez Percé Indians* (MAAA, 2), 1908.

SPOTT, R. and A. L. KROEBER:

Yurok Narratives (UCPAAE, 35, 9), Berkeley, 1942.

SPROAT, G. M.

Scenes and Studies of Savage Life, London, 1868.

STERN, B. J.:

The Lummi Indians of Western Washington (CUCA, 17), New York, 1934.

STEVENSON, M. C.:

The Sia (11th ARBAE), Washington, D.C., 1894.

SUTTLES, W.:

(3) « The Early Diffusion of the Potato among the Coast Salish », *Southwestern Journal of Anthropology*, 7, 3, 1951: 272–288.

SWAN, J. G.:

(1) *The Northwest Coast. On Three Years Residence in Washington Territory*, New York, 1857.

(2) *The Indians of Cape Flattery* [1868]. Fac-simile Reproduction, 1964.

SWANTON, J. R.:

(1) *Myths and Tales of the Southeastern Indians* (BBAE, 88), Washington, D.C., 1929.

(2) *Tlingit Myths and Texts* (BBAE, 39), Washington, D.C., 1909.

(9) *Haida Texts and Myths* (BBAE, 29), Washington, D.C., 1905.

TEIT, J. A.:

(1) *The Shuswap* (MAMNH, 4), Leiden-New York, 1909.

(2) « Traditions of the Lilloet Indians of British Columbia », *JAFL*, 25, 1912.

(4) *Traditions of the Thompson Indians* (MAFLS, 6), 1898.

(5) *Mythology of the Thompson Indians* (MAMNH, 12), Leiden-New York, 1912.

(6) *The Salishan Tribes of the Western Plateaus* (45th ARBAE, 1927–1928), Washington, D.C., 1930.

(8) « Kaska Tales », *JAFL*, 30, 1917.

(9) *Ethnobotany of the Thompson Indians of British Columbia*. Edited by E. V. Steedman (45th ARBAE, 1927–1928), Washington, D.C., 1930.

(10) *The Thompson Indians of British Columbia* (MAMNH, 2), 1900.

(11) *The Lilloet Indians* (MAMNH, 4), 1906.

(12) « European Tales from the Upper Thompson Indians », *JAFL*, 29, 1916.

(14) « More Thompson Indian Tales », *JAFL*, 50, 1937.

THEVET, A.:

Cosmographie universelle, etc., 2 vol., Paris, L'Huilier, 1575.

THOMPSON, S.:

(2) « European Tales among the North American Indians », *Colorado College Collection* II, Colorado Springs, 1919.

(3) *Tales of the North American Indians*, Cambridge, Mass. Harvard Univ. Press, 1929.

TOZZER, A. M.:

A Comparative Study of the Mayas and the Lacandones (Archaeological Institute of America. Report of the Fellow in American Archaeology, 1902-1905), New York, 1907.

TURNER, N. J.:

Food Plants of British Columbia Indians. Part II — Interior Peoples. British Columbia Provincial Museum, Handbook n° 36, Victoria, 1978.

TURNER, N. J., R. BOUCHARD, J. van EIJX and I. D. KENNEDY:

Ethnobotany of the Lilloet Indians of British Columbia, Unpublished manuscript, 1987.

TURNER, N. J., R. BOUCHARD, D. I. D. KENNEDY:

Ethnobotany of the Okanagan-Colville Indians of British Columbia and Washington, British Columbia Provincial Museum, n° 21, Occasional Paper Series, Victoria, 1980.

TURNER, N. J., L. C. THOMPSON, M. T. THOMPSON, A. Z. YORK:

Thompson Ethnobotany. Knowledge and Usage of Plants by the Thompson Indians of British Columbia, Royal British Columbia Museum, Memoir n° 3, Victoria, 1990.

TURNEY-HIGH, H. H.:

(1) « Ethnography of the Kutenai », *RBAAS*, 62, 1892.

UHLENBECK, C. C.:

Original Blackfoot Texts. A New Series of Blackfoot Texts (Verhandelingen der Koninklijke Akademie van Wetenschappen te Amsterdam, Afdeeling Letterkunde, Nieuwe Reeks, Deel 12, 1-13, 1), 1911-1912.

VEGA, G. DE LA:

Histoire des Yncas, rois du Pérou, etc., 2 vol., Amsterdam, J. F.

Bernard, 1737.
VOISENAT, C.:
« La Rivalité, la séparation et la mort. Destinées gémellaires dans la mythologie grecque », *l'Homme*, XXVIII, 1, 1988: 88-104.
WAGLEY, Ch. and E. GALVAO:
The Tenetehara Indians of Brazil (CUCA, 35), New York, 1949.
WATERMAN, T. T.:
« The Explanatory Elements in the Folk-Tales of the North American Indians », *JAFL*, 27, 1914.
WILBERT, J. ed. with K. SIMONEAU:
Folk Literature of the Gê Indians, 2 vol., Los Angeles, UCLA, Latin American Center Publications, 1978 and 1984.
WISSLER, C. and D. C. DUVALL:
Mythology of the Blackfoot Indians (Anthropological Papers of the American Museum of Natural History, 2), New York, 1908.
YOSHIDA, T.
« The feminine in Japanese folk-religion: polluted or divine ? », in F. Ben Ari, B. Moeran and J. Valentine, eds., *Unwrapping Japan*, Manchester Univ. Press, 1990.
YOSHIDA, T. and A. DUFF-COOPER:
« A Comparison of Aspects of Two Polytheistic Forms of Life: Okinawa and Balinese Lombok », *Cosmos*, 5, Edinburgh, 1989: 213-242.

邦訳のある文献

ACOSTA, J. P.: アコスタ『新大陸自然文化史（上・下）』増田義郎訳，『大航海時代叢書』Ｉ-3，4，岩波書店，1966.
DUMEZIL, G.: デュメジル
(3) 「戦士の幸と不幸」高橋秀雄／伊藤忠夫訳『デュメジル・コレクション 4』，ちくま学芸文庫，2001.
(6) 『デュメジルとの対話』松村一男訳，平凡社，1993.
FEBVRE, L.: フェーヴル『ラブレーの宗教―― 16 世紀における不信仰の問題』高橋薫訳，法政大学出版局，2003.

Kojiki:『古事記』倉野憲司校注，岩波文庫，1963.
Las Casas, B. de: ラス・カサス『インディアス史（一）～（五)』長南実／増田義郎訳，岩波書店，1994.
Lévi-Strauss, C.: レヴィ＝ストロース
(2)『親族の基本構造』福井和美訳，2000，青弓社.
(3)『構造人類学』荒川幾男他訳，1972，みすず書房.
(4)『野生の思考』大橋保夫訳，1976，みすず書房.
(5)『生のものと火を通したもの　神話論理Ⅰ』早水洋太郎訳，2006，みすず書房.
(6)『蜜から灰へ　神話論理Ⅱ』早水洋太郎訳，2007，みすず書房.
(7)『食卓作法の起源　神話論理Ⅲ』渡辺公三他訳，2007，みすず書房.
(8)『裸の人1，2　神話論理Ⅳ-1・2』吉田禎吾他訳，2008，2010，みすず書房.
(9)『構造人類学Ⅱ』未邦訳．ただし第一章は「人類学の課題」として『今日のトーテミスム』仲澤紀雄訳，みすず書房，第二章は「人類学の創始者ルソー」（塙嘉彦訳）として『未開と文明』山口昌男編，平凡社，第九章は『アスディワル武勲詩』（西澤文昭訳）としてちくま学芸文庫（ただし追記は未邦訳)，第十章は「ウインネバゴ族の四つの神話」（井上兼行訳）として『ユリイカ』1970年11月号，第一四章は「神話はいかにして死ぬか」（泉克典訳）として『現代思想』2010年1月号，第一八章は『人種と歴史』荒川幾男訳，みすず書房，にそれぞれ訳出されている.
(10)『仮面の道』山口昌男／渡邊守章訳，1977，新潮社.
(11)『はるかなる視線1・2』三保元訳，1988，みすず書房.
(12)『パロール・ドネ』中沢新一訳，2009，講談社選書メチエ.
(13)『やきもち焼きの土器つくり』渡辺公三訳，1990，みすず書房.
(15)「シナ海のヘロドトス」川田順造訳，『月の裏側――日本文化への視角』，中央公論新社，2013.
Montaigne, M. de: モンテーニュ『エセー』原二郎訳，全6巻，岩波文庫，1996.
Pline L'Ancien:
(2)　プリニウス『プリニウスの博物誌』中野定雄他訳，雄山閣，1986.
Plutarque: プルタルコス『モラリア』戸塚七郎他訳（全14巻，刊行中)，京都大学学術出版会，1997～.
Popol Vuh:『マヤ神話　ポポル・ヴフ』林屋永吉訳，中公文庫，1977.
Sahagun, B. de: サアグン（部分訳，ただし本書での参照個所は未邦訳）「メシコの戦争」小池祐二訳，『大航海時代叢書』Ⅱ-12，岩波書店，1980.

VEGA, G. DE LA: ベーガ『インカ皇統記』牛島信明訳，大航海時代叢書エクストラ・シリーズ（1）(2)，岩波書店，1985，1986.

原　注

（　）は原文の括弧，〔　〕は訳者による補注である．邦訳のあるものは「文献」末尾に書誌を記したので，ご参照されたい．

1. Boas 4 : 195-196.
2. Phinney : 465-488.
3. Spinden 3 : 207 ; Haines : 14.
4. Boas 4 : 196-197.
5. Jacobs 1 : 161.
6. Haines : 14.
7. Phinney : 483.
8. Haines : 14.
9. Boas 28 : 16-17 ; Krause : 178.
10. Boas 20 : 206, 230.
11. L.-S. 8 : 356.〔邦訳『裸の人』四九二頁〕
12. L.-S. 5 : 299.〔邦訳『生のものと火にかけたもの』四一〇頁〕
13. Hill-Tout 10 : 556.（*L'Homme nu*, 337〔邦訳『裸の人』四六二頁〕参照）
14. Teit 10 : 337.
15. Boas 21 : 569.
16. Teit 6 : 176.
17. Chamberlain : 575.
18. Teit 8 : 466-467 ; McKennan : 203-204.
19. Cline : 236 ; Jacobs 6 : 140 ; Teit 5 : 309 ; Farrand 1 : 114 ; Andrade : 177-181 ; Marx : 275.
20. Jacobs 1 : 27-30 ; Adamson : 193-195.
21. Reichard 3 : 109-119.
22. Adamson : 188.
23. Hill-Tout 7 : 534-535.
24. Teit 6 : 177.

25. Ray 2 : 138–142.
26. Hoffman 2 : 28–29.
27. Ray 1 : 177 ; Teit 6 : 291 ; Cline : 167.
28. Boas 4 : 10 ; Teit 10 : 344.
29. Teit 1 : 643.
30. Teit 11 : 282.
31. Barnett 3 : 38 ; Swan 1 : 180.
32. Elmendorf 1 : 252.
33. Smith 2 : 127.
34. Teit 6 : 267.
35. Sproat : 24.
36. Haeberlin 1 : 414–416.
37. Boas 9 : 119.
38. Turney-High 1 : 41 ; Barnett 3 : 63 ; Teit 6 : 225, 227 ; Hill-Tout 6 : 79 ; Sapir 3 : 36 n. 55. オオヤマネコ属のアメリカにおける諸種については, Bailey ; Hall-Kelson : 11, 966–972 参照.
39. Teit 4 : 36–40 ; 5 : 209–210 ; Hill-Tout 10 : 534–540.
40. L.-S. 9 : ch. XIV.〔『構造人類学II』未邦訳，ただし第一四章は「神話はいかにして死ぬか」として訳出〕
41. Boas 4 : 11.
42. 以下と比較せよ，L.-S. 8 : 322–323, 338, 381.〔邦訳『裸の人』四四二〜四四四頁，四六五〜四六六頁，五二六〜五二七頁〕; Hill-Tout 10 : 581.
43. Teit 4 : 53–55 ; 2 : 296–297, 352–356.
44. Boas 13 : 9–10 ; Hill-Tout 6 : 228–242 ; Teit 1 : 684.
45. Hill-Tout 10 : 534–540.
46. L.-S. 8 : 329.〔邦訳『裸の人』四五三頁以下〕
47. 同上 : 382, 394–397, 413–414.〔邦訳『裸の人』五二七頁，五四五〜五四九頁，五七〇〜五七一頁〕
48. Boas 4 : 12 ; Teit 10 : 255.
49. L.-S. 14 : 126–129.
50. Boas 9 : 49, 69, 121, 286.
51. Teit 5 : 213–217.
52. 同上 : 373
53. Teit 4 : 77–78.
54. 同上 : 78–79
55. Hill-Tout 8 : 154–158.

56. Boas 9 : 119, 287
57. Reichard 3 : 165-170. カイツブリの同定については Pearson : 5, 8 ; Bent : 44 ; Brashers 参照　ツグミについては，L.-S. 8 : 438-440〔邦訳『裸の人』六〇五～六〇九頁〕参照.
58. L.-S. 11 : 149-154.〔邦訳『はるかなる視線』一五六～一六一頁〕
59. *le Premier Or de l'humanité en Bulgarie, 5ᵉ millénaire* 展のカタログ. Paris, Réunion des Musées nationaux, 1989, n°s 218, 230, 279, 300.
60. Kroeber 1 : 41.
61. Kroeber 14 : 391 n. 7, 392 および各所.
62. Thevet ; Métraux 1.
63. Métraux 1 : 15.
64. L.-S. 14 : 130.
65. L.-S. 13 : 118.〔邦訳『やきもち焼きの土器つくり』一二四頁〕
66. Avila : 25.
67. Métraux 1 : 235-239.
68. Nimuendaju 1 : Cadogan 4 ; Wagley-Galvão : 137-140 ; Huxley : 217-222.
69. Teit 5 : 217, 243.
70. Métraux 3 : 235-239.
71. Cardim : 44-45.
72. Cadogan 4 : 83 ; Ihering, « Inambu chintau » の項目.
73. Boas 9 : 165, 296 と n. 4 ; L.-S. 11 : 279-280〔邦訳『はるかなる視線』三〇一～三〇二頁〕参照.
74. Métraux 2, 6.
75. Avila : 23, 29.
76. Métraux 1 : 11, 44.
77. 同上 : 9, 11.
78. Wilbert-Simoneau : 126-154.
79. Da Matta : 93-141 ; Carneiro da Cunha 1, 2.
80. L.-S. 4〔邦訳『野生の思考』〕, L-S. 5〔邦訳『生のものと火にかけたもの』〕, L-S. 6〔邦訳『蜜から灰へ』〕, L-S. 7〔邦訳『食卓作法の起源』〕, L-S. 8〔邦訳『裸の人』〕; L-S. 9 : 212-229〔『構造人類学 II』は未邦訳，ただし当該個所は邦訳『アスディワル武勲詩』九五～一一九頁，論集には未邦訳の追記がある〕; L-S. 11 : ch. XII-XV〔邦訳『はるかなる視線』12-15 章〕; L-S. 12 : 78-84, 141-149, 265-267.〔邦訳『パロール・ドネ』九九～一〇八，一八五～一九六，三三七～三四〇頁〕
81. Teit 5 : 215.

82. Nimuendaju 8 : 246.
83. Teit 5 : 215, 301.
84. Hill-Tout 8 : 156.
85. Golder : 290-291 ; Swanton 2 : 80-81 ; Boas 2 : 306-307 ; 7 : 158 ; 9 : 158, 161, 187 ; Jacobs 1 : 123 ; Lowie 4 : 190-191 ; etc.
86. L.-S. 11 : ch. XII.〔邦訳『はるかなる視線』12 章「国際性と分裂症」〕
87. Boas 9 : 89-127.
88. Adamson : 83 ; Gayton-Newman : 48-50 ; L.-S. 11 : 283.〔邦訳『はるかなる視線』三〇五頁〕
89. Cadogan 4 : 70-71.
90. Wagley-Galvão : 70 ; L.-S. 10 : 277-284.〔不明：『仮面の道』の原著には該当頁はない〕
91. Cadogan 4 : 74.
92. Nimuendaju 8 : 317-322.
93. Métraux 5 : 95.
94. Turney-High 1 : 40.
95. Teit 10 : 230 ; Barnett 3 : 106.
96. Bouchard-Kennedy 1 : 44-53.
97. Hall-Kelson : II, 1027.
98. Teit 1 : 513.
99. 同上 : 748 ; Boas 13 : 12-13.
100. Hall-Kelson : II, 1027.
101. Teit 5 : 258-260.
102. 同上 : 262.
103. 同上 : 263.
104. Cline : 240-241.
105. Teit 11 : 358-359.
106. Boas 4 : 40-43.
107. Hill-Tout 3 : 191-197.
108. Hill-Tout 7 : 539-541.（L.-S. 10 : 108-109〔邦訳『仮面の道』一五七〜一五九頁〕参照）
109. Haeberlin 1 : 384-385, 418-420.
110. Boas 13 : 12-13.
111. Teit 1 : 748.
112. L.-S. 9 : ch. IX.〔邦訳『アスディワル武勲詩』〕
113. Boas-Hunt 1 : I, 7-25.

114. Swanton 2 : 58–60.
115. Boas 4 : 42 ; Hill-Tout 3 : 196.
116. L.-S. 5 : 93.〔邦訳『生のものと火にかけたもの』一二七頁〕
117. Wagley-Galvão : 70, 102.
118. Hill-Tout 9 : 368–369 ; Duff : 21, 43–44.
119. Teit 1 : 656–657.
120. Boas 4 : 40.
121. Teit 5 : 262.
122. Hill-Tout 3 : 194.
123. Boas 4 : 41.
124. Teit 1 : 579 n. 1.
125. Hill-tout 3 : 195–196.
126. Merriam : 433 ; Farrand 1 : 122 ; Boas 3 : 324.
127. Boas 4 : 26–30 ; Teit 4 : 63–64
128. Boas 4 : 26–30.
129. Teit 5 : 241.
130. 同上 : 265–268.
131. Hill-Tout 2 : 347–350.
132. 同上 : 350.
133. L.-S. 7 : 215–224〔邦訳『食卓作法の起源』三〇一～三一二頁〕, L-S. 8 : 481–501〔邦訳『裸の人』六六七～六九八頁〕, L-S. 9 : 223, 305〔邦訳『アスディワル武勲詩』一一九頁, 邦訳「神話はいかにして死ぬか」六八頁〕, L-S. 10〔『仮面の道』〕各所, L-S. 11. 154–160〔邦訳『はるかなる視線』一六一～一六七頁〕, L-S. 13〔邦訳『やきもち焼きの土器つくり』〕各所, その他.
134. Farrand 2 : 36–37.
135. Cline : 228.（*L'Homme nu* : 430〔邦訳『裸の人』五九五頁〕に M_{744a} のインデックスを付したもの）
136. Teit 5 : 336.
137. Hill-Tout 2 : 350.
138. Hill-Tout 10 : 566–574 ; Teit 2 : 340 ; Boas 13 : 37, 124.
139. Teit 4 : 83 ; 1 : 725 ; Boas 13 : 247.
140. Teit 2 : 335.（*L'Homme nu* :〔邦訳『裸の人』〕において, M_{579a} のインデックスを付したもの）
141. Boas-Hunt 2 : 544–549.
142. Teit 9 : 481 ; Turner, L. C. and T. Thompson, A. Z. York : 122–123 ;

Abrams : I, 426–430 ; Turner : 82 ; Bouchard-Kennedy 2 : 268.

143. Spinden 3 : 203–204 ; Turney-High 1 : 31, 34.
144. Merriam, A. P. : 115.
145. Spinden 3 : 203–204 ; Turner-Bouchard-Kennedy : 115, 116.
146. Boas 4 : 15 ; Teit 4 : 95 ; 5 : 224, 319 ; 2 : 350–352 ; Hill-Tout 10 : 564 ; Reichard 3 : 57 sq. ; Dawson : 31 ; Teit 1 : 644–652.
147. Teit 2 : 351–352 ; 5 : 320, 225–226 ; Reichard 3 : 57–63 ; Boas 9 : 119.
148. Pline l'Ancien 1 : XXV, ix.
149. Hill-Tout 10 : 540.
150. Teit 9 : 508.
151. Boas 16 : 569, 577, 580.
152. Boas 27 : 242–243 ; Boas-Hunt 2 : 175, 608.
153. Turner-Bouchard-Kennedy : 65, 80.
154. Teit 10 : 349.
155. Eells 4 : 51.
156. Dawson : 20.
157. Elmendorf 1 : *passim*.
158. Kroeber 1 : 66 ; 14 : 292.
159. Kroeber 14 : 454–456.
160. 同上 : 388, 402, 221–222, 231.
161. Kroeber-Gifford : 60.
162. Spott-Kroeber : 177.
163. Relations des Jésuites : 40.
164. Jacobs 1 : 159–162 ; Hill-Tout 2 : 343 ; 3 : 188 ; Adamson : 211–213.（*L'Homme nu*〔邦訳『裸の人』〕の $M_{740\text{-}742}$ 参照）
165. Boas 2 : 87–88 ; Frachtenberg 3 : 14–19, 28–29 ; 1 : 91sq. ; 2 : 214–216 ; 4 : 65sq. ; Teit 2 : 306.
166. Delaby : 397 ; Krejnovič 1 : 68 ; 2 : 197–205.
167. Packard : 327–329.
168. Swanton 1 : 122.
169. Gunther 5 : 166.
170. Boas 20 : 206.
171. Hill-Tout 7 : 841 ; Barnett 3 : 136.
172. Boas 20 : 206 ; Boas-Hunt 2 : 631–635.
173. Jones, C. F. : 33, 121, 161–163.
174. Boas 28 : 17 ; Krause : 178.

175. Jones, C. F. : 162–163.
176. McCormick Collins : 277–278.
177. Barnett 1 : 179 ; 2 : *passim*.
178. Barnett 1 : 179 ; Curtis : IX, 82.
179. Ballard 2 : 131.（*L'Homme nu* : 484–485〔邦訳『裸の人』六七二〜六七三頁〕も参照）
180. Stern B. J. : 14–15.
181. Cline : 121 ; Teit 6 : 166, 279, 381.
182. Tells 4 : 194–195.
183. Barnett 2 ; 3 : 136.
184. Boas 20 : 203.
185. Boas-Hunt 2 : 673–694.
186. 同上 : 685–686.
187. 同上 : 689–691.
188. Boas-Hunt 1 : 322–349, 375.
189. Gunther 5 : 154–155.
190. Teit 10 ; 310–311.
191. Teit 11 ; 263.
192. Boas 16 ; 644.
193. Teit 1 ; 586–587.
194. Elmendorf 1 : 420–422.
195. Olson 2 : 101.
196. Boas 20 : 237 ; 16 : 613.
197. Sport : 156–157 ; Boas 16 : 591–592 ; Drucker : 各所.
198. Stern B. J. : 36.
199. Boas 13 : 111.
200. Cline : 206 ; Ray 2 : 145 ; Hill-Tout 6 : 288.
201. Adamson : 112.
202. Delaby : 400.
203. Krejnovič 1 : 71–73.
204. Carlson : 1, 5.
205. Borden 1 ; 2.
206. Swan 2 : 92.
207. Elliot : 166. 他のヴァリアントについては，Boas 2 : 732–733.
208. Andrade : 177–181 ; Farrand-Mayer : 269–271.
209. Gunther 2 : 120–121.

210. Teit 2 : 310-311 ; 4 : 55-56 ; Hill-Tout 3 : 204-205.
211. Teit 2 : 310.
212. 同上 : 311 ; 4 : 56.
213. Teit 1 : 652.
214. Teit 2 : 309.
215. Ballard 1 : 103.
216. Teit 5 : 267.
217. Boas 4 : 173-175, 186-187.
218. Hill-Tout 8 : 144 : 145.
219. Teit 1 : 701-702 n. 1.
220. Boas 9 : 132-133.
221. Richard 3 : 75.
222. Sapir 5 : 131.
223. Jacobs 1 : 139-142 ; Adamson 158-177 ; Hill-Tout 7 : 541-542.『食卓作法の起源』『裸の人』では，この神話の 16 のヴァージョンを $M_{375a\text{-}p}$ のインデックスで示した.
224. Jacobs 1 : 159-163.
225. Boas 9 : V.
226. Adamson : 248-249. Cf. Reichard 3 : 17.
227. Boas 5 : 172 sq. ; Adamson : 378.
228. Teit 5 : 88-89, 229.
229. Teit 4 : 53-55 ; Boas 4 : 43.
230. Boas 13 : 15 ; Teit 4 : 110 n. 169.
231. Elemendorf 1 : 367-369.
232. Jacobs 1 : 125.
233. 同上 : 33-39.
234. Boas 7 : 9-19.
235. Teit 4 : 54-55.
236. Haeberlin 1 : 430-432.
237. Teit 5 : 341 ; 4 : 50, 109.
238. Boas 9 : V.
239. Uhlenbeck : 68 ; Grinnell : 258.
240. Grinnell : 167-168.
241. Uhlenbeck : 91.
242. Wissler-Duvall : 31-32 ; Josselin de Jong 2 : 7-9.
243. Teit 5 : 277 ; 10 : 296-297 ; 11 : 259.

244. Waterman 1 : 27-30.
245. Teit 2 : 316.
246. Boas 4 : 30, 130 ; Teit 4 : 62-63 ; Haeberlin 1 : 418-420 ; Teit 5 : 354 ; Adamson : 96-109 ; Hill-Tout 7 : 536-539 ; Farrand 1 : 127-128.
247. Teit 10 : 303.
248. Adamson : 103-109.
249. Boas 4 : 130.
250. Teit 8 : 464 ; Petitot : 311-316.
251. Kroeber 11 : 168-169 ; Boas 8 : 165-167.
252. Teit 4 : 62-63.
253. Teit 2 : 316-317 ; Haeberlin 1 : 418-420.
254. Teit 2 : 316-317.
255. Teit 5 : 313-314.
256. Jennes 2 : 139 ; Teit 4 : 113 n. 208 ; 11 : 267, 279, 291.
257. Boas 9 : 287.
258. Barnett 3 : 22.
259. Hill-Tout 5 : 336-338.
260. Teit 2 : 340-341 ; 5 : 287-288.
261. Hill-Tout 10 : 566-574.
262. Boas 13 : 37-40.
263. Hill-Tout 10 : 570 n. 1.
264. *L'Homme nu* : 185-186〔邦訳『裸の人』二五二〜二五三頁〕で要約し $M_{587a,\ b}$ のインデックスで示した神話；Cline : 212-214 と比較せよ.
265. Cline : 214 ; Ray 2 : 13, 135.
266. Hill-Tout 2 : 364 ; 10 : 574 ; Boas 4 : 48.
267. Boas 13 : 92-94.
268. Hill-Tout 7 : 534.
269. Teit 4 : 113 n. 204.
270. Sapir 1 : 141, 261.
271. Teit 2 : 298, 353-354.
272. 同上 : 354-356.
273. Teit 4 : 51-52 ; 5 : 230.
274. Boas 13 : 19-20.
275. 同上 : 241-242.
276. Adamson : 71 ; 233, 346, 370 ; Teit 1 : 642 ; 4 : 33.
277. Haeberlin 1 : 392-393.

278. Teit 1 : 702 n. 3 ; Boas 4 : 26 n. 3 ; Teit 1 642 ; 4 ; 33.
279. Teit 4 : 87–88.
280. 同上 : 118 n. 283.
281. 同上 : 118 n. 280 ; Boas 4 : 20.
282. Boas 4 : 124 ; Reichard 3 : 146 ; Ray 2 : 163 ; Jacobs 1 : 147–148.
283. Teit : 702–707.
284. Farrand 2 : 42–43.
285. Suttles 3.
286. Teit 5 : 393–394.
287. Teit 1 : 753–755 ; 12 : 307.
288. Dumézil 1 : 42–44, 128–130 ; 3 : 136–138.〔邦訳「戦士の幸と不幸」四二四頁〕; 5 : 219–221.
289. Swan 1 ; Eells 4 : 各所 ; 5 ; Gibbs 3 ; Jacobs 7.
290. Barbeau 3 ; 4.
291. Teit 1 : 753–755 ; 12 : 315–316.
292. Teit 4 : 88 ; 5 : 358–360 ; 14 : 189–190. Boas 29 ; Hallowell を参照.
293. Barbeau 3 : (1917) : 21, 61, 82 86.
294. Tozzer : 71 : L-S. 6.〔邦訳『蜜から灰へ』五一〇〜五一一頁〕; L-S. 8.〔邦訳『裸の人』六〇九〜六一〇頁〕; Hugh-Jones : 171–175, 177, 183, 191.
295. Delarue : I, 39–40, 242–263 ; Fabre ; Barbeau 3 (1917) : 93–98 ; 5 : 96–97.
296. Sahagan : III, v, vi.
297. Hamayon : 615–616. Reichard 2. と比較せよ.
298. Lorrain : 26.
299. 同上 : 58.
300. Reichard 3 : 4 n. 2.
301. Kojiki : 93–95, 406–407.〔『古事記』四二〜四四頁, 二二六頁〕; Antoni.
302. Schulz-Chiara : 111–119.
303. Bouchard-Kennedy : 47–57.
304. 同上 : 47–56 ; Teit 1 : 691–696 ; Teit 4 : 72 ; Farrand 2 : 19 を参照.
305. Cline : 228–229.
306. Boas 4 : 2 ; 9 : 299.
307. Febvre : 386 ; 422–423.〔邦訳『ラブレーの宗教——16世紀における不信仰の問題』四九八頁, 五四八〜五四九頁, ただし訳は変えている〕
308. Montaigne : III, 910.〔『エセー (五)』二四〇頁〕
309. 同上 : I, 206.〔『エセー (一)』四〇〇頁〕

310.　同上 : III, 910.〔『エセー（五）』二四〇頁〕
311.　同上 : II, 558.〔『エセー（三）』二一六～二一七頁〕
312.　同上 : II, 573.〔『エセー（三）』二六三頁〕
313.　同上 : II, 580.〔『エセー（三）』二七四頁〕
314.　同上 : II, 601.〔『エセー（三）』三一九頁〕
315.　同上 : II, 563.〔『エセー（三）』二八四頁〕
316.　同上 : II, 569, 576 n. 3, 604.〔『エセー（三）』二五七，二六八，三二三頁〕
317.　Sagard : I, xli.
318.　Set : 124 ; Hill-Tout 9 : 412 ; Teit 1 : 621-622.
319.　Las Casas : I, 17.〔ラス・カサス『インディアス史一』一七九～一八六頁〕; Acosta : 346.〔アコスタ『新大陸自然文化史』上，一〇九頁以下か〕
320.　Chilam Balam : 186.
321.　La Vega : V, xxii, xxvii ; IX, xv.〔邦訳『インカ皇統記』一，四五六～四六〇頁，四七七～四八〇頁，二，四四〇～四四五頁〕
322.　Sahagun : VII, iii-vii.
323.　Garcia : 327-328 ; Dahlgren de Jordan : 294-298 ; Codice Chimalpopoca.
324.　Sahagun : VII, ii ; Popol Vuh : II, ch. 14〔『ポポル・ヴフ』一二八～一三二頁〕参照.
325.　L-S. 13. 185-186〔邦訳『やきもち焼きの土器つくり』二〇一～二〇四頁〕参照.
326.　Boas 4 : 125.（邦訳『裸の人』で M_{755} のインデックスで示した神話．邦訳書，六一三～六一四頁，注**）; Adamson : 83-87.（同書で M_{716b} のインデックスで示した神話）
327.　Métraux 6.
328.　Detienne : 87.
329.　Dumézil 2 : I, 78 以下，87-89.
330.　L-S. 13. 184-185.〔邦訳『やきもち焼きの土器つくり』二〇一～二〇四頁〕
331.　Boas 9 : 296 ; Stevenson : 148-149 ; Dorsey 3 : 282-283.
332.　Mathieu : 158-159.
333.　Swanton 9 : 376-378.
334.　Phélécyde : X, § 92 ; Plutarque 1 : 1. 267 ; 2 : 160.〔プルタルコス『モラリア』〕Rocher, « Eurymos » の項目.
335.　Dumézil 6 : 188.〔『デュメジルとの対話』二一一頁，ただし訳は変えている〕
336.　Sproat : 13 ; Elemendorf : 21 ; Myers ; Farley.
337.　Jacobs 1 : 30-33.（*Homme nu*, 443〔邦訳『裸の人』六四九頁〕を参照）

338. Elmendorf : 21-22.
339. Swan 2 : 92.
340. Ballard 1 : 55-63.（邦訳『裸の人』六一一〜六一五頁で M754a-g のインデックスで示した神話）
341. Lyman : 237-238.
342. Ballard 1 : 69.
343. Lyman : 240. Kerr 参照.
344. Adamson : 75.
345. Teit 1 : 624-625.
346. Boas 4 : 124.
347. L-S. 3. ch. VIII.〔邦訳『構造人類学』第八章「双分組織は実在するか」〕
348. Marbury Lewis-Almagor : 114-115.
349. 同上 : 113 ; *cf*. 10.
350. L.-S. 1 ; L-S. 3. 150-170, 179.〔邦訳『構造人類学』一四八〜一六二頁，一六九頁〕; Crocker.
351. Marbury Lewis-Almagor : 199-200.
352. 同上 : 252-273.
353. 同上 : 200.
354. Pausanias : III, xvi.〔邦訳，パウサニアス『ギリシャ記』二〇八頁〕; Daremberg et Saglio : « Silphium » の項目，Pauly-Wissowa : « Silphion » の項目 ; Roscher : 1171.
355. Andrews.
356. Pline l'Ancien 2 XIX, ch. 3 et p. 111-114 ; XXII, ch. 23 et p. 108.〔邦訳，プリニウス，八三三〜八三四頁，九七〇〜九七一頁，一〇三三頁〕
357. *Grand Encyclopédie* : « Silphium » の項目.
358. Rydberg : 924 ; Abrams : IV, 105 ; Gleason : III, 367-369.
359. Dumézil 4 : 265-266.